슈퍼
SUPER
BOSSES
보스

이 도서의 국립중앙도서관 출판예정도서목록(CIP)은 서지정보유통지원시스템 홈페이지(http://seoji.nl.go.kr)와 국가자료종합목록 구축시스템(http://kolis-net.nl.go.kr)에서 이용하실 수 있습니다.
(CIP제어번호: CIP2020001528)

슈퍼 보스

SUPER BOSSES

위대한 리더들의
특별한 인재관리법

시드니 핑켈스타인 지음
이진원 옮김

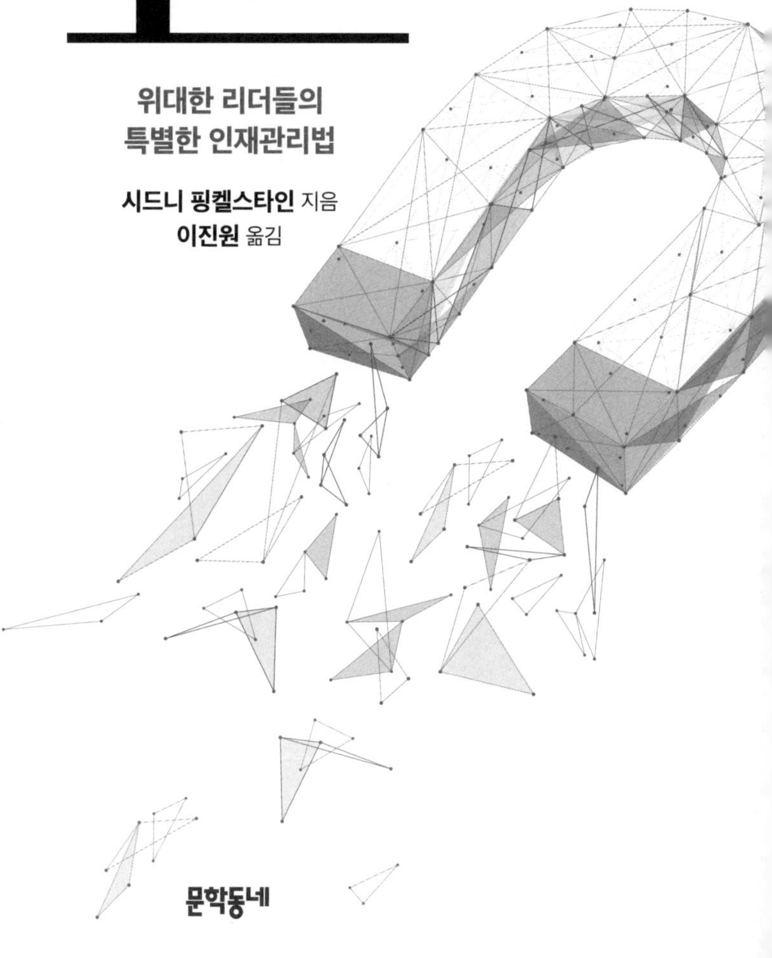

문학동네

내가 알았던 첫번째 슈퍼보스,

돌아가신 어머니께 이 책을 바칩니다.

차례

들 어 가 며

새로운 세상, 새로운 질문, 새로운 답, 그리고 새로운 리더

몇 해 전, 뉴욕에 거주하는 한 가족이 외식을 하기 위해 캘리포니아주 버클리에 위치한 앨리스 워터스의 전설적인 레스토랑 셰파니스를 방문했다. 그곳의 베테랑 요리사 신 리퍼트에 따르면 아버지와 어머니, 어린 아들딸로 구성된 이 가족은 산지에서 조달한 가장 신선한 유기농 재료들을 활용해 매일 메뉴가 바뀌는, 당시 미국에선 생소했던 셰파니스의 운영방식에 대해 몰랐다고 한다. 가족은 식사 전에 식당측에 좋아하지 않거나 먹고 싶지 않은 식재료 목록을 전달했다. 그중에는 완두콩이 있었다. 공교롭게도 그날 식당에 '정말로 질 좋고 달콤하며 신선한 완두콩들'이 수급된 터라 직원들은 오후 내내 완두콩을 손질했었다. 싱싱한 식재료를 사랑하고, 그런 재료를 알리는 데 늘 앞장서온 워터스는 그 가족에게 완두콩 요리 한 접시를 내어주라고 지시했다. 직원이 고객의 요청을 상기시켰지만, 그녀는 꿈쩍 하지 않았다. "상관없어요. 그냥 한 입이라도 먹어보면 좋겠어요. 그저 한 번 시도라도 해보면 좋겠어요."

결국 완두콩을 제공받은 이 가족은 맛있게 즐겼다. 리퍼트는 인터뷰에서 당시 상황을 이렇게 설명했다. "어린 소년은 미소를 머금고 있었는데 '와, 이런 완두콩은 처음이야. 이런 건 먹어본 적이 없어'라고 말하는 듯한 표정이었어요." 가족은 이내 접시를 말끔히 비웠다. "식사를 마쳤을 때 그들은 아주 만족스러워했고, 무척 행복해 보였습니다."[1]

오늘날 많은 미국인들은 슈퍼마켓에서 유기농 제품을 쉽게 볼 수 있고, 지역의 '팜투테이블farm-to-table' 식당에서 신선한 재료로 조리된 음식을 즐겨 주문한다. 하지만 워터스가 셰파니스를 개업한 1971년만 해도 미국의 음식 문화는 전혀 딴판이었다. 미국인들은 신선한 완두콩에 대해 잘 몰랐다. 미국인들의 식단은 대개 대량 생산된 식품이나 냉동식품 및 가공식품으로 구성돼 있었다. 전국적으로 유통되는 단단하고 덜 익은 토마토, 공장식 축산농장에서 생산한 '수상한 고기', 화학 실험실에서 막 나온 듯한 성분이 함유된 상하지 않는 식품들처럼 말이다. 워터스는 프랑스에서 지역 농산물 시장에서 쉽게 구할 수 있는 신선한 과일, 야채, 고기와 단순한 조리법이 주는 즐거움을 배웠다. 셰파니스에서 그녀는 이러한 요소들을 통합하고, 지역 생산자들과 긴밀하게 유대해 그들에게 식재료를 공급받는 식의 새로운 미국식 요리법을 개척했다. 유명 요리사 토머스 켈러가 인터뷰에서 밝혔듯이 셰파니스는 그냥 식당이 아니라 하나의 '현상'이자 '다른 곳에서는 절대 모방할 수 없는 무엇'이었다.[2] 2001년 요리 잡지 『고메』는 셰파니스를 그해 미국 최고의 식당으로 꼽았고, 이후로도 워터스와 셰파니스는 수많은 영광을 누렸다.

이러한 성공뿐 아니라 자연주의 교육 프로그램 '에더블 스쿨야드Edible Schoolyard'를 진행하고 예일대에서 식품 품질 개선을 위해 노력하는 등 세간의 이목을 끄는 프로젝트들을 통해 워터스는 미국에서 유기농·로컬·'슬로푸드' 운동의 주창자로 부상했다. 업계 관계자들 사이에서 워터스는 최고의 요리 인재를 키워내는 사람으로도 유명하다. 실제로 지난 몇 년 동안 셰파니스는 요리사 지망생들을 위한 비공식 학교이자 인큐베이터, 그리고 발사대 역할을 해왔다. 셰파니스를 거쳐간 수십 명의 요리사들이 자기 식당을 열고 미국 내 가장 창의적인 요리사로 명성을 쌓고 있다. 몇 명만 얘기하자면, 샌프란시스코 주니 카페의 셰프이자 최고의 요리사들에게 주어지는 (요리계의 '오스카상'으로 알려진) 제임스 비어드상을 두 차례 수상한 주디 로저스, 역시 제임스 비어드상을 수상했으며 2014년 은퇴생활을 접고 뉴욕의 명물 태번 온 더 그린 레스토랑을 인수한 제러마이아 타워, 마찬가지로 제임스 비어드상 수상자이고 요리책으로도 상을 받은 작가 조이스 골드스타인, 요리 강사 조앤 위어, 수상 경력이 있는 파티시에 데이비드 레보비츠 등이 있다. 유명 요리사 에버하드 멀러는 "셰파니스 주방을 거쳤거나 워터스를 위해 일한 요리사들의 수가 얼마나 많은지 셀 수 없을 정도입니다"라면서 "그녀의 요리사 계보에 속하거나, 그녀와 같이 일했거나, 교류했던 사람들을 전부 알

지도 못할 정도죠"라고 말했다.[3]

그들을 '슈퍼보스'라고 부르기로 했다

앨리스 워터스를 처음 알게 됐을 때, 나는 그녀 혼자서 그렇게 많은 일류 요리사들을 키워냈다는 사실에 매료되었다. 몇 년 전 나는 『실패에서 배우는 성공의 법칙*Why Smart Executives Fail*』을 통해 자만과 안주, 나태함과 호기심 결핍 때문에 어떻게 똑똑한 리더들이 사업 환경 변화에 적응하지 못하는지를 파헤쳤다. 기업들은 상상력의 부족과 폐쇄적인 전략과 문화의 무게에 짓눌려 힘겨워했다. 그들에겐 그런 상황을 뒤엎고 앞으로 나아가기 위해 필요한 인재가 부족했다. 그런 면에서 앨리스 워터스처럼 분명 특별한 경영 관리 훈련을 받지 않은 한 창의적인 천재가 호기심 많고, 열정적이면서, 개방적 사고를 하는 인재들을 키워냈다는 사실이 무척이나 흥미로웠다. 그들이야말로 변화에 잘 적응하고 세계적 수준에서 경쟁하려는 기업에 필요한 인재들이다. 지금처럼 빅데이터로 가득한 세상에서 요식업계에서는 여전히 긴밀한 사적 관계가 최고의 인재를 투입하는 데 그토록 중대한 역할을 수행했다는 점에도 호기심이 발동했다.

추가로 조사해보니 요식업계에서는 부주방장들이 일정 기간을 거친 뒤 자기 식당을 차린다는 걸 알게 됐다. 하지만 다른 업계에서도 이런 식으로 한 명 내지 몇 명의 전설적인 혁신가들이 '인재 계보'를 만들어 가는지 궁금했다. 이후 미식축구계, 광고계, 식료품계, 부동산계, 헤지펀드계, 코미디계, 패션계 등 다수의 업계를 파헤쳐보았고, 기본적으로 모두 똑같은 패턴이 등장한다는 사실에 깜짝 놀랐다. 각 업계의 상위 50명을 살펴봤더니 이중 15~20명 정도는 한때 한 명 또는 몇몇 '인재 육성자들' 밑에서 일했거나 그들을 멘토로 모셨다는 걸 알 수 있었다. 나는 그들을 '슈퍼보스'라고 부르기로 했다. 이 슈퍼보스들은 그들이 활약하는 업계에서 일어난 혁신에도 놀랄 만한 일익을 담당했다.

미식축구계는 왜 슈퍼보스와 같이 일하는 게 좋은지 볼 수 있는 대표적인 사례다. 1980년대와 1990년대 내셔널풋볼리그NFL는 빌 월시, 조 기브스, 빌 파셀스, 지미 존슨, 마브 레비 이 다섯 감독이 지배했다. 하지만 이들 중 가장 큰 인재 '계보'를 만든 사람은 빌 월시였다. 1979년부터 2015년까지 월시나 그의 계보에 속한 감독들은 슈퍼볼에 서른두 번 진출해 총 열일곱 번 우승했다. 존슨과 제자들은 불과 여섯 차례 슈퍼볼에 나갔고, 레비와 기브스, 파셀스와 그들의 제자들은 각각 스물세 차례, 스물한 차례, 스물네 차례 슈퍼볼에 진출하며 그보다는 성적이 좀 더 나았다. 2005년 NFL에 새로 부임한 열 명의 감독 중 여섯 명이 월시의 계보에 속해 있었다. 월시가 세상을 떠나고 1년이 지난 2008년, NFL 리그의 32개 팀 중 26개 팀을 월시가 교육한 감독들이 이끌었다.

월시와 그 제자들은 웰시가 창안한 중대 혁신인 '웨스트 코스트 오펜스West Coast offense' 덕에 성공할 수 있었다. 이 전략 때문에 이전과는 다른 유형의 선수들을 영입한 팀들은 더 나은 경기 운영을 펼쳐 승리할 수 있었다. 웨스트 코스트 오펜스 전략을 따르는 팀들은 더 빠르고 정확한 패스 플레이에 주력했다. 우람하고 난폭한 선수를 이용하기보다는 잘 훈련받은 선수가 개인 역량을 발휘하는 게 중요했다. 월시는 또한 팬들에게도 다소 생소한 방식으로 미식축구를 혁신했다. 많은 감독들이 조직 운영을 하면서 세부적인 부분은 다른 사람들에게 맡겼지만 월시는 팀 내에서 일상적으로 이뤄지는 활동을 하나하나 세분화해 감독과 선수들의 역할을 규정했고, 계약 협상과 언론 대응 같은 경영 사안들을 어떻게 처리할지도 정해놓았다. 또한 권위주의적 리더십을 버리고, 각자 독립적으로 판단하도록 함으로써 권력을 분산시켰다. 이러한 혁신은 코칭에 대한 새롭고 종합적인 접근으로 월시의 후임자들이 이를 전수받아 다듬었다.

월시 같은 사람들을 보면 볼수록 무엇이 그들을 움직이게 만들었는지 궁금했다. 랠프 로런과 캘빈 클라인 같은 혁신가들이 패션계와 라이프스타일계에서 그토록 많은 거물들을 탄생시킨 반면, 조르조 아르마니나 마사 스튜어트, 전 구찌 최고경영자인 파트리치오 디 마르코 같은 이들은 왜 그러지 못했을까? 줄리언 로버트슨은 어떻게 해서 에디 램퍼트, 스티븐 코언 같은 부유하고 유명한 투자자들과는 다르게, 한 세대에 걸쳐 헤지펀드계의 추종자들을 양성할 수 있었을까? 슈퍼보스들은 어떤 기술을 이용한 걸까? 그들만의 비밀스러운 기술을 무엇일까?

경영학 서적들을 참고해봤지만 전혀 도움이 되지 않았다. 슈퍼보스가 인재를 양성하는 패턴은 전통적인 사업 경영에서 찾아볼 수 없었다. 인사 컨설턴트들은 그런 인재 양성 방식에 대해 이야기하지 않았고, 기업 임원들은 인재 양성을 통한 인재 관리 전략을 생각해내지 못했으며, 나와 동료들 역시 경영대학원에서 그러한 것을 가르치지 않았다. 하지만 슈퍼보스들은 장래가 촉망한 사람들에게 활력을 불어넣고, 최고의 성과를 내게끔 영감을 주며, 중책을 수행할 만한 자리로 그들을 이끌고 있었다. 그들은 우리가 모르는 뭔가를 알고 있었고, 그 지식을 활용해 뛰어난 성과를 달성했다.

2005년, 나는 잠재적인 슈퍼보스 후보들을 찾고 그 계보를 그리기 위해 경영계, 스포츠계, 패션계, 예술계를 이잡듯이 뒤지는 대대적인 연구 프로젝트에 착수했다. 이백 차례 이상 인터뷰를 실시하고, 수천 개의 기사, 책, 논문, 구술 기록을 샅샅이 살피고, 서른여섯 편의 사례연구를 작성하는 등, 광범위하고 철저한 연구 프로젝트를 진행하며 10년을 보냈다. 특히 론 마이클스, 랠프 로런, 제이 치아트, 래리 앨리슨, 빌 월시, 요르마 파눌라, 로버트 노이스, 빌 샌더스, 마일스 데이비스, 마이클 밀컨, 마이클 마일스, 앨리스 워터스, 노먼 브링커, 로저 코먼, 줄리언 로버트슨, 진 로버츠, 조지 루커스, 그리고 토미 프리스트 등 대표적인 슈퍼보스 열여덟 명의 삶 그리고 그들의 커리어에 얽힌 이야기를 수집하고 파헤치고 분석했다. 또한 힐러리 클린턴, 스탠 리, 오프라 윈프리, 데이비드 스웬슨 등 슈퍼보스가 될 만한 인물 수십 명에 대한 자료도 모았다.

무엇보다 요식업계(브링커), 의료계(프리스트), 만화 출판계(리), 정치계(클린턴), 비영리 기금 투자계(스웬슨), 영화 제작계(코먼), 헤지펀드계(로버트슨), 언론계(로버츠), 그리고 특수효과계(루커스) 같은 다양한 분야에서 슈퍼보스를 찾아낼 수 있었다.

그들은,
'새로운 종류의 답'을 내놓는다

다양한 분야에서 어떤 주제와 패턴이 반복되는지 찾다가 슈퍼보스들의 대인관계 스타일은 제각각이지만, 그들이 인재를 발굴해서 동기를 부여하고 훈련시키고 활용하는 방법은 놀라울 정도로 일관되며 매우 참신하고 분명 강력하다는 사실을 알아냈다. 슈퍼보스들은 여느 리더들과는 다르다. 그들은 모두 자기만의 전술을 가지고 있다. 그들은 언제나 비즈니스에 대해 골몰하며, 주변 사람들도 그렇게 하도록 독려하는 데 매우 진지하고 열정적이다. 그들은 인재를 찾기 위해서라면 어디든 찾아가는 걸 마다하지 않고 다채로운 방식으로 인재들을 검증한다. 그들은 불가능해 보일 정도로 수준 높은 성과 기준을 설정해 직원들이 자기 역량의 한계를 넘어서게끔 밀어붙인다. 그들은 (분명) 확실한 규칙 없이 자연스럽게 진행돼 설명하기 힘든 방식으로 멘토링과 코칭을 실시한다. 외부인에게는 바보 같아 보이는 위험을 무릅쓰면서까지 경험이 부족한 직원들에게 주저 없이 권한을 위임한다. 또한 슈퍼보스들은 적당한 때가 되면 스타 인재들이 떠나도록 격려도 하는데, 그렇게 떠난 직원들은 이후 슈퍼보스들의 분야에서 전략적 네트워크의 한 축이 되기도 한다.

연구가 진행될수록 슈퍼보스와 전형적인 관리자 간의 차이점이 더욱 더 분명해졌다. 최악의 상사들은 '모범 사례'와는 거리가 먼 행위, 즉 험담, 모함, 타인의 성공이 자기 덕이라는 부적절한 주장 등으로 직원들의 사기를 꺾고 성장을 둔화시키며 성과를 저해한다. 슈퍼보스는 이런 상사들보다 훨씬 깨어 있기에 그들과 비교할 이유는 없다. 또다른 그럭저럭 성공적인 유형의 리더로는 도널드 트럼프 같은 '오만불손형 보스' 부류가 있다. 그들은 직원들을 들볶으며 한계까지 몰아세운다. 이들은 멀리 떨어져 있는 신적 존재로, 존경은 받을지언정 특권을 결코 내려놓지 않으며 부하직원 위에 군림한다. 슈퍼보스는 이런 오만불손형 보스와 격이 다르다. 슈퍼보스들은 사납거나 온화할 수도, 호전적이거나 자조적일 수도 있다. 하지만 어떤 스타일이든 함께 현장에 뛰어드는 본보기를 보이면서 직원들을 인도하고, 그들이 더 빨리 성장하는 데 필요한 관심을 기울이므로 동기부여와 가르치는 일에서 누구보다 월등히 뛰어나다. 오만불손형 보스들도 일정 기간 동안에는 상당한 개인적 성공을 거둘 수 있겠으나 사상누각은 무너질 수밖에 없으므로 결국은 모든 것을 잃는다. 하지만 슈퍼보스들은 오랫동안 성공을 누리고, 또한 독자적인 힘으로 거물이 되는 차세대 계승자들을 배출한다.

자, 그렇다면 일반적으로 유능하고 선하며 효율적으로 일한다고 평가받는 그 모든 '좋은 리더'들은 어떨까? 이들도 두 가지 이유에서 슈퍼보스의 상대가 되지 못한다. 슈퍼보스는 좋은 리더들이 탐탁지 않아 하는 특정 관행도 받아들이면서, 그들보다 훨씬 생산적으로 일한다. 예를 들어 좋은 리더들은 직원들에게 승진할 기회를 주고 그 기회를 명시하기 위해 '경력 사다리'를 사용하기도 한다. 슈퍼보스들도 직원들에게 승진 기회를 제공하지만, 이런 기회를 표준화하거나 엄격하게 체계화하기보다는 각 개인에게 맞는 기회를 제공한다. 좋은 리더들은 표준화된 지표를 이용해 직원들이 조직에 얼마나 기여했는지 공식적으로 평가하지만, 슈퍼보스들은 그런 지표에 의존하지 않는다. 그들은 직원들과 함께 업무 현장에서 생생히 뛰기 때문이다. 또한 좋은 리더들은 모범 사례를 대단히 좋아한다. 그들은 어떤 사례가 효과적인지를 궁금해하고, 이를 일터에 적용하고 싶어한다. 슈퍼보스들은 모범 사례에 별 관심이 없다. 그들은 그러한 사례를 암암리에 새로운 일처리방식을 가로막는 과거의 집대성으로 여긴다. 만약 헤지펀드계의 거물 줄리언 로버트슨이 교과서적 방법대로 펀드매니저들을 선택했다면 경험이 부족한 '새끼 호랑이들'(그의 계승자들을 이렇게 부른다)에게 투자할 수 있었을까?

좋은 리더와 슈퍼보스의 차이는 결국 사고방식의 차이다. 오늘날 많은 최고경영자들이 스스로를 전문경영인으로 간주한다. 그들은 대부분의 전문가들이 그러하듯이 기본적인 것들을 잘해내고 더 나아지기 위해 애를 쓴다. 그들은 종종 슈퍼보스를 특징짓는 직관, 타고난 호기심,

그리고 저돌적인 기업가적 에너지를 망각한다. 슈퍼보스 중에 전문경영인이 없는 건 아니다. 실제로 있고, 이 책에서도 몇 명을 소개할 것이다. 하지만 슈퍼보스들은 실제로 얼마나 전문적이냐와 관계없이 전문경영인으로 자기 정체성을 제한하지 않는다. 슈퍼보스들은 그 방정식에 항상 뭔가를 더 추가한다. 그리고 바로 이 부분이 직원들에게 특별하게 강력하고 유익한 영향을 미친다.

슈퍼보스를 둘러싼 비밀이 밝혀지자 경영자들과 전문가들에게 진정 필요한 성배를 내가 우연히 얻었다는 사실을 깨달았다. 인사 전문가들이 아무리 애를 쓴다 해도 여러 조사 결과를 보면 대부분의 직장인은 직장에서 무기력하고 불행하다. 매킨지 등이 진행한 연구에 따르면 대부분의 경영진이 조직의 생존에 있어서 인재가 절대적으로 중요하다고는 인식한다. 하지만 조직은 강하고 자기주도적인 리더들을 어떻게 성장시키는지는 '이해하지' 못한다.[4] 슈퍼보스들은 새로운 종류의 대답, 즉 인재를 키우거나 신성들을 무궁무진하게 배출해내는 파이프라인을 만들기 위해 누구라도 차용할 만한 해결책을 내놓는다. 이는 소위 밀레니얼 세대 직장인들의 동기부여, 자기계발, 관심 유도라는 과제에 특히 적절한 듯하다. 이런 해결책 중 일부라도 널리 퍼진다면 직장은 보다 활기차고, 수익성도 높아질 수 있다. 전문가들은 더 많은 성과를 거두고, 업무 만족도를 높이며, 조직을 더 민첩하고 탄력적으로 만들 수 있다. 일터는 무미건조하고 따분한 장소에서 혁신의 발전소로 바뀔 수 있다.

하지만 이보다 더 긍정적인 효과가 있다. 슈퍼보스들의 성공 사례가 확산되면 궁극적으로 더 많은 기업들이 살아남게 될 것이다. 몬트리올에 살던 어린 시절, 매주 동네 빵집에 가곤 했다. 갓 구운 빵 냄새가 풍기는 따뜻하고 생동감이 넘치는 사랑방이었다. 그런데 몇 년 뒤 찾아가보니 놀랍게도 그 빵집은 문을 닫았다. '왜 훌륭한 기업들이 사라져야 하지?'라는 의문이 들었다. 그들이 그렇게 될 필요는 없다. 적절한 인재를 확보하면 기업은 거의 모든 사업상의 도전들을 피하거나 극복할 수 있다. 조직들이 허둥대는 건, 인재와 인재가 내놓는 새로운 생각, 전략 및 해법을 되살리지 못해서다. 슈퍼보스들의 지혜는 다른 직장인들에게 유용한 정도가 아니다. 그것은 죽느냐 사느냐를 결정한다. 승리로 가는 핵심적인 경로에는 창의적인 가치를 창출하는 데 완전히 몰입하는 뛰어난 인재들이 존재한다.

세계 최고의 리더들은 사용하지만, 당신은 사용하지 않는 그것

다트머스대 터크 경영대학원 교수이자 이곳의 리더십센터장으로 일하며 나는 보잉부터 제너럴 일렉트릭GE과 JP모건 체이스, 도이치은행에 이르기까지 세계적인 대기업 수십 곳을 컨설팅하는 영광을 누렸다. 또한 몇 권의 베스트셀러를 포함해 지금까지 열아홉 권의 리더십 관련 서적과 여든 편이 넘는 논문을 썼다. 이처럼 조직에 대해 연구하면서 얻게 된 가장 큰 발견은 가장 단순한 것이기도 하다. 바로 사람이 전부라는 사실이다. 경영진들은 올바른 전략을 세우면 다른 것은 알아서 돌아갈 거라고 전제하고서 경영 전략을 최우선순위로 삼는다. 그러면서 함께 일하는 사람들을 무시하거나, 어쨌든 그들을 기업 경영의 부차적인 요소라고 생각한다. 틀렸다! 사람은 모든 전략의 핵심이며, 어떤 리더라도 생존하고 번영하려면 무엇보다도 인재풀을 활성화해야 한다. 슈퍼보스들은 이 점을 잘 알고 있으며, 그렇기 때문에 각자의 분야에서 타의 추종을 불허하는 영향력을 행사하고 사업상 성공을 거둔다.

『슈퍼보스』는 세계 정상급으로 꼽히는 가장 유능한 리더들의 특징적 행동들을 탐구하고, 통상적인 관행을 뒤집으며, 인재 개발을 위한 새롭고 종합적인 패러다임을 제시한다. 이 책은 사람들이 잠재력을 100퍼센트 발휘하도록 무엇이 진정한 동기와 영감을 불어넣는지에 대해 체계적이고 경험적인 연구 결과를 최초로 제시한다. 이 책을 통해 세계 최고의 인재를 키우는 동시에 어떻게 하면 자신의 팀에서 전례 없는 창의성과 참여도, 성취감을 이끌어내는 리더가 될 수 있는지 알게 될 것이다. 또한 어떤 분야에서 활동하든 간에 커리어를 발전시키기 위해 어떻게 업계 내 슈퍼보스를 찾아낼 수 있는지도 배울 것이다.

1장에서는 슈퍼보스를 정의하면서 연구과정에 대해 보다 종합적으로 설명한다. 이후 2장부터 8장까지는 '슈퍼보스의 전술'을 소개한다. 세계 정상급 리더들은 사용하지만 그 외의 리더들은 사용하지 않는 기술, 사고방식, 철학, 비밀이 여기에 담겨 있다. 9장에서는 관리자들과 리더들이 슈퍼보스식 접근법을 자신의 커리어뿐 아니라 경영방식, 조직에 어떻게 적용할 수 있는지 설명한다. 이 책에서 소개한 슈퍼보스들 중 압도적으로 많은 수가 백인 남성이라는 사실에 의아할지도 모르겠다. 결코 일부러 그들을 고른 건 아니다. 단지 연구 결과를 제시했을 뿐이며, 전통적으로 백인 남성들이 최고의 리더 역할을 도맡아왔다는 사실을 전할 뿐이다. 앞으로 10년 또는 그 이상 기간 동안 슈퍼보스들에 대해 더 조사한다면 그때는 성별과 인종이라는 측면에서 지금보다 훨씬 더 균형 잡히리라 기대하며 또 그렇게 되기를 바란다.

지금껏 많은 책들이 상식, 심리학과 빅데이터에 이르기까지 온갖 방식으로 인재에 대해 다루었다. 하지만 낯설고 특이해 보이는 방식으로 인적 자본을 누구보다 잘 키워내는 소수의 사람들에 대한 연구는 없었다. 우리에겐 성공에 대비하고 조직의 성공을 이끄는 인재를 육성하기 위한 새로운 전략이 절실하게 필요하다. 예외적이면서도 다채로운 슈퍼보스들의 모습을 통해 다른 사람들을 위하는 의미 있는 경력을 쌓는 데 적용할 만한 지혜를 배울 수 있다. 다른 사람들의 성공을 도우며 우리가 얻는 혜택도 그에 못지않게 대단하다. 누군가가 꿈을 이루게끔 돕는 일보다 더 큰 성취가 있을까? 수많은 직원들과 후배들이 (그들에게) 우리가 중요한 사람이었다고 공공연하게 이야기하는 것보다 더 만족스러운 일이 있을까?

세계 최대 규모이자 영향력 있는 금융기관으로 꼽히는 블랙록의

CEO이자 창업자 래리 핑크는 '무엇이 커리어에서 가장 기억에 남느냐' 라는 질문에 "내가 떠나도 회사를 경영해줄 사람들이라는 유산이다"라고 답했다.[5] 이 책에서 얻은 교훈을 적용하고 기존의 행동방식을 바꾸면, 세상에서 가장 유능한 리더를 위해 일하는 것보다 더 나은 유일한 일은, 자신이 바로 그러한 리더가 되는 것이라는 사실에 동의하게 될 것이다.

1장

전통 파괴형과 최고 지향형, 그리고 양육형

: 슈퍼보스란 누구인가?

그들은 분명 당신이 함께 일하고 싶어할 사람들이다 | 마일스 데이비스 VS. 마이클 마일스 | 인재를 키우면서 혁신을 이끄는, 슈퍼보스의 세 가지 유형 | '자신감, 경쟁심, 상상력, 진실성, 진정성' 빤해 보이는가? 정말로? | 핵심은 그들의 '정체'가 아니라 '행동'이다! 슈퍼보스의 전술

별 특징 없는 흰색 트럭 한 대가 덜컹거리며 필라델피아 시내를 달리다가, 로댕 미술관과 필라델피아 커뮤니티 칼리지를 지나 노스브로드가 400번지에 위치한 한 건물에 도착했다. '진실의 탑'이라고 불리는 이 상징적 건물 정면에는 지역 유력지 필라델피아 인콰이어러의 휘장이 걸려 있었다.[1] 18층 높이의 건물 안에는 편집실들과 함께, 한때는 작동하면 건물 전체가 진동할 정도였던 거대한 윤전기들이 자리했다.[2] 1978년 어느 날, 트럭은 정문을 지나쳐 건물 주변을 돌아 뒤쪽으로 향했다. 여느 트럭들은 갓 인쇄된 신문을 싣기 위해 여기 왔지만, 이 트럭은 아니었다. 이 트럭은 반대로 실려 있던 짐을 내리려고 여기에 왔다.

운전사와 몇몇 일꾼들이 트럭 뒷문을 열기 위해 몰려들었다. 문을 여니 막대기 같은 긴 다리가 하나 나왔다. 곧이어 또다른 다리가 등장했다. 마침내 다리 네 개와 툭 튀어나온 혹, 거대한 몸통, 그리고 잔잔한 미소를 머금은 얼굴이 드러났다. 지역 서커스단에서 빌린 낙타였다.[3] 그뒤로 또다른 다리가 보였다. 이번에는 짧은 다리들이었다. 인콰이어러 직원의 기억에 따르면, '추가금 없이' 서커스단에서 덤으로 빌려준 염소의 다리였다.[4]

마중나온 조련사들과 인콰이어러 직원들은 동물들을 화물용 엘리베이터로 끌고 갔으나 불행히도 이 엘리베이터는 4층까지만 운행했다. 문이 열리자 동물들은 건물(사실은 카페테리아)을 통과해 승객용 엘리베이터를 타고 다른 층으로 올라갔다. 카페테리아에 있던 인콰이어러 직원들은 깜짝 놀라서 그 광경을 빤히 쳐다봤다. 몇몇 사람들은 무슨 일이 벌어지는 건지 알아보기 위해(어쨌든 그들은 기자였다!) 동물들을 따라 일어났다.[5]

시끌벅적한 구경꾼들은 쏜살같이 계단을 올라간 덕에 낙타가 엘리베이터에서 내려 편집실을 가로지르는 모습을 때맞춰 목격할 수 있었다. 당시 편집장이었던 진 로버츠는 건축가와 인테리어 디자이너들과 함께 인콰이어러에 걸맞은 '미래의 편집실'을 만들 계획을 논의중이었다. 동물들의 등장에 로버츠는 뛰거나 소리지르거나 웃지 않았다. 부편집장 겸 뉴스 편집자였던 짐 노턴은 "로버츠는 눈 하나 깜박하지 않았습니다. 그는 전문가들을 향해 몸을 돌리고는 '아, 그래. 편집실이 화물용 엘리베이터 근처에 있으면 좋겠어요'라고 말했죠"라고 회상했다.[6]

그로부터 30년 뒤인 2008년, 로버츠와 함께했던 시간을 기념하고자 모인 자리에서 장기근속한 직원들이 이 일화를 꺼냈다. 그 낙타는 인콰이어러의 리처드 벤 크레이머 기자가 중동 지역 취재의 공을 인정받아 퓰리처상을 수상한 일 그리고 그 성공을 계기로 주주들에게 해외 특파원들을 위한 자금 지원의 확대를 약속받은 로버츠의 능력을 축하하고자 데려온 것이었다. 로버츠가 이끄는 인콰이어러가 얼마나 에너지와 엉뚱한 아이디어로 넘쳤는지를 이 밖에도 다채로운 일화로 확인할 수 있다. 예를 들어 46세 생일날, 로버츠는 사무실 옆 화장실에 갔다가 생일을 축하하며 개굴거리는 개구리 46마리를 발견했다. 어느 직원의 생일에는 로버츠가 그 직원 집에 진짜 코끼리가 나타나도록 준비하기도 했다. 로버츠의 50세 생일에는 다수의 직원들이 정말로 잊을 수 없는 일을 계획하기 위해 모였다. 한 직원은 이렇게 설명했다. "비밀 위원회는 행사를 위해 최대한 관심을 끌어모을 만한 계획을 짰어요. 그래요, 우리는 직원들로 커주kazoo 연주 밴드를 결성했습니다. 네, 우리는 오래되고 우아한 브라운스톤으로 지어진 로버츠 부부의 집이 자리한 클린턴가에 1000블록 길이의 바리케이드를 쳤습니다." 위원회는 '개구리는 50살이에요'라고 적힌 거대한 전자 표지판을 단 굿이어사의 소형 비행기도 로버츠네 집 상공을 날도록 준비해두었다.[7]

개구리는 대체 어떤 의미였을까? 이는 로버츠의 얼굴이 두드러지게 양서류를 닮아서 붙은 그의 별명이었다. 놀리려고 붙인 별명이 아니라 애정이 듬뿍 담긴 별명이었다. 로버츠와 함께 일했던 사람들과 대화해보니 그들은 로버츠를 리더로서 존중하고 존경하는 수준을 넘어서 그를 숭배하고 있었다. 내가 연락을 취한 모두가 곧장 로버츠 시대에 대해 들려주고 싶다고 반응했다. 진 로버츠를 위해 일했다는 건 그들에게 그저 그런 일이 아니었다. 일생일대의 사건이었다. 그리고 로버츠는 여느 상사와는 전혀 달랐다. 그는 유례를 찾기 힘든 리더였다. 그에게 자연의 힘이 느껴졌다. (개구리 말이다.) 취재 전문 기자 돈 발렛은 "당신이 기자인데 그를 좋아하지 않는다면 뭔가 문제가 있는 겁니다"라고 말했다.[8]

미국 저널리즘이 정점에 달했던 시기, 로버츠의 품을 떠나서 업계에서 자리를 못 잡았다면 뭔가 문제 있는 사람이라고 생각해도 좋을 정도다. 삼백 명 이상이 참석한 로버츠의 옛 동료들 모임에는 퓰리처상 수상자가 열여섯 명, 전미도서상 수상자가 한 명, 『프라이데이 나이트 라이츠』 『블랙 호크 다운』 같은 베스트셀러를 쓴 작가들도 있었다.[9] 로버츠의 옛 직원들 중에는 로스앤젤레스 타임스, 볼티모어 선, 애크런 비컨 저널, 그리고 저널리즘 연구소인 포인터 인스티튜트를 이끄는 사람들도 있었다. 미국 전역의 유명 신문사와 잡지사에서 취재 기자로 일하는 사람들은 말할 것도 없다.

모든 업계에는 핵심 인물, 슈퍼스타, 혁신가들이 있다. 진 로버츠는 이런 부류에 속했다. 하지만 그에게는 다른 성공한 유명인사들에게는 없는 특별한 뭔가가 있었다. 그는 인재들이 지금껏 꿈꿔왔던 것 이상을 성취하게끔 돕는 법을 알았고, 그 과정에서 함께 일하는 부하직원들을 거의 모두 스타로 만드는 '인재 육성 기계'를 가동했다. 로버츠는 직원들에게 늘 새롭고 도전적인 과제를 맡김으로써 그들이 안주하지 못하게 만드는 걸 업으로 삼은 아주 보기 드문 리더였다. 그는 특별한 개인지도와 지원을 아끼지 않았고, 직원들이 자신에게 의지하기보다는 직접 창의적인 결정을 내리게끔 독려했다. 그가 고용한 기자들과 편집자들은 그야말로 환골탈태했다. 그들은 최선을 다했고 심지어 일을 즐겼다. 로버츠가 인콰이어러에서 일한 18년 동안 이 신문은 믿기 어렵게도 열일곱 차례나 퓰리처상을 수상했다.[10] 오늘날 미국 전역의 언론사 편집실 사람들은 그를 세계적 수준의 언론인 세대를 배출한 이로 여긴다.

로버츠처럼 인재를 양성하는 사람들이 언론계에만 있는 건 아니다. 당신이 속한 업계를 누가 움직이고 뒤흔드는지 관심을 기울여왔다면, 그들 중 놀라울 정도로 많은 사람이 어느 시점에 모두 '한 사람' 밑에서 일한 적이 있다는 사실을 발견할지도 모른다. 또한 동종 업계 사람들이나 업계 밖 사람들이 친근함과 경외감을 미묘하게 섞어 '이 사람'의 이름을 언급한다는 사실을 알아채게 될 것이다. 심지어 어떤 사람들은 지나가는 말로 '이 사람'을 언급하면서 당연히 누구를 지칭하는지 알 거라고 여기는데, 만일 상대가 모를 경우 마치 그 사람이 어떤 시험에서 떨어지기라도 한 양 군다. 당신은 점차 '이 사람'과의 만남이 빠른 성공가도를 달리게 해주는 열쇠라는 걸 깨닫는다. 당신이 그와 함께 일한 적이 있다면 더욱더 그렇다. '이 사람'과 함께 일할 수 있다면 분명 당신은 성공할 것이다. 하지만 그와 멀리 떨어져 있다면 그와 가까운 사람들에 비해 영원히 불리한 입장에 놓일 것이다.

이 '슈퍼보스 효과'가 얼마나 절대적으로 특별한지 인지하는 게 중요하다. 대부분의 리더들은 세계적 수준인 인사팀의 지원을 받음에도 자기 팀과 회사에 맞는 인재를 꾸준히 확보하는 데 애를 먹는다. 반면 슈퍼보스들은 업계 전반에 필요한 인재 풀을 공급한다. 마찬가지로 대부분의 직장인들은 호시절을 추억하자며 20년 만의 재결합 모임 같은 건 열지 않는다. 최근 조사 결과들을 보면 많은 직장인들이 자신의 상사와 일했던 기억을 잊고 싶어한다.[11] 하지만 슈퍼보스의 직원들은 상사를 자기 경력뿐 아니라 삶에서 중추적 인물로 여긴다.

슈퍼보스들은 위대한 감독이자 재능의 점화자이자 리더십 교사다. 사실상 슈퍼보스들은 대부분의 리더들이 놓치는 것, 즉 다른 사람들의 성공을 도우면서 따라온 특별한 성공의 길을 걸어왔다. 그러한 길의 존재 자체가 놀랍기도 하고 직관에 어긋나기도 하지만, 영향력 있는 삶을 살아가고자 한다면 멋진 소식임이 분명하다. 그 길은 어떤 모습일까? 이러한 슈퍼보스들은 누구일까? 그들을 움직이게 이끈 원동력은 무엇일까? 지금까지 그들은 어디에 있었던 걸까?

그들은 분명 당신이 함께 일하고 싶어할 사람들이다

인재 양성 능력 때문에 종종 간과되곤

하지만, 슈퍼보스가 가진 한 가지 역설(이 책에서 접할 많은 역설들 중 하나다)은 이들 슈퍼보스는 결코 뒤에 숨지 않는다는 점이다. 반대로 그들은 사실상 우리의 관심을 갈구한다. 낙타 사건 당시 진 로버츠는 인콰이어러를 완전히 탈바꿈시킨 일로 언론계에서 상당히 주목받고 있었다.[12] 1972년 그가 인수한 신문은 '진실의 탑'에 사무실을 둘 만한 자격이 없었다. 신문은 하나부터 열까지 완전히 부패해 있었다. 전 경영주였던 월터 애넌버그는 자기 마음에 안 드는 사람의 기사를 싣지 않는다는 이상한 규칙을 정해놓았다고 알려져 있다.[13] 애넌버그에게 적대적인 특정 지역 지도자들의 사진은 모두 삭제됐다. 아울러 수석 취재 기자 해리 캐러핀이 보도 대상자들에게 돈을 갈취한 사실이 잡지 『필라델피아』를 통해 밝혀졌다. 그는 금품 수수 혐의로 유죄 판결을 받고 수감됐다.[14] 인콰이어러는 필라델피아 불리틴에 밀린 지역 내 2위 신문사였다. 직원 수, 예산, 영향력이 모두 부족했고, 돈도 전혀 벌지 못했다.[15]

뉴욕타임스 국장이자 편집자였던 로버츠는 인콰이어러를 회생시키기라는 도전 앞에 의욕을 불태웠다. 그는 이 신문을 미국 내 최고의 신문이자 진정한 자기 신문으로 만들고 싶었다. 그는 『타임』에 보도된 것처럼 엄청나게 치열한 경쟁을 벌인 끝에 불리틴을 누르고 멋지게 성공했다.[16] 1982년 불리틴이 절판된 뒤 인콰이어러는 일일 발행부수가 50만 부를 넘어섰고, 일요일자는 100만 부 이상 발행할 정도로 급성장했다.[17] 인콰이어러는 탐사보도 기사 때문에 전국적으로 알려졌다. 인콰이어러가 보도했던 수많은 기사들은 지금 봐도 놀랍기 그지없다. 용의자의 머리에 전화번호부를 올려두고서 그가 자백할 때까지 야구방망이로 내려 친 불의한 강력계 형사들에 대한 보도가 그중 하나인데 당시 필라델피아에서 살인사건 가운데 삼분의 이가 이런 방식으로 해결됐다.[18] 필라델피아에서 헌혈로 모인 피가 마이애미에 1파인트당 700달러로 팔린다는 사실을 보도한 적도 있다. 이러한 기사가 일으킨 파장 덕에 인콰이어러의 인지도는 예전보다 훨씬 더 높아졌다.[19]

로버츠의 성공이 인상적이긴 하지만, 업계 외부인 입장에서는 단순히 이를 통해 슈퍼보스의 손이 작동한다는 걸 바로 알아채기는 힘들다. 초기에 로버츠는 기성 언론인들을 스카우트했다. 월스트리트 저널의 스티브 러브레이디, 뉴스데이의 진 포먼, 그리고 보스턴 글로브와 워싱턴 포스트 출신 기자들이었다.[20] 이후 인콰이어러의 기사 수준과 업무 환경(그리고 그 많은 퓰리처상 수상자들)에 대해 소문이 퍼지면서 입사 희망자들이 넘쳐났다. 분명 로버츠는 올바른 어떤 일을 하고 있었다. 하지만 언론계에서 일해본 적이 없거나 업계를 면밀히 주시하지 않았다면, 아무것도 알아채지 못했을 것이다. 로버츠와 함께 일했고 후일 유명 언론인이 된 기자들에 대해 몰랐을 것이고, 로버츠의 조직 내에서 성장하며 대부분의 커리어를 쌓은 이들에 대해서도 몰랐을 것이다. 그저 결연하고 독창적이며 깊이 존경받는 리더가 이끄는 성공적인 신문만 눈에 들어왔을 것이다.

슈퍼보스를 찾아내고 연구하려면 미묘한 기술이 필요하다. 만약 당신이 슈퍼보스들을 추적한다면, 때때로 업계의 슈퍼보스가 누구인지 명확히 보여주는 비교정량분석을 해볼 수 있다. 예를 들어 미식축구계의 경우, 서둘러 세어보니 2015년까지 빌 월시는 그다음으로 뛰어난 감독보다 거의 두 배나 많은 현역 NFL 감독들을 길러냈다.

	월시	파셀스	존슨	기브스	레비
2008	26	20	6	11	15
2009	25	21	8	10	17
2010	25	19	10	10	14
2011	27	17	12	8	12
2012	27	15	14	10	10
2013	22	12	10	8	9
2014	21	13	10	5	9
2015	20	13	10	5	10

NFL에서 활동하는 감독 가운데 전설적인 다섯 명의 정상급 감독들에게 배운 감독들의 숫자(2008~2015년 사이). 미식축구 팬이라면 특정 해의 전체 감독 수가 리그 내 팀 수보다 많다는 사실을 알아챌 텐데 일부 감독들이 코칭스태프를 여럿 두었기 때문이다.[21]

모든 분야에서 이처럼 간단한 분석으로 슈퍼보스를 찾아낼 수 있다면 좋겠지만 미식축구계는 꽤 특별한 경우에 해당한다. 미식축구팀들은 모두 규모가 비슷하고 매우 체계적으로 경쟁하기 때문에, 감독들끼리 비교해도 유의미한 결과가 도출된다. 또한 미식축구계에서는 수많은 자료를 공개하고 성공을 측정하는 방법도 명확하다. 대부분의 업계는 이렇게 깔끔하지가 않다. 큰 기업들은 규모, 문화 혹은 계보를 토대로 절대적으로 더 많은 수의 인재를 배출한다. 이는 그 기업들의 특정 리더의 존재와는 아무런 상관이 없을지도 모른다. 예를 들어 로버츠는 상당히 많은 인재를 양성했지만 뉴욕타임스처럼 더 유명하고 훨씬 더 규모가 큰 신문사에서 수적으로 더 많은 인재가 나왔다. 물론 뉴욕타임스에서 무능력한 기자들도 많이 배출됐을 것이다. 그러나 진 로버츠와 인콰이어러가 위대한 인재를 키워낸 '적중률'이 계산 가능하다면 분명 뉴욕타임스보다 높을 것이다.

일반적으로 봤을 때 업계 골리앗들의 규모와 범위는 인재 배출 면에서 어느 정도 이점이 있다. 무엇보다도 뛰어난 인재들이 단순히 명성 때문에 그곳에서 일하려고 하기 때문이다. 하지만 슈퍼보스들은 규모, 범위, 명성이라는 축복을 받은 조직뿐 아니라 어떤 조직이든 '인재를 끌어모으는 매력적인 자석'으로 만들 수 있다. 슈퍼보스들이 스타 인재를 육성하기 위해 제공하는 대부분의 것들, 그러니까 동기, 영감, 혁신, 기회 창출, 수습제도, 코칭 등을 가장 권위 있는 조직들이라 해도 같은 수준으로 제공하지 못할 수도 있다. 뉴욕타임스 같은 업계를 선도하는 신문이라면 뛰어난 인재를 끌어모으기 위해 열심히 노력하지 않아도 될지 모르지만, 슈퍼보스가 책임을 맡는다면 그런 일이 더 잘 이루어질 것이다.

어쨌든, 조직을 분석하고 비교하는 일은 복잡하기 때문에 슈퍼보스를 찾아내려면 양적 조사(성공한 옛 직원들과 동료들에 대한 기록 파악)와 질적 지표(보스의 평판 평가)에 집중하는 게 가장 신뢰할 만하다. 어떤 업계에서나 관계자들은 내부 사정에 정통하니 이 방법이 가장 확실하기도 하다. 이 방법을 통해 밝혀낸 바, 로버츠는 분명 다른 누구도 하지 못했던 방식으로 언론계의 슈퍼보스가 되었다. 나는 2010년 『거버닝』에서 오랫동안 기자생활을 해온 롭 거윗과 대화하던 중 로버츠에 대해 처음 알게 되었다. 거윗 말로는, 로버츠가 뛰어난 기자와 편집자들을 많이 끌어왔을 뿐 아니라, 기자들이 전문 분야를 개발하고 적당한 때가 오면 그 분야에 대해 직접 보도하게 해주는 것으로 유명했다고 했다. 연구팀과 나는 업계의 다른 관계자들을 추가로 인터뷰해봤지만, 사람들은 거듭 다른 누구도 아닌 로버츠만을 언론계의 핵심 인재 육성 전문가로 지목했다. 또한 업계 관계자들은 후배들에게 별 영향을 못 줬던 뉴욕타임스의 에이브 로즌솔 같은 동시대인을 로버츠와 명확하게 구분지었다.

슈퍼보스를 찾아내려면 업계 관계자의 이야기와 다른 증거들을 수집하는 한편, 그들의 성공한 후계자들을 최대한 헤아려보는 귀납적 방식을 따라야 한다. 어떤 때는 특정 업계에 호기심이 생겨 그 분야에서 누가 뛰어난 인재 육성자인지 찾고자 노력했다. 어떤 때는 어느 유명인사에게 흥미가 먼저 생겨서 그가 슈퍼보스인지 밝히기 위해 탐구 조사를 진행하기도 했다. 옛 직원이나 옛 동료에게 인재 육성자에 대한 유용한 단서를 얻은 뒤 그 업계의 지도를 상세히 그려보자고 결심한 경우는 훨씬 더 많았다. 어떤 업계든지 증거가 축적되면서 슈퍼보스들의 정체성이 명확해졌다.

결국 앞에서 언급했던 열여덟 명의 슈퍼보스들과 함께 슈퍼보스가 될 만한 사람들을 이삼십 명 찾아냈다. 놀랍고 기쁘게도, 기업에서뿐 아니라 도처에서 이러한 인물들을 발견했다. 여러분은 이미 자신의 업계에서 내가 내린 정의에 부합하는 슈퍼보스가 누구인지 생각해봤을 것이다. 지금껏 일해온 조직의 중간 관리자들 중에서 슈퍼보스를 찾아냈을 수도 있다. 많은 슈퍼보스들이 중간층에 존재하지만 최고위층에 비해 언론에서 주목을 못 받으므로 발견하고 기록하기가 훨씬 더 어렵다. 이런 이유로 처음부터 나는 조직을 이끄는 슈퍼보스들과 그들의 옛 직원 및 동료들로 연구 대상을 제한했다.

나는 각 슈퍼보스가 키워낸 사람들의 목록을 하나하나 정리했다. 이들은 슈퍼보스가 새롭게 개척한 특정 분야에서만 성공하지는 않았지만 대체로 그 업계에서 성공을 거두었다. 할리우드 영화 제작자 로저 코먼을 예로 들어보자. 그는 약 50년 동안 불필요한 노출, 과도한 폭력, 롤러코스터처럼 전개되는 플롯이라는 진부하지만 흥행이 보증되는 공식을 토대로 수십 편의 영화들을 만들었다. 하지만 'B급 영화의 왕'으로 알려진 그는 다른 이유 때문에, 그러니까 훨씬 흥미로운 이유 때문에 유명해졌다. 그는 세계적 수준의 감독과 배우들을 인상적일 정도로 많이 배출했다. 일례로 로버트 드니로는 1970년에 코먼이 감독한 저예산 영화 〈기관총 엄마〉에서 마약중독자 로이드 베이커 역을 맡았다. 그가 마틴 스코세이지 감독의 〈비열한 거리〉에 출연해 유명해지기 3년 전의 일이었다.[22] 그 외에도 잭 니컬슨, 피터 보그다노비치, 프랜시스 포드 코폴라, 제임스 캐머런, 론 하워드, 게일 앤 허드, 조너선 드미 등 말 그대로 셀 수 없을 정도로 많은 이들이 로저 코먼을 거쳤다.

부동산계에서 또다른 사례를 찾을 수 있다. 부동산 거물 빌 샌더스는 업계 큰손들과 긴밀한 네트워크를 유지해 부동산계의 관문처럼 간주되곤 한다. 한 잡지에서 샌더스가 얼마나 많은 부동산계 인사를 배출했는지 설명하면서 '빌 샌더스의 6단계' 이론을 언급했다.[23] 아치스톤의 CEO 스콧 셀러스는 수석부사장으로 샌더스와 같이 일했다. 브로드웨이 부동산 자산 운용사BRE의 CEO 콘스턴스 무어는 샌더스 회사에서 상무이사를 지냈다. 2003년부터 베르데 그룹의 CEO를 맡아온 로널드 블랭큰십은 1998년부터 2003년까지 샌더스가 관련된 한 회사에서 부회장으로 일했다. 리전시 센터스의 최고운영책임자COO 메리 루 피알라는 샌더스의 또다른 회사에서 상무이사를 지냈다. 이 외에도 많다. 샌더스와 함께 일했던 사람들에게 물어보면, 로버츠의 직원들과 마찬가지로 그들은 옛 상사 샌더스가 엄청난 훈련장을 제공해줬다며 그에게 감사해할 것이다. 샌더스와 일했던 이들은 여전히 업무적으로나 사적으로 샌더스와 연락하며 지낸다. 그중 일부는 함께 회사를 차리기도 했다.

연구 초기에는 슈퍼보스들의 기본적인 패턴이 얼마나 광범위하게 퍼져 있는지 전혀 예상하지 못했다. 하지만 몇 년간 연구를 진행하면서 심지어 이미 조사를 마친 업계에서 새로운 슈퍼보스가 등장하는 모습까지 목격했다.

직업이 무엇이든 직장에서 무슨 일을 하든, 설사 회사를 그만두었대도 슈퍼보스들에 대해 계속 탐사해보는 것이 좋다. 그들의 후계자들이 업계가 어디로 나아갈지 결정할 것이기 때문에 특히 그렇다. 당신이 인재를 관리하는 일을 맡고 있다면, 슈퍼보스는 스타들을 발굴하고 개발하는 데 유용한 롤모델이다. 당신이 세계적 수준의 직원들을 끊임없이 배출하는 파이프라인을 만드는 데 관심이 있는 고위직 리더라면, 슈퍼보스는 당신이 조직 내에서 찾아내고, 지원하고, 수를 늘리길 원하는 유형의 사람이다. 아직 경력이 얼마 안 됐다면, 슈퍼보스는 당신이 함께 일하고 싶어할 사람이다. 당신이 투자가라면 슈퍼보스는 계속 주시하고 싶은 모험을 즐기는 사람들이다. 당신이 어떤 업계에 뛰어들고자 한다면 원하든 원치 않든 슈퍼보스를 찾아내는 게 핵심이다.

마일스 데이비스 VS. 마이클 마일스

대도시의 최고급 재즈클럽에 있다고 상상해보자. 50~60석 정도 있는 작고 아늑한 공간이다. 돈 많은 고객들이 작고 둥근 칵테일 테이블에 둘러앉아 마티니를 홀짝이며 발로 리듬을 타고 있다. 그들은 청중에게 등을 돌린 채 다른 연주자들에게 몰입해 있는 어느 트럼페터가 이끄는 오중주단의 연주를 넋 놓고 듣는 중이다. 오늘밤 음악은 믿기지 않을 만큼 멋지고, 그 리듬은 강렬하다. 이 세계적 수준의 연주자들은 완전히 서로 이어져 서로의 구절을 완성하고 서로의 악상을 채워간다.

계속 보다보면 드러머, 베이시스트, 색소포니스트, 피아니스트가 모두 트럼페터에게 신호를 받는다는 사실을 알아챌 것이다. 그들은 그가 연주하는 모든 음을 주의깊게 청취하고 그의 모든 동작을 주시한다. 그는 단순히 리더가 아니라 그들을 지배하는 거의 황홀한 존재다. 그가 연주중에 쳐다보거나 한 소절을 따라 하는 식으로 연주자 한 사람에게 특별히 관심을 보일 때 그들은 갑자기 더 열정적으로 연주하는 듯하다. 공연이 진행되는 내내 그의 에너지가 그들의 에너지를 이끌어낸다.

전설적인 트럼페터 마일스 데이비스와 그의 밴드는 오랜 시간 동안 수백 차례에 걸쳐 이런 장면을 되풀이했다. 모던재즈의 창시자 마일스 데이비스는 20세기 음악계에 가장 중요한 영향을 끼친 뮤지션으로 평가받는다. 그는 존 콜트레인, 허비 행콕, 웨인 쇼터, 캐넌볼 애덜리, 리 코니츠, J. J. 존슨, 데이브 홀랜드, 칙 코리아, 키스 재럿, 토니 윌리엄스 등 최고의 재능을 발휘한 일군의 재즈 연주자들을 키웠다.

20세기 후반 식품 산업계를 이끌었던 마이클 마일스와 마일스 데이비스를 비교해보자. 미국 최대 식품 회사 크래프트푸드의 CEO 마일스는 신제품 출시, 공격적인 마케팅, 원가 절감을 통해 회사를 회생시켜 그 공로를 인정받았다. 마일스와 함께 일했던 경영진들은 나비스코, 캠벨수프, 마텔, 영 앤드 루비캠, 질레트, 그리고 다른 주요 소비재 기업의 CEO가 되었다.

둘은 완전히 다른 업계에 종사하지만 존경받는 혁신가이자 수많은 인재를 배출한 슈퍼보스라는 공통점을 가진다. 사실 20세기 중후반 미국을 떠올릴 때, 두 사람을 능가하는 마케팅계 거물과 재즈 뮤지션은 찾기 어렵다. 1950년대부터 1970년대 사이에 퍼진 재즈 하위문화는 스스로를 반문화적이고, 주로 아프리카계 미국인이 하는 예술 형식이라고 규정하고 미국 경제에 맞서는 모습을 분명히 드러냈다. 한편 마이클 마일스가 지배하던 기업 이사회에 아프리카계 미국인은 거의 존재하지 않았다.

이 두 사람의 삶을 잠시 살펴보면 차이점은 더욱 도드라진다. 데이비스는 연이어 순탄치 않은 결혼생활을 했으며 가정폭력 때문에 수감됐었고 우울증도 겪었다. 동시대의 다른 재즈 뮤지션처럼 그 역시 헤로인, 알코올, 코카인 같은 약물중독에 빠졌다.[24] 반면 마이클 마일스의 삶은 안정적이었다. 2013년 세상을 떠날 때까지 그는 대학 시절부터 사귄 패멀라와 52년간 결혼생활을 유지했다.[25] 생활습관도 이례적일 만큼 원칙적이었다. 마일스 밑에서 크래프트의 인사 업무를 총괄했던 존 터커는 재임 초기 매일 아침 여섯시 반에 출근했다. 그런데 몇 개의 문을 지나야 다다르는 사무실에서 마일스는 이미 터커에게 줄 커피를 준비해두고 있었단다. 터커는 "속으로 '저런, 내가 먼저 출근해야 했는데'라고 생각했죠"라고 당시를 떠올렸다. 어느 날에는 새벽 다섯시에 출근했는데 마일스의 차가 이미 주차장에 세워져 있었고, 역시나 커피도 끓여둔 상태였다. 그다음날 터커는 새벽 네시 반에 출근했다. 마일스의 차가 보이지 않아 마침내 이겼다 싶었다. 하지만 차에서 내리자 헤드라이트 불빛이 눈에 들어왔다. 마일스의 차였다. "마일스가 차에서 내리더니 저를 보고 웃더군요. 우리 둘 다 무슨 일이 벌어졌는지 정확히 알았죠."[26]

반대로 마일스 데이비스는 동트기 전에야 잠자리에 들었다. 트레이드 마크가 된 그의 공연 장면을 그려보자. 그는 관중에게 등을 보인 채 동료 연주자들에게만 열중했다. 데이비스는 관객이나 평론가의 반응이 아니라 연주 자체에만 관심을 쏟았다. 누가 자기 연주를 좋아하는지에는 딱히 신경쓰지 않았다.[27] 그의 사고방식과 가치관은 마이클 마일스 같은 마케터와는 사실상 정반대였다.

그런데 데이비스와 마일스를 또다른 슈퍼보스들과 비교해보면, 그들의 성격과 배경이 모두 판이하다는 사실을 깨달을 것이다. 이 식료품계의 거물과 재즈 뮤지션은 프랑스에서 '육감적인 깨달음'을 얻고서 현지에서 친환경적으로 생산된 식품에 인생을 건 뉴저지 토박이(앨리스 워터스)와는 전혀 다르다.[28] 군대에 다녀온 후 패션을 배운, 한 언론인의 말을 빌리자면 '개츠비의 꿈을 실현시킨 미국 디자이너'가 된 브롱크스 출신 유대인 소년(랠프 로런)과도 다르다.[29] 세계적 수준의 기자들만큼 많은 이국적 동물들이 돌아다니는 편집실을 만든 노스캐롤라이나 출신의 베트남전쟁 특파원(진 로버츠)과도 마찬가지로 다르다. 당시 트위터는 존재하지 않았으나 이런 슈퍼보스들의 트위터 피드를 마술처럼 비교해본다면, 그들이 전혀 다른 사람들을 팔로우했다는 사실을 발견할 것이다. 그들이 어떤 TV 프로그램을 보는지 관찰해보면, 어떤 사람들은 PBS를 시청하고 어떤 사람들은 가장 충격적인 리얼리티쇼를 선호한다는 사실도 알게 될 것이다. 이들은 디너파티에서 마주쳐도 서로 어울릴 법하지 않다.

그간 업계에서 만난 가지각색의 상사들만큼이나 슈퍼보스도 각양각

색이다. 다만 슈퍼보스들은 서로 다른 업계에 종사하며, 전통적인 비즈니스 세계에서 일하지 않는 경우가 많다. 게다가 그들은 각기 다른 국가 출신이고 사회적·인종적 배경도 제각각이다. 이쯤 되면 기본적인 인성과 인재를 키우면서 혁신을 이끄는 신비로운 능력을 제외하면 슈퍼보스들에게 공통점이랄 게 존재할까 의문스럽다.

인재를 키우면서 혁신을 이끄는, 슈퍼보스의 세 가지 유형

하지만 슈퍼보스들에게서 분명 몇 가지 공통점을 찾을 수 있다. 다년간 이 인재 육성자들을 연구한 결과, 개인차에도 불구하고 리더로서 그들의 동기부여방식은 업계마다 거의 균등하게 분포되어 있는 세 가지 뚜렷한 패턴으로 정리할 수 있었다.

마일스 데이비스 같은 슈퍼보스들은 결국 타인에게 영감이나 가르침을 주지만, 작정하고 그러는 건 아니다. 그들은 자기 일과 열망에만 몰두한다. 이러한 외골수적 열망 추구 태도는 자연히 리더로서의 성공에 기여한다. 내가 전통 파괴형 슈퍼보스라고 부르는 이들은 자기 비전에만 전적으로 골몰하기 때문에, 의식적이거나 체계적인 방식이 아니라 직관적이고 유기적인 방식으로 인재를 키운다. 즉 그들의 열망 그리고 이를 추구하는 과정에서 자연스럽게 인재가 양성된다. 이들은 슈퍼보스들 중에서도 창의적인 천재라 여겨지는 예술가 부류다. 내가 조사한 슈퍼보스들 중에서 앨리스 워터스, 조지 루커스, 론 마이클스, 랠프 로런, 요르마 파눌라, 로버트 노이스는 모두 전통 파괴형 슈퍼보스의 면모를 강하게 보여줬다. 그들은 자기 내면의 것을 표현하는 일을, 자신이 보고 느끼고 들었던 것들을 사람들에게 알려주는 일을 인생의 사명으로 여겼다. 재능 있는 젊은 예술가들이 이들 슈퍼보스 주위로 몰려들고, 전통 파괴형 슈퍼보스들은 자기 예술을 현재에 안주하지 않도록 자신을 돕는 젊은 예술가들을 반긴다.

마일스 데이비스는 전적으로 음악에만, 정확히 표현하면 자신의 음악에만 집중했다. 연주자들과 함께 호흡하는 초월적이면서 거의 기적에 가까운 밤을 보내는 일보다 그에게 즐거운 일은 없었다. 데이비스는 자신의 첫번째 오중주단을 "우리가 함께 연주하던 음악은 정말 믿을 수 없을 정도였다"라며 "너무 엉망진창이라서 한밤중에 오한이 들 정도였는데 청중 역시 나와 똑같이 느꼈다"고 회상했다.[30] 그의 친구 퀸시 트루프가 말했듯 데이비스는 흡사 아이처럼 자기 음악에 순수하게 집중했다. 불교에서 말하는 초심을 늘 유지하는 듯했다. 그는 끊임없이 새로운 시각으로 음악을 바라봤기 때문에 창의적인 가능성에 늘 열려 있었고, 음악가로 꾸준히 성장하는 데 모든 에너지를 쏟을 수 있었다.[31] 데이비스는 "나는 늘 변화해야 하는 저주를 받은 것 같다"라고 말하기도 했다.[32] 재능 있는 젊은 뮤지션들은 창의적인 시각과 표현력을 배우기 위해 데이비스 주위로 몰려들었다. 데이비스는 그들과 협업했지만 그들의 실력을 향상시키려고 그런 건 아니었다. 그보다 그들이 자기 실력을 향상시켜줄 거라고 기대했다. 그는 "위대한 음악가가 되고 그 자리를 유지하려면 새로운 것, 현재 일어나는 일에 항상 열려 있어야 한다"면서 "계속 성장하려면 모든 것을 흡수해야 한다"고 강조했다.[33]

젊은 음악가들의 성패는 데이비스의 관심 밖의 일이었다. 그는 최고의 재즈 뮤지션을 배출해내는 사람으로 명성을 얻었다는 게 '돋보이는 일'임을 알았지만, 그렇게 되려고 일부러 애쓰지는 않았다.[34] 그는 존 콜트레인이나 허비 행콕 같은 유망주들에게 선생 역할을 해 그들을 이끌어야 한다고 의무감을 느끼지는 않았다. 그가 봤을 때 이들은 나름의 기술과 시각을 가진 프로 뮤지션들이었고, 재즈 뮤지션이라는 집단에서 자기 목소리를 찾는 일은 어디까지나 본인 몫이었다. 불과 스물두 살에 데이비스와 협연했던 색소포니스트 빌 에번스는 이렇게 말했다. "데이비스는 어떻게 연주하라고 말해주는 법이 없었어요. 우리는 연주하는 법을 스스로 익히고 있어야 했죠. 그는 단지 자기 밴드와 자기 음악을 만들기 위해서 거기 있을 뿐이었어요. 다른 사람은 그의 이젤 위의 또다른 물감에 불과했고요."[35] 똑똑한 사람이라면 눈을 크게 뜨고 최대한 모든 걸 배우면서 스스로 그 물감 중 하나가 되려고 노력했을 것이다.

다음으로 인재를 육성하기보다는 무슨 일에서건 이기는 데 능한 슈퍼보스들이 있다. 이 최고 지향형 슈퍼보스들에게는 승리 외에 아무것도 중요하지 않다. 정말 아무것도 말이다. 최고 지향형 슈퍼보스는 직원들에게 일주일에 며칠씩 새벽 세시까지 일하라고 강요하기도 한다. 실수를 하면 매섭게 꾸짖기도 한다. 그토록 가혹한 행동이 어떻게 사람들을 도울 수 있단 말인가? 최고 지향형 슈퍼보스는 내 책 『실패에서 배우는 성공의 법칙』에서 설명했던, 함께 일하기 불쾌하고 엄청나게 무능한 리더들과 유사해 보인다. 그들은 모든 면에서 이기적이고, 모든 면에서 무정하며, 모든 면에서 불쾌하다. 하지만 최고 지향형 슈퍼보스들은 스타급 인재들을 배출한다는 점에서 그들과는 다르다.

최고 지향형 슈퍼보스들은 스스로를 '영예롭게' 만드는 뭔가를 갖고 있다. 그들은 이기려면 최고의 인재와 팀을 확보해야 한다는 걸 안다. 그들은 이기주의자일 수도 있고, 자신의 부와 명예를 원할지도 모른다. 하지만 주위 사람들의 성공을 그러한 영예로 향하는 길이라고 인식한다. 결과적으로 그들은 같이 일하는 사람들에게 이기는 법을 가르치고, 사례를 통해 승리한다는 것이 어떤 느낌인지 알려줌으로써 동기를 부여하며, 더 높은 성과를 거두도록 밀어붙인다. 최고 지향형 슈퍼보스들은 부하직원 개인의 발전에 전혀 관심이 없다. 사실 그들은 부하직원을 최고 성과자로 만들기 위해 애쓸 필요가 없다. 사람에 대한 '이기적인 관심'만으로도 충분하다. 당신은 최고 지향형 슈퍼보스를 안 좋아할지도 모른다. 뒤에서 그를 욕할 수도 있다. 하지만 결국 그를 절대적으로 존경하게 될 것이다. 그리고 출세가도를 달리게 해준 사실에 감사하게 될 것이다. 야심 찬 젊은 인재들이 당신의 성공을 알게 될 것이고, 그들도 그와 일하기 위해 줄을 설 것이다.

래리 엘리슨, 마이클 밀컨, 로저 코먼, 보니 풀러, 줄리언 로버트슨, 제이 치아트는 모두 최고 지향형 슈퍼보스의 자질을 갖췄다. 그중 소프트웨어 제조회사 오라클의 창업자 래리 엘리슨은 가장 극단적인 사례다. 엘리슨은 IT계에서 엄청난 인재 배출가로 알려져 있다. 오라클에서 일했던 세일즈포스닷컴의 고위급 임원 스티브 가넷은 "실리콘밸리의 절반은 오라클 출신들이 이끈다고 생각한다"고 말했다.[36] 엘리슨 밑에서 일했던 고위 임원들 중에는 세일스포스닷컴의 CEO 마크 베니오프, 시벨시스템스의 창업자이자 전 CEO 톰 시벨, EMC코퍼레이션의 부사장 해리 유, 그리고 노련한 IT계 CEO 마이크 시숄스 등이 있다. 『비즈니스위크』는 엘리슨을 지구상에서 가장 경쟁심이 강한 사람으로 꼽았다.[37] 오라클의 전 고위 임원은 "엘리슨은 다른 사람의 패배를 즐깁니다. 그가 그렇게 즐기는 모습을 보면 좀 역겨워요. 그는 그런 사람입니다. 딱 그런 사람이죠"라고 했다.[38] 엘리슨은 화합과 팀워크의 중요성에 대해 말하곤 했지만 실제로는 강압적으로 사람들을 이끈 적이 더 많았다. 그는 "나는 MBR이라는 나만의 경영 스타일을 개발했다. MBR은 '조소에 의한 경영Management By Ridicule'의 약자다"라고 언급하기도 했다.[39] 오라클의 어느 전 임원은 이러한 경영 스타일의 결과에 대해 이렇게 설명한다. "저는 래리가 회사의 전략과 자신의 지향점을 보여주며 직원들을 동기부여하는 데 뛰어난 역량을 보여줬다고 생각해요. 하지만 근본적으로 그는 사람들의 두려움과 탐욕을 자극했죠."[40] 사정없이 몰아치는 스타일에도 불구하고, 아니 어떤 면에선 아마도 그런 스타일 덕분에 엘리슨은 사람들의 능력을 끌어올리는 데 논란의 여지가 없는 재주를 갖췄다. 오랫동안 오라클에서 일하다가 이후 일류 IT 기업들에서 경영진으로 일한 게리 블룸은 당시 상황을 이렇게 회상했다. "많은 사람들이 결국 그들이 생각했던 것보다 아마도 몇 년은 더 일찍 오르고 싶었던 자리에 도달할 수 있었습니다."[41]

대부분의 최고 지향형 슈퍼보스들이 엘리슨만큼 별난 건 아니지만, 그렇다고 해서 우리가 바라는 대로 친절하거나 마음을 헤아려주는 리더인 것도 아니다. 슈퍼보스의 전술은 부하직원에게 상냥하라거나 공감하라는 식이 아니다. 그보다는 동기, 지도, 지혜, 창조적 라이선스, 그리고 부하직원들이 배우고 성장하는 데 필요한 다른 요소들을 제공하라고 강조한다. 결과적으로 친절하다고 해서 반드시 좋은 리더는 아니다. 그는 당신이 승승장구하게 만들어주지도 못한다.

물론 어떤 슈퍼보스들(아마 대다수일 것이다)은 MBR방식의 채택을 꿈조차 꾸지 않을 것이다. 전통 파괴형 슈퍼보스나 최고 지향형 슈퍼보스와 달리 그들은 부하직원들의 성공에 진정으로 깊은 관심을 쏟고, 다른 사람들을 키워내는 자신의 능력을 자랑스러워할 것이다. 이러한 리더들은 슈퍼보스의 세번째 유형인 자애로운 양육형 슈퍼보스에 해당한다. 양육형이라고 표현한 이유는, 이들을 일반적으로 기업에서 볼 수 있는 멘토들과 분명히 구분하기 위해서다. 대부분의 비즈니스 멘토들은 젊고 경험이 적은 멘티들과 깊고 끈끈한 관계를 맺지 못한다. 가끔 만나거나, 몇 가지 유용한 조언을 해주거나, 개인적인 연줄을 만들게 도와줄지는 모르지만 그게 전부다. 양육형 슈퍼보스는 내가 '행동파 리더'라고 부르는 유형이다. 그들은 직원들을 지도하고 가르치기 위해 부단히 애쓴다. 그리고 높은 자리에 오르게끔 직원들과 적극적으로 교류한다. 일반적인 비즈니스 멘토가 새벽 한시라도 당신이 추진중인 대형 프로젝트의 진행 상황을 체크해줄까? 양육형 슈퍼보스라면 그럴 것이다. 일반적인 멘토가 당신이 듣고 싶은, 그리고 당신에게 필요한 정확한 피드백을 제공해줄까? 양육형 슈퍼보스라면 그럴 것이다. 일반적인 멘토가 말 그대로 장인을 사사하는 것처럼, 바로 지척에서 업무의 미묘한 차이까지 지적하며 도와줄까? 양육형 슈퍼보스라면 그럴 것이다. 양육형 슈퍼보스들은 이처럼 강력하면서도 지속적으로 노력을 기울이므로 타인의 성공에 그토록 중요한 역할을 한다.

인재 육성의 관점에서 봤을 때 양육형 슈퍼보스들이 '좋은 사람'의 인성을 갖췄기 때문에 다른 두 유형의 슈퍼보스들보다 더 나은 건 아니다. 세 유형 모두 인재를 키우는 능력이 탁월하며, 궁극적으로는 이 점이 가장 중요하다. 이 책에서 소개할 슈퍼보스들 중 다수가 양육형이다. 빌 월시, 마이클 마일스, 노먼 브링커, 토미 프리스트, 메리 케이 애시, 그레그 포포비치, 데이비드 스웬슨, 존 스튜어트, 아치 노먼 등이 이 유형이다. 브링커는 이렇게 말한 적이 있다. "나는 사람들을 키웠다. 수년간 나는 약 백사십만 명을 고용했고, 이들의 성장과정을 지켜봤다. 주방에서 일했던 몇몇은 평직원에서 관리자가 됐고, 이어 매장 관리자, 그리고 임원이 되었다. 나와 일했던 이들 중 열일고여덟 명이 현재 주요 레스토랑 체인을 운영하고 있다. 정말 신나는 일이다. 누군가가 내 곁을 떠나는 걸 좋아한 적은 없지만, 사람들이 위험을 무릅쓰고 뭔가를 성공적으로 해내는 모습을 보면 흥분을 감출 수 없다."[42]

'자신감, 경쟁심, 상상력, 진실성, 진정성' 빤해 보이는가? 정말로?

슈퍼보스의 세 가지 '유형'을 찾아낸 건 놀라운 경험이었지만, 연구가 진행될수록 다방면에 흩어져 있는 이질적인 사람들 사이에서 훨씬 더 많은 패턴들을 발견해 상당히 놀랐다. 내가 찾아낸 슈퍼보스들은 모두 기본적인 특성들을 공유하는 듯했다. 각 특성이 모든 슈퍼보스들에게 동일한 수준으로 나타나지는 않았지만 일반적으로 놀랍도록 분명한 편이었고 적어도 '슈퍼보스의 특성'이라고 할 만한 윤곽을 잡는 데 도움이 됐다. 이런 특성을 정리하다가 내가 이 연구에서 궁극적으로 발견하고자 했던 것, 즉 슈퍼보스들을 위대한 리더로 만든 열쇠를 찾아냈음을 깨달았다.

슈퍼보스들은 모두 자신의 어젠다와 아이디어를 발전시키는 일에 '엄청난 자신감'을 보이며 심지어 '전혀 두려워하지 않는다'. 그들은 "문제란 없다. 해결책만 있을 뿐이다"라는 격언을 거의 보편적으로 받아들인다. 이러한 무모함은 그들의 사생활에도 적용된다. 오라클의 창업자 래리 엘리슨은 경쟁자들의 목숨을 앗아갈 정도로 위험한 스포츠인 범선 경주를 즐긴다.[43] 요식업계의 거물 노먼 브링커는 올림픽에 출전한 적이 있는데, 폴로 경기를 하다가 죽을 뻔한 적도 있다.[44] 인텔의 공동창업자 로버트 노이스는 더 특이하게도 비행기 조종사이자 우기 때 발리섬 거리를 달린 일 때문에 유명해진 모터사이클 애호가였다. 그가 아끼는 재킷에는 "배짱 없이 영광도 없다"라고 적혀 있다.[45]

모든 슈퍼보스가 공유하는 또다른 중요한 특성은 경쟁심이다. 슈퍼보스들을 관찰해보면 경쟁을 즐기는 피가 그들의 혈관을 따라 흐르는 듯하다. 그들은 경쟁을 통해 번창하고, 경쟁을 추구하고, 경쟁을 창조한다. 금융인 마이클 밀컨의 경쟁적인 기질은 대학 동문들 사이에서 돋보였다. 그의 룸메이트는 "밀컨보다 더 경쟁심이 강한 사람은 본 적 없는 듯하다. 기숙사에서 설거지를 할 때 그는 항상 시간을 재면서 자기가 더 빨리할 수 있다고 말할 정도였다"라고 이야기했다.[46] 로버트 노이스는 공원에서 열린 아버지 대 아들로 붙은 야구 경기에서 초구부터 장외 홈런을 치려고 애썼다. 그날 스탠드석에서 관람한 그의 딸 페니는 "우리 불쌍한 아버지는 어쩔 도리가 없는 사람이었어요. 아빠는 항상 눈앞에 닥친 일에 완전히 몰입했죠"라고 회상했다.[47]

슈퍼보스들이 공유한 특성이자 그들이 이룬 혁신에 커다란 역할을 한 아주 중요한 특성은 상상력이다. 슈퍼보스들은 공상가다. 그들은 앞으로 무슨 일이 일어날지 열정적으로 생각하고, 꿈을 실현하기 위해 적극적으로 노력한다. 앨리스 워터스와 일했던 어느 직원은 이렇게 말했다. "앨리스는 평생 동안 어떤 임무를 수행중인 것 같아요. 일단 식료품계에 발을 들여놓자 그녀는 최고로 신선한 농산물을 원했죠. 슈퍼마켓에서 조그만 채소 봉지를 볼 때마다 그녀에게 감사인사를 보내도 좋을 거예요. 앨리스는 농산물의 개념과 함께 동물을 기르고 농사를 짓는다는 개념을 친환경적으로 바꿔놓았어요."[48] 랠프 로런의 마케팅 담당 임원이었던 마티 스태프도 자신의 상사에 대해 비슷한 기억을 갖고 있었다. "랠프와 저녁식사를 할 때면 그는 사업에 대해서는 한마디도 하지 않았어요. 우리는 꿈에 대해서만 이야기했죠. 아스펜에서 스키를 탄다면 어떤 옷을 입을지, 어떤 종류의 이불이 필요할지, 어떤 차를 몰지 같은 것에 대해서요. 선글라스는 뭐가 좋을지, 미러 선글라스로 할 건지 등을 이야기했죠. 그는 하나의 세상을 만든 후 그 안의 빈칸들을 채우곤 했어요."[49]

슈퍼보스들에게서 보편적으로 볼 수 있는 네번째 특징은 진실성이다. 구어적 의미에서의 '정직함'보다는 핵심 비전이나 자의식에 대한 엄격한 집착을 의미하고자 이렇게 표현했다. 슈퍼보스들은 일부 리더들처럼 굴지 않는다. 오만불손형 보스들과 달리 그들은 자신을 포장하고 잘난 척하고 싶은 욕구에 흔들리지 않는다. 그들은 자기 자신뿐 아니라 자신이 중시하는 믿음과 가치에 일관되게 진실하다. 빈의 여름 오페레타 페스티벌의 음악 감독을 맡았던 거장 찰스 프린스는 자신의 슈퍼보스 요르마 파눌라를 두고 "그는 복잡한 절차에는 무관심합니다. 최고의 음악을 만드는 데만 관심이 있죠. 그는 지휘자를 둘러싼 모든 터무니없는 일에는 관심이 없어요. 예술과 작품만 신경쓸 뿐입니다. 정말 놀랍죠"라고 이야기했다.[50] 엄청난 승부욕의 소유자로 알려진 엘리슨 같은 리더조차 항상 사업의 비전에는 충실했고, 그런 의미에서 이례적인 진실성을 갖췄다.

슈퍼보스의 다섯번째이자 마지막 특성은 자연스럽게 진실성의 연장선상에 놓일 진정성이다. 많은 리더들이 평판을 위해 자기 이미지를 연출한다. 그들은 사무실을 떠날 때를 대비해 '진짜' 모습을 숨기고 본래 성격을 살짝 감춰둔다. 슈퍼보스들은 그러지 않는다. 그들은 다른 사람들과 일상적으로 상호작용을 하며 자연스럽게 자신을 표현한다. 영리병원 호스피털 코퍼레이션HCA의 창업자 토미 프리스트는 수백 명의 병원장들을 배출했다. 테네시주 내슈빌에 위치한 아던트 헬스 서비스의 회장 러셀 카슨은 "업계 주변을 살펴보면 거의 모두가 한 번은 토미와 마주쳤죠"라고 말한다.[51] 퀄리티 데이터 매니지먼트QDM의 창업자 진 넬슨, 미국행동센터의 창업자이자 CEO 에드워드 스택, 다양한 병원에서 CEO와 수석약사로 일한 조 피셔, 그리고 월드 헬스케어 시스템의 창업자이자 현 CEO 실베스터 리더 등이 프리스트의 '자식'들이다. 옛 직원들과 동료들의 말처럼 프리스트는 가정적인 사람이었고, 그러한 사실을 동료들에게 숨기지 않았다. HCA의 수석부사장 빅터 캠벨은 유럽 출장을 갔을 때 프리스트가 대학생인 자녀에게 매일 짧은 편지를 써서 보냈다고 알려주었다. "그는 아이들과 아내, 가족과 매우 친했고, 그 사실을 자랑스러워했으며, 가족과 계속 가깝게 지내고 싶어했어요." 프리스트는 늘 가족에 대해 이야기 나누고 싶어했다고 캠벨은 회상했다. "그는 하루 일과가 끝나기 전에 제 사무실을 찾아와서, 전날 밤 저희 아들의 축구 경기 결과가 어땠는지를 물어볼 겁니다."[52]

다른 슈퍼보스들 역시 직장에서뿐 아니라 밖에서도 신선할 정도로 가식 없이 자유롭게 행동했다. 핀란드의 지휘자 아조 알밀라는 지휘자 요르마 파눌라와 같이 식당에 갔던 일을 들려줬다. 함께 간 식당에서 음악이 흐르고 있었다. 파눌라는 정밀함과 열정이 깃들지 않은 음악은 뭐든 싫어했기에 웨이터에게 음악 볼륨을 줄여줄 수 있겠느냐고 요청했다. 웨이터는 그 음악을 좋아하는 손님도 있다면서 거절했지만, 파눌라는 물러나지 않았다. "그는 그 즉시 자리에서 일어나더니 다른 손님들에게 '지금 나오는 음악을 듣고 싶은 분 계십니까?'라고 물었습니다." 아무도 대답하지 않자 파눌라는 웨이터에게 "아무도 없잖소. 이제 음악을 꺼도 됩니다"라고 했단다.[53]

이렇듯 거리낌없는 성격 덕분에 슈퍼보스들은 일반적으로 '특이하다'거나 '독특하다'고 인식되며, '미스터리한 사람'으로 여겨지기도 한다. 언론계의 한 관계자는 진 로버츠에 대해서 이렇게 설명한다. "짐 노턴이 진 로버츠에 대해 가장 잘 요약해주었습니다. 노턴은 '진 로버츠는 설명할 수 없는 사람이다. 당신이 거기에 없었다면 1970년대와 1980년대 필라델피아 인콰이어러 편집실의 전성기에 볼 수 있었던 도전의식, 대담함, 그리고 낙타를 설명하기란 쉽지 않다'라고 말했죠."[54] 베이시스트 데이브 홀랜드는 마일스 데이비스를 이렇게 회상한다. "그는 모두에게 영향을 줄 정도로 엄청난 집중력을 보여줬습니다. 우리는 소용돌이에 휩싸인 듯 그의 집중력에 빨려들어갔죠. 일단 그 영향력의 범위에 들어가면 마술 같은 일이 일어났습니다."[55] 슈퍼보스들은 주위에 에너지를 발산한다. 그들은 전혀 가식이 없기 때문에 다소 특이해 보이고, 흥미롭고, 생동감이 넘친다. 이런 사람들 주변에서는 에너지를 얻을 수밖에 없다.

핵심은 그들의 '정체'가 아니라 '행동'이다!

슈퍼보스의 전술

이 장을 시작하면서 제기했던 '슈퍼보스들은 누구이고, 그들을 움직이게 만드는 것은 무엇일까?'라는 질문에 이제 일부나마 답할 수 있게 됐다. 어떤 슈퍼보스도 똑같지 않다. 슈퍼보스들은 인종, 국적, 사회적 지위가 모두 다를 뿐 아니라 인생에서 제각각 다른 열정을 추구한다. 이러한 차이점에도 불구하고 분명히 몇 가지 공통점이 있다. 슈퍼보스들은 승리하기 위해서 경쟁하는 혁신적인 공상가들이다. 그들은 결단력이 있고, 상상력이 풍부하며, 진실되다. 그들 모두가 온정과 칭찬의 말로 다른 사람들의 영혼을 보듬지는 않으며, 낙타가 사무실로 터벅터벅 들어와도 눈 깜빡하지 않으며 이를 재미있어하는 사람도 아니다. 하지만 그들은 모두 자기 사업과 자신의 성공을 돕는 이들에게 전적으로 헌신한다. 그들의 말과 행동은 젊은 동료들에게 영향을 미친다.

하지만 슈퍼보스들이 타인의 성공을 돕기만 하는 건 아니다. 인재를 키우는 능력이 탁월하기 때문에 그들은 사적으로나 일적으로나 엄청난 성공을 거둔다. 빌 월시는 슈퍼볼 우승컵을 세 차례 거머쥐었다. 랠프 로런은 세계에서 손꼽히는 부자로 2015년 현재 개인 재산이 70억 달러 이상으로 추정된다.[56] 65세로 세상을 떠났을 때 마일스 데이비스는 그래미상 명예의 전당에 세 차례 입성했고, 그래미 평생공로상도 수상했었다.[57] 2015년까지 래리 엘리슨은 540억 달러 이상 재산을 축적해 세계 5위의 부자가 되었다.[58]

이러한 업적이 얼마나 특별한지 잠시 생각해보자. 내가 만나본 많은 사람들과 같다면, 이제 자신의 커리어와 활동 분야가 조금 다르게 느껴질 것이다. 그동안 함께 일한 상사 중 진정한 슈퍼보스가 있는지 궁금할 수도 있다. 슈퍼보스가 없었다면, 슈퍼보스를 그토록 매력적인 인재 육성자로 만드는 특성 중 최소한 몇 가지라도 갖춘 상사들은 있었는가? 당신이 활동하는 업계에서 어떤 주요 인물들이 인재 배출에 상당히 기여했는가? 그리고 당신은 어느 정도 슈퍼보스인가? 당신은 슈퍼보스의 자격을 얼마나 갖췄는가? 주위 사람들이 자신의 가능성을 파악하도록, 그들이 시야를 넓힐 수 있도록 동기를 부여하는가?

당신은 슈퍼보스 효과를 어떻게 설명하면 좋을지, 그리고 슈퍼보스에게 무엇을 배울 수 있을지도 궁금할 것이다. 슈퍼보스들은 어떻게 정확히 그런 일을 하는가? 그들의 성취 중에서 일부 또는 전부를 우리가 달성할 수 있을까? 슈퍼보스들에 대한 연구에서 '어떻게'와 '왜'라는 질문들은 처음부터 나를 움직였다. 슈퍼보스들 사이의 그 모든 차이점에도 불구하고 그들의 행동이 그들을 진정으로 하나로 묶었다. 슈퍼보스는 다른 리더들처럼 직원을 고용하거나, 동기부여를 하거나, 지도하거나, 능력을 개발하거나 해고하지 않았기 때문에 불가능해 보이는 결과들을 성취했다. 그들은 독특하면서도 종종 반직관적인 행동을 했다. 그것은 다른 사람들의 번창을 돕는 명확하고 강력한 '전술'이나 마찬가지였다. 슈퍼보스들의 위대한 비밀은 궁극적으로 그들이 누구냐가 아니라 그들이 무엇을 했느냐에 있다.

행동이 슈퍼보스들을 구분해주는 긍정적인 요인이라는 말은 곧 슈퍼보스 효과를 배우고 익히는 게 가능하다는 의미다. 슈퍼보스들은 자연스럽게 그런 행동양식을 완성했으나 부하직원의 발전을 극적으로 개선시키기 위해 누구라도 이 행동양식을 배워서 적용할 수 있다. 슈퍼보스들의 많은 행위들은 대부분의 개인과 조직이 하는 행동과는 반대이지만 바뀔 수 있다. 열린 마음과 전통적인 관행을 개혁하려는 의지, 그리고 사람들을 관리하고 다른 사람에게 어떻게 영향을 주는지 이미 다 알고 있다는 생각을 바꿔보겠다고 다짐만 하면 된다.

유수의 모든 기업에서 세계적 수준의 인재를 키우고자 애쓴다. 그래야만 생존하고 번창할 수 있기 때문이다. 하지만 여러 차례 연구해본 결과, 관리자들은 다른 사람의 성공을 돕는 일에 가장 애를 먹는다는 사실이 드러났다. 다르게 생각해보고 다른 방식으로 행동해봐야 할 때가 됐다. 빌 월시나 앨리스 워터스의 전술, 진 로버츠의 전술 혹은 뒤에 나올 다른 전술을 사용할 수 있다고 상상해보라. 정말 기대되지 않은가?

이어질 장에서 살펴볼 내용은 다음과 같다. 세계 최고의 인재들을 배출해낸 사람들이 어떤 습관과 행동양식을 공통적으로 보이는지 공유할 것이다. 그리고 오늘날 그토록 많은 기업들을 괴롭히고 어리둥절하게 만드는 주제부터 다룰 것이다. 아직 다듬어지지 않은 최고의 인재를 끌어오고 선발하고 고용하는 일에 대해서 말이다.

2장

그들은 인재를 마구 끌어당긴다, 마치 자석처럼!

: 슈퍼보스의 전술 #1. 특별한 인재를 채용하는 법

그날 그 시간 이후, 그녀의 경력은 크나큰 전환점을 맞이했다 | '그 사람에겐 뭔가 있어' 인재를 감별하는 특별한 기준 | '새로운 인재'를 찾아내려는 노력, 빌 샌더스의 '슈퍼 토요일' | 대부분의 관리자들은 두려워하고, 슈퍼보스들은 격하게 반기는 것 | 타인이 빛나는 공간, 그들은 직원들의 성공을 무한대로 축하한다 | 심지어 그들은 '높은 이직률'도 환영한다 | 그러니 누가 그들과 함께 일하고 싶지 않겠는가? | '선입견' 없이 '재능'만 본다, 슈퍼보스처럼 채용하기

당신은 면접시험을 기다리는 중이다. 관리직을 뽑는데 고위급은 아니다. 대기중인 당신 옆에 한 사람이 털썩 앉더니 "일자리 때문에 왔습니까?"라고 묻는다. 고개를 돌린 당신은 그 회사의 전설적인 대표를 알아보고 깜짝 놀란다. 간신히 고개를 끄덕인 뒤 아무 말도 못한 채 앉아 있는 당신에게 그가 갑자기 업계가 직면해 있는 도전적인 문제에 대해 묻는다. 당신은 침착하려고 애쓰면서 곧바로 그 주제에 대해 생각해본다. 그가 구체적으로 설명해달라고 했기 때문에 생각을 상세히 전개해야 한다. 그가 당신의 주장을 듣고는 몇 가지 약점을 잡아내자, 당신은 그에 대해 인정하면서도 왜 그런 입장을 취했는지 설명한다.

대화가 진행되면서 주제에 너무 몰두한 나머지 당신은 누구와 이야기하고 있는지 의식하지 못하는 지경이 된다. 그는 종종 당신이 답한 내용과 전혀 상관없는 개인적 취향, 십대 시절, 취미 등에 대해 물어 그때마다 토론은 엉뚱한 방향으로 흐르지만 그는 이내 대화의 방향을 본래 논의하던 주제로 되돌린다. 당신은 계속해서 균형을 잃는 듯 느끼지만, 그가 모든 이야기를 흥미로워해서 오락가락 전개되는 대화를 즐길 수밖에 없다. 그러다 아무 예고 없이 이 살아 있는 전설이 자리에서 일어나며 말한다. "가봐야겠네요. 인사과 직원이 부르면, 내가 방금 당신을 채용했다고 말해주세요."

믿기지 않는 이야기인가? 이 시나리오에 등장한 리더는 이력서나 다른 자료를 보지 않았다. 가장 최근에 어떤 자리를 거쳤는지 어떤 자격을 갖췄는지도 궁금해하지 않았다. 어떤 자리를 구하는지, 어느 정도의 임금을 원하는지도 묻지 않았다. 어떤 일을 시키려고 뽑는지도 말하지 않았다. 그는 요즘 자신이 관심 있는 문제에 대해 당신이 어떻게 생각하느냐만 신경썼다. 그가 물어본 몇 가지 질문들은 아주 무작위적이었다.

이러한 채용 절차가 어떻게 효과적일 수 있을까? 이는 기업 채용 담당자들이 이해하고 있고, 하고 있는 모든 일과는 상반된다. 고위 경영자들은 하위직 직원을 고용하는 데 시간을 낭비해서는 안 된다. 직원 채용과정은 지리하고 형식적이면서 시간 소모가 많으며, 업계의 전설적인 인물의 독특한 기술을 필요로 하지 않는다. 게다가 인사 전문가들은 채용과정을 일종의 과학처럼 만들어놓았다. 그들은 지원자들을 분류해 테스트하고, 근무 이력과 직무 경력을 분석하고, 성격과 업무 스타일을 평가하기 위해 신뢰할 만한 시험과 기술을 마련해놓았다. 그들이 하는 모든 일은 체계적이며, 그들의 채용 절차는 추측을 배제하는 데 도움이 된다. 현대의 인사 관리 시스템에서 개인적이고 직관적인 판단은 불필요하다.

그런데 정말 그럴까? 슈퍼보스에게 물어보면 한바탕 꾸중을 들을 것이다. 슈퍼보스가 가방끈이 길고 공인된 자격을 갖춘 사람을 선호할 수도 있다. 인사 전문가들 사이에서 인기 있는 시험과 심리평가 중 일부를 채택할지도 모른다. 하지만 슈퍼보스들은 동시에 보다 창의적인 인재 포착 스타일로 이러한 기계적인 수단들을 보완한다. 슈퍼보스는 이미 똑같은 일을 하고 있고 영원히 그 일만 맡을 사람들을 찾는다고는 결코 생각하지 않는다. 채용 예정자가 전통적인 채용 기준에 딱 들어맞는 자질을 갖췄어도 슈퍼보스는 거의 신경쓰지 않을 것이다. 채용에 있어 슈퍼보스들은 자기만의 규칙을 만든다. 자기만의 길을 구축한다. 그들은 말도 안 되는 곳에서 유망한 직원들을 찾아낸다. 그리고 그들이 채용한 직원들은 여느 사람들과 달리 적극적이고, 똑똑하며, 창의적이다. 즉, 미래의 슈퍼스타가 될 원석이다.

그날 그 시간 이후, 그녀의 경력은 크나큰 전환점을 맞이했다

1993년 7월, 샌프란시스코 베이에 위치

한 어느 멋진 레스토랑의 불이 환하게 켜진 주방이다. 일요일에 문을 닫는 레스토랑이라 주방에는 사람이 거의 없다. 포니테일 스타일로 긴 갈색 머리를 묶은, 키가 크고 날씬한 여성이 스테인리스강으로 만든 업소용 스토브 앞에서 분주히 식사를 준비할 뿐이다. 끓는 냄비에서 증기가 나오고 있고, 설탕에 졸인 과일이 뿜어내는 달콤한 향이 주방 곳곳에 퍼진다. 여자의 이마에 땀이 송골송골하다. 그녀는 새벽 다섯시부터 재료들을 씻고 다듬고 소스를 조리해놓았다.

근처 테이블에는 나이든 여성들과 남성들이 앉아서 코스의 첫번째 요리인 육수에 담근 토끼 카펠레티(반죽에 고기나 치즈를 넣고 모자 모양으로 만들어 삶은 요리—옮긴이)를 맛보며 그녀가 요리하는 모습을 지켜본다. 그들은 중간중간 제대로 차가워진 프랑스산 마콩빌라주 와인을 마신다. 천으로 된 냅킨, 완벽하게 배치된 은식기, 신선한 꽃들로 테이블은 격식 있게 차려져 있다. 손님들은 가볍게 대화하면서 식사를 즐긴다. 두번째 코스로 준비된 석쇠에 구운 황새치와 살사 베르데 소스가 가미된 호박 요리의 준비를 마치고 그녀는 스토브 너머에서 고개를 들어 재료와 요리법에 대해 설명한다. 손님들은 이 얘기를 경청하면서 부젓가락과 냄비의 움직임까지 일일이 주시한다. 그들은 아직 잘 모르고 있지만, 식사가 끝나면 고르곤졸라 피자가 곁들여진 배 갈레트가 디저트로 나올 것이다.

유명 요리사가 VIP 고객들을 위해 준비한 최고의 식도락 행사라고 생각할지도 모른다. 하지만 이들은 여느 VIP 고객과는 다르다. 그리고 요리하는 여성은 그들을 즐겁게 해줘 재방문을 이끌고자 요리하는 것이 아니다. 사실 그녀는 이곳의 셰프도 아니며, 심지어 이 레스토랑의 중간급 요리사도 아니다. 몇 주 동안 그녀는 이 레스토랑의 요리사가 되기 위해서 무급 인턴으로 일했다. 그녀는 충분히 잘해온 게 분명하다. 최종 테스트로 지금까지 커리어를 쌓으며 가장 중요한 식사를 준비할 기회가 주어졌으니 말이다.

멀리사 켈리는 셰파니스에서 점심식사를 준비했던 경험을 '주눅드는 일'로 기억한다.[1] 그녀가 식사를 대접한 귀빈은 레스토랑 소유자이자 대모인 앨리스 워터스였다. 테이블에는 와인 담당 웨이터이자 앨리스의 남편인 스티븐 싱어, 파티시에 린드세이 시어, 현재는 샌프란시스코에서 카페 주니를 운영하는 길버트 필그럼, 카우걸 크리머리의 공동창업자 페기 스미스 같은 고급 카페의 요리사들 외에 유서 깊은 우아한 레스토랑의 셰프 장피에르 뮐레와 캐서린 브랜들도 앉아 있었다. 모두 미국 레스토랑계의 저명인사들로, 켈리의 독창적인 요리를 맛보기 위해서 바쁜 일정을 쪼개어 참석했다. 켈리 입장에서는 꿈이 실현된 셈이었지만, 한편으로 그녀는 엄청나게 겁을 먹었다. 시험에 통과한다면 최고 중의 최고들과 함께 일할 수 있을 뿐 아니라 전설적인 요리 혁신가 곁에서 기량을 갈고닦을 수 있었다.

켈리는 신참 요리사가 아니었다. 그녀는 명문 요리학교인 아메리카 컬리너리 대학교CIA를 졸업한 후 웨스트버지니아, 뉴욕, 마이애미의 레스토랑에서 일하다가 캘리포니아로 이주했다.[2] 뉴욕에서는 유명 요리사 래리 포지온 밑에서 부주방장을 맡았었다. 그럼에도 불구하고 그녀는 정말 많이 긴장되었다고 그때를 회상했다. 켈리는 메뉴를 정하고 재료를 구입하고 와인을 고르고 테이블을 세팅하고 식사를 준비한 후 접대하는 일까지 모두 도맡아서 진행하라는 지시를 받았다. 요리를 하고 각 코스를 내놓는 일련의 과정에서 무엇을 하는지 정확하게 말해야 한다고도 했다. 식사가 끝나자 켈리는 워터스와 그녀가 초빙한 전문가들과 동석해 솔직한 평가를 들었다. 손님 한 사람씩 돌아가며 켈리의 요리를 비평했다. "저는 요리 경험이 많지만, 레스토랑에 모인 손님들 앞에서는 별 볼 일 없는 사람이 된 기분이었어요. 굉장한 경험이었죠. 자기 객관화를 할 수 있는 일이었죠."[3]

워터스에게 깊은 인상을 주고 싶었던 켈리는 메뉴 아이디어를 세세하게 작성하고 최상의 재료를 구하기 위해 발품을 파는 등 미리미리 점심 준비를 시작했다. 그 노력은 그만한 값어치가 있었다. 켈리는 반년 동안 셰파니스에서 풍요롭고 원기 왕성하게 일하다가 동부 해안에 자리한 레스토랑에서 매력적인 제의를 받았다. 셰파니스에서 지낸 시간과 이후 그녀의 성공을 보면 켈리는 분명 슈퍼보스와의 만남 덕에 혜택을 얻었다(그렇다. 슈퍼보스를 스치듯 만나더라도 강렬한 경험을 하기 때문에 많은 도움을 얻을 수 있다). 1999년 켈리는 북동 지역 최고의 요리사로 제임스 비어드상을 수상했다. 이후 그녀는 메인주, 플로리다주, 애리조나주에 레스토랑들을 열어 호평받았다. 세 레스토랑의 이름은 모두 '프리모'로 현지 농부들이 재배한 신선한 식재료로 요리한다는 사실을 강조했다.

2013년에 그녀는 제임스 비어드상을 재수상했다. 북동 지역에서 최고 요리사 상을 두 차례 받은 사람은 그녀가 처음이었다.[4] 오늘날 그녀는 셰파니스를 자신의 커리어의 전환점이었다고 이야기한다. 그때의 경험 덕에 그녀는 요리사로서 역량을 과시할 수 있었다. 그녀는 프리모의 웹사이트에 "셰파니스에 처음 갔을 때만 해도 내게 아무런 스타일이 없었다. 그곳을 떠날 무렵에는 단순함, 계절성, 신선함을 중시하는 요리 스타일을 익혔다"라고 밝혔다.[5] 자신의 레스토랑들에 대해서는 "나는 셰파니스에게 횃불을 인도받은 기분이다"라고 설명했다.[6]

'그 사람에겐 뭔가 있어' 인재를 감별하는 특별한 기준

켈리는 모든 슈퍼보스들이 바라는 '특별한 무엇'을 지녔던 게 분명하다. 워터스가 '그 무엇'을 알아채는 후각(그녀의 경우에는 미각일 수도 있겠다)을 지녔던 것도 분명하다. 어느 업계에서든 슈퍼보스들은 대부분의 리더들은 생각도 못하는 독특한 자질들을 지원자에게서 찾아낸다. 슈퍼보스들은 시험에서 고득점을 올린 실력 있는 후보만 원하지 않는다. 그들은 아무도 시험해볼 생각조차 못할 정도로 특별한 능력을 갖춘 사람들을 원한다. 만약 어떤 지원자가 자신이 추구하는 바를 갖췄다 싶으면 슈퍼보스는 주저 없이 인사 전문가들을 무력화시킬 것이다. 슈퍼스타를 탐색하는 슈퍼보스들의 노력은 다른 모든 것보다 우선한다.

비범한 인재에 대한 슈퍼보스의 강조는 특별한 의미를 갖는다. 거의 모든 기업의 임원들, 특히 인사 담당자들은 재능이 뛰어나고 똑똑하며 리더십이 있고 누구에게나 인상적인 신입사원을 원한다고 말할 것이다. 이는 슈퍼보스의 이상형과는 다르다. 슈퍼보스들은 재능 있고 똑똑한 사람들을 원하지 않는다. 그들은 남다른 재능을 가진, 놀라울 정도로 똑똑한 사람들을 원한다. 그들은 평범한 리더를 원하지 않는다. 변화를 주도하는 사람을 원한다. 그들은 성공할 확률이 가장 높아 보이는 사람을 원하지 않는다. 성공의 정의 자체를 바꿀 준비가 된 사람을 원한다.

그들이 찾는 '특별한 무엇'을 말로 표현하기는 아주 힘들다. 래리 엘리슨은 프로젝트를 위해 채용을 진행할 때 그 사람에게 '뭔가 있다'는 직관적 판단을 따르곤 했다. 진 로버츠는 그에게 가장 중요한 채용(편집장 채용)을 결정할 때 '그 자리가 뭘 필요로 하는지 아는 사람'이라는 직관에 따랐다.[7] 랠프 로런은 "다른 이유는 없다. 그냥 그녀는 뭔가 아는 것 같다. 그녀는 옷에 대해 알았다"라며 런웨이 모델을 여성복 디자인 책임자로 앉혔다.[8] 대부분의 슈퍼보스들은 그들이 하려고 하는 뭔가를 얼마나 '잘' 아느냐를 기준삼아 주요 관계자들을 선택한다.

그렇다면 '뭔가 있다'는 게 무슨 의미일까? 사실상 모든 슈퍼보스들은 특별한 지능을 가진 사람을 찾는다. 노먼 브링커는 레스토랑 체인 운영에서 똑 부러진 사람을 채용하는 게 가장 중요하다고 믿었다. 랠프 로런은 일종의 '패션 지능'을 찾았다. 그는 아무리 하찮은 일을 하더라도 자기 밑에서 일하는 모든 사람들이 패션 감각을 갖추고, 옷에 대해 흥미로운 이야기를 나눌 만하기를 원했다. 〈SNL〉 프로듀서 론 마이클스가 늘 반복해서 말하는 규칙이 있다. "방안을 둘러봤는데 당신이 가장 똑똑한 사람이라면 잘못된 방에 있는 겁니다. 방안을 둘러보고 '하느님, 이 사람들은 정말 놀랍군요' 싶다면 제대로 된 방에 있는 것입니다".[9] 사실상 모든 슈퍼보스들은 모든 주변 사람들이 최대한 스마트해지게 이끄는 데 중점을 둔다. 그들은 기습적인 인터뷰뿐만 아니라 실습 기간 동안 면밀히 관찰을 진행해 이 부분을 검토한다.

'뭔가 있다'는 걸 판단하는 두번째 요소는 창의성이다. 슈퍼보스는 자신과 똑같이 생각하는 사람을 찾는 게 아니다. 독창적이고 색다르게 문제를 바라보는 사람을 찾는다. 아는 것을 창의적으로 적용할 수 있는, 독창적인 사고방식을 갖추고 실제로 어딘가에 도달할 수 있는 사람을 찾는다. 슈퍼보스는 미래의 직원들과 이야기를 나눌 때 다른 무엇보다도 그들이 어떤 방식으로 생각하는지 듣고 싶어한다. 노먼 브링커, 래리 엘리슨, 로저 코먼 등 많은 슈퍼보스들은 뭔가 새로운 것을 배우길 기대하면서 지원자들의 이야기를 경청한 것으로 유명하다.

슈퍼보스와 함께 일하게 된 사람들은 슈퍼보스의 고용 기준을 다양하게 언급하나 창의성에 대한 강조는 일관적으로 나타난다. 광고계의 거물 제이 치아트와 가장 가까운 동료인 리 클로는 "치아트는 일반적인 포트폴리오나 이력서를 갖춘 사람을 고용하지 않았습니다. 그는 창의적으로 일을 해낸 사람을 찾았죠"라고 강조했다. 제18회 슈퍼볼 중계방송에서 애플의 매킨토시를 소개했던, 그 유명한 '1984' 광고를 공동제작한 클로가 이 원칙의 대표적 사례다. 그는 왜 자신을 채용해야 하는지를 기발한 광고로 제대로 보여줘 치아트의 회사에 취직하는 데 성공했다. 그는 자신을 고용하라는 슬로건을 디자인해서 자동차 범퍼 스티커와 티셔츠를 만들었으며, 우편과 전화로 자신을 뽑을 때까지 회사에 메시지 폭탄을 보냈다. 그의 셀프 광고의 퀄리티가 별로였다면 이런 노력도 효과가 없었을 테지만 그는 자신의 창의성을 어필해 진정한 차별점을 두었다.[10]

'뭔가 있다'는 걸 판단하는 세번째 요소는 극도의 유연성이다. 슈퍼보스들은 특별한 전문 분야를 가진 사람들을 채용하지만 한 가지 일만 잘하는 전문가에게는 흥미를 느끼지 못한다. 그들은 여러 종류의 문제들을 해결할 수 있는 어떤 명석함을 원한다. 노먼 브링커는 인재라면 어떤 일이든 처리할 수 있어야 한다고 생각했다. 한 동료는 스포츠에 빗대어 그의 태도를 설명해주었다. "노먼은 1루수를 맡을 사람을 채용하는 데는 별 관심이 없었습니다. 그는 그저 좋은 야구 선수를 고용하길 바랐죠."[11] 진 로버츠는 특정 분야에서 전문지식을 쌓게 기자들을 도왔지만, 자신과 일하는 모든 기자는 분야와 상관없이 어떤 속보도 취재할 줄 알아야 한다고 생각했다.

유연성을 중시한다는 사실을 강조하기 위해 슈퍼보스들은 직원들에게 이전의 경력이나 자질과 연관되지 않는 새로운 일을 자주 맡긴다. 빌 샌더스는 직원들을 정기적으로 여러 보직으로 이동시켜 다양한 일을 진행하게 했다. 진 로버츠는 연재만화를 처리하던 사람에게 특집 기사를 맡기거나, 스포츠 담당 기자에게 정치 분야 기사를 맡기기도 했다. 로저 코먼은 영화 제작에 필요한 자리를 전혀 다른 업무를 위해 고용된 사람들로 채우는 일이 다반사였다. 예를 들자면, 배우 잭 니컬슨은 코먼 밑에서 작가 겸 감독으로 일했다.

명석하고 창의적이고 유연한 인재를 채용하기 위한 슈퍼보스들의 판단에 놀랄지도 모른다. 많은 슈퍼보스들과 마찬가지로 부동산 재벌 빌 샌더스는 "뛰어난 사람이 아니라면, 아무도 고용하지 마라"라고 강조했다.[12] 엘리슨은 지원자들에게 '당신은 자신이 아는 가장 똑똑한 사람입니까?'라는 질문을 던지라고 채용 담당자들에게 지시했다. '네'라고 대답하면 추가 인터뷰가 이어졌다. 반대로 '아니요'라고 대답하면 '그럼 누구입니까?'라는 질문이 이어졌다. 아니라고 답한 이들은 결국 탈락했고, 엘리슨의 채용 담당자들은 더 똑똑하다고 지목된 사람에게 접촉했다.[13]

'새로운 인재'를 찾아내려는 노력, 빌 샌더스의 '슈퍼 토요일'

슈퍼보스들이 원하는 인재를 채용하기란 쉽지 않다. 이를 위해서는 파격적인 배경과 자격을 갖춘 사람들을 뽑는 모험을 해봐야 한다. 워터스는 셰파니스의 첫번째 요리사로 요리를 배운 적 없는 철학을 전공한 대학원생을 뽑았다. 경력은 없었지만 오디션 자리에서 그 지원자가 요리한 음식과 그때 나눈 대화를 토대로 워터스는 그녀가 '뭔가를 이해하고 있다'는 확신을 충분히 갖게 됐다. 코먼은 연기 경험이 전무한 배우, 연출 경험이 전무한 감독, 디자인 경험이 전무한 프로덕션 디자이너를 기꺼이 채용했다. 월시는 고등학교 미식축구팀 코치로만 일해본 사람을 NFL 코칭 스태프로 뽑았다.

다소 놀랍게도, 엄격한 기준에 따라 직원을 채용하는 기술 기반 산업계의 슈퍼보스들도 그보다 창의적인 분야에서 종사하는 슈퍼보스만큼이나 이례적인 자격을 갖춘 사람들을 즐겨 채용한다. 래리 엘리슨은 자신처럼 대학을 중퇴한 사람을 뽑으면서 만족스러워했다. 그는 고학력자를 원하지 않았다. 실제로 그는 졸업 직전에 대학을 그만둔 지원자를 뽑기도 했는데, 이를 독립성을 보여주는 칭찬받을 만한 행동으로 여겼기 때문이다.[14] 공식적인 자격 요건보다 재능을 보여주는 다른 신호가 더 중요했다. 엘리슨은 그게 무슨 일이든 지원자가 진정 어려워 보이는 일을 했다면 그 사실에 특별한 관심을 쏟곤 했다. 그는 "채용할 때 우리는 수학, 물리학, 음악(수학과 아주 연관성이 높다)에 뛰어난 소질을 갖췄으면서도 자기네 시간을 어디에 투자하는 게 타당한지 판단할 만한 사람을 찾습니다"라고 말했다.[15] 엘리슨은 충분한 재능을 갖췄다면 기술적 문제들은 해결 가능하다고 믿었다.

많은 슈퍼보스들은 다른 기업들이 간과했던 집단까지 뒤져서 새로운 인재를 찾기 위해 특별한 노력을 쏟는다. 빌 월시는 마이너리그 코치들을 대상으로 NFL 인턴십 프로그램을 열어, 참가자들이 NFL로 빠르게 진출하게끔 돕는 한편 새로운 인재들을 발굴했다. 제이 치아트는 광고계에서는 최초로 창의성을 갖춘 인재가 필요한 자리에 정기적으로 여성과 소수자들을 뽑았다. 대단한 사회정의를 실현하려고자 그런 게 아니라 이런 집단이 잠재적 스타를 찾는 새로운 인재 풀이라고 봤기 때문이다.

슈퍼보스들은 채용과정에서 극도로 기회주의적인 면모를 보이기도 한다. 그들은 뛰어난 능력을 갖춘 새로운 피를 계속해서 찾으면서, 언제 어떤 모습이건 그것을 찾으면 득달같이 달려든다. 특정한 사람을 채용하려고 나섰다가 전혀 다른 사람을 데리고 돌아온 슈퍼보스들에 대한 많은 일화들이 존재한다. 빌 월시는 유망한 쿼터백의 실력을 점검하려고 캔자스에 갔지만, 그 쿼터백의 송구 실력을 보여주기 위해 같이 공을 주고받던 그의 룸메이트에게 꽂혔다. 월시는 원래 보러 갔던 쿼터백에게 선발 거절 의사를 밝힌 후 스카우터들의 반대에도 불구하고 그 룸메이트를 뽑았다. 그렇게 뽑힌 공격수가 바로 포티나이너스의 전설이 된 선수인 드와이트 클라크였다.[16]

슈퍼보스들은 누가 빼어난 능력을 지녔는지 더 잘 가려내기 위해서, 면접 자리에서 종종 다른 임원들이 매우 별나다고 여기는 방법들을 쓴다. 랠프 로런은 포트폴리오도 보지 않고 디자이너 채용을 결정하곤 했다. 진 로버츠와 론 마이클스는 장시간 면접을 진행하면서 입을 열지 않는 방법을 사용해 지원자들이 침묵을 깨기 위해 흥미로운 이야기들을 꺼내게 했었다. 코먼은 다른 프로듀서들처럼 오디션으로 배우를 선발하지 않고 지원자들에게 기존에 공개됐던 영화의 일부 장면에 대한 의견을 묻고 토론하는 식으로 면접을 진행하곤 했다.

어떤 면접 기술들은 너무나 독특해서 민족학자들이 쓰는 관찰 조사 방법과 비슷할 정도다. 마일스 데이비스가 허비 행콕에게 관심을 가졌을 때의 일이다. 데이비스는 행콕을 자기 집으로 초대해 그를 지하실로 데려갔다. 거기서 다른 두 명의 음악가를 소개해주며 그들과 같이 연주해보라고 권유한 후 자리를 떴다. 이런 일이 이삼일 더 반복됐다. 행콕과 다른 음악가들이 연주하는 동안 데이비스는 인터폰을 통해서 그 연주를 들었다. 충분히 들었다 싶어지자 마침내 그는 지하실로 내려가서 함께 몇 곡을 연주해보더니 행콕을 새로운 피아니스트로 영입하겠다고 말했다.[17] 부동산 재벌 빌 샌더스는 '슈퍼 토요일'이란 전통을 만들어내기도 했다. 그는 최종 채용 후보자 서른 명(주로 MBA 졸업생들이었다)을 뉴멕시코주 샌타페이로 데려가서 아침 인터뷰를 실시한 다음, 시 외곽의 자기 목장 근처에 위치한 산을 장시간 등산하게 했다. 샌더스가 이끈 시큐리티 캐피털 그룹SCG에서 상무이사를 지낸 콘스턴스 무어는 이렇게 말했다. "샌더스와 회사의 다른 직원들이 2000미터까지 함께 걸으면서 지원자들과 이야기를 나눴어요. 하루가 끝날 즈음에는 다들 파김치가 됐죠. 등산을 하면서 그들에 대해 아주 많이 알게 되었기 때문에, 그 후 우리는 자리에 앉아 세세하게 이야기를 나누면서 누구를 회사에 영입할지 상의했습니다."[18]

슈퍼보스들은 예상치 못한 질문을 받으면 지원자가 어떻게 대응하는지에 관심이 많다. 동정심 많은 관리자들은 제이 치아트와 면접을 진행하는 지원자들에게 "치아트가 당신을 놀라게 한다면, 그는 뭔가 이상하거나 뜻밖의 일을 기대할 겁니다"라고 주의를 주곤 했다.[19] 앨리스 워터스는 레스토랑 근무와 관련 없어 보이는 주제들에 대해 꺼내려고, 최근 무슨 책을 읽었는지 물으며 면접을 시작하곤 했다. 래리 엘리슨은 그냥 '현재 관심 있는 것이 무엇이냐'라고 질문을 던졌다.

일단 누군가가 '특별한 무엇'을 가졌다고 판단되면 슈퍼보스는 극적인 후속조치를 취한다. 빌 샌더스는 지원자들에 대해 이야기를 듣다가 관심과 흥미가 생기면 그 즉시 그들에게 직접 연락을 취했다. 늦은 밤이든 크리스마스든 상관없이 아무때나 말이다. 진 로버츠는 함께하고 싶은 칼럼니스트에게 연한 하늘색 무스탕을 선물하도록 수석 채용 담당자에게 지시하기도 했다. 그리고 그녀가 제안을 거절해도 그 차를 갖는 게 당연하다고 생각했다.[20] 크래프트의 인사 업무를 총괄한 존 터커는 마이클 마일스가 (나중에 질레트의 CEO가 된) 짐 킬츠를 너무나 간절히 고용하고 싶었던 나머지, 몇 달에 한 번씩 그의 부인에게까지 연락을 취해 마음을 사로잡으려 애썼다고 회상했다.[21] 슈퍼보스들에겐 최고의 인재를 뽑는 일이 최우선 과제이므로 이를 위해 많은 시간과 수고를 들인대도 개의치 않는다.

대부분의 관리자들은 두려워하고, 슈퍼보스들은 격하게 반기는 것

겉으로는 최고의 인재를 채용하고 싶다고 하지만, 사실 대부분의 관리자들은 똑똑한 인재들을 거북해한다. 그들은 당면한 업무와 그 일에 뭐가 필요한지를 자신보다 더 잘 이해하고 있는 직원에게 지시를 내리는 일을 불편해한다. 또 재능이 뛰어난 직원들이 자신을 능가할까봐 걱정한다. 부하직원들이 너무나 독창적이고 예상치 못한 제안을 하면 이를 어떻게 처리해야 할지도 모른다. 심지어 자신이 직접 뽑은 사람에게 밀릴까봐 두려워하기도 한다. 결국 대부분의 관리자들은 무의식적으로 자신보다 다소 부족한 인재를 선택하게 된다. 어떤 유형인지 파악하면 다루기가 더 쉽기 때문이다. 일반적으로 관리자들은 이런 사실을 인정하지는 않지만, 최고가 아닌 사람을 특급 인재인 양 묘사하고 진짜 인재는 괴짜라며 깎아내리곤 한다.

고압적이면서 이기적인 '오만불손형 보스들'은 이런 경향을 극단적으로 보여준다. 오만불손형 보스들은 기술이나 재능 면에서 자신과 견줄 만한 사람은 누구든 용납하지 못한다. TV를 통해 봐서 알듯이, 도널드 트럼프는 자기보다 부족해 보이는 사람들에게 둘러싸여 있을 때만 대단해 보인다. 누군가 그의 앞에서 정말 인상적으로 행동한다면, 그는 이를 폄하한다. 한껏 창의력을 발휘하는 사람이 있다면, 부적응자로 취급한다. 자신이 받을 관심을 가로챌 듯한 사람과 같이 일한다는 건 그에게

도저히 참을 수 없는 일 같다.

(트럼프를 제외하고) 슈퍼보스들은 이런 문제들을 겪지 않는다. 그들은 지극히 명석한 사람, 정신이 쏙 빠질 정도로 창의력을 갖춘 사람, 그리고 강한 개성을 가진 사람에게 전혀 위협받지 않을 정도로 자신감이 충만하다. 그들은 자신이 남보다 뒤떨어질 가능성을 완전히 무시할 정도로 오만하다. 그들은 자신보다 뛰어난 부하직원들과도 별문제 없이 지내는데 자기보다 더 뛰어난 누군가가 있으리라고는 절대 믿지 않아서일 것이다. 래리 엘리슨을 둘러싼 유명한 농담이 있다. "하느님과 래리 엘리슨의 차이점이 뭔지 아는가? 하느님은 자신이 래리 엘리슨이 아니라는 걸 안다." 슈퍼보스들 중에는 믿을 수 없을 만큼 온화한 사람들도 있지만, 거의 모든 슈퍼보스들에게 이와 유사한 농담이 적용된다. 그들은 모두 각자의 활동 분야에서 자신이 매우 효율적이면서 완전히 능수능란한 사람이라고 느낀다. 그들의 지위는 겉으로 드러난 요소에 좌우되지 않는다. 그들은 워낙 자의식이 강하기 때문에 아무리 놀랄 만큼 뛰어난 능력을 갖춘 사람이 등장한대도 크게 동요하지 않는다. 사실 그들은 부하직원들의 도전을 즐긴다. 특히 그 도전이 날카로운 통찰을 바탕으로 하는 경우 더욱 그렇다. 함께 일하는 사람이 비즈니스에 대한 이해도를 높여주고, 일을 더 잘하고 더 나은 해결책을 찾을 기회를 제공해준다면 이를 거부할 이유가 없다고 생각한다.

블루리지 캐피털에서 직접 펀드를 운용하기 위해 떠나기 전, 타이거 매니지먼트에서 헤지펀드계의 전설 줄리언 로버트슨의 이인자로 있었던 존 그리핀은 로버트슨을 두고 워낙 새로운 아이디어를 갈구하는 사람이라 "'먹이를 달라!' 하며 아우성치는 파리지옥풀 같았어요"라고 평했다.[22] 로버트슨은 '사물을 자유롭고, 신선하고, 다른 방식으로 보는' 사람들, 즉 '상상력이 넘치는' 사람들을 채용하면서 즐거워했다.[23] 래리 엘리슨도 마찬가지로 '그들에게만 들리는 드럼 소리에 이끌리는 사람들'이라고 표현한 직원들을 특히 자랑스러워했다. 그러면서 "그들은 내 생각에 대해 끊임없이 질문하고, 내게 도전하는 걸 조금도 부끄러워하지 않습니다. 그들이 내 실수를 막아줬으면 좋겠습니다"라고 설명했다.[24] 자신의 판단에 의문을 제기한 몇몇 오라클 임원들과 사이가 틀어지긴 했지만, 엘리슨은 사람들과 논쟁하면서 벌어지는 일종의 상호작용을 대단히 즐기는 듯했다. 슈퍼보스들은 회사에 이익을 가져와서도 그렇지만 특별한 인재들이 끌어올리는 에너지를 즐기기에 그들을 인정한다.

대부분의 슈퍼보스들은 뛰어난 인재들과 함께할 때 편안하다는 사실을 공공연히 드러낸다. 이런 사실을 자랑스러워하기 때문이기도 하지만, 그보다는 유능한 사람들이 자신을 찾아오길 바라기 때문이다. 노먼 브링커는 자신보다 어떤 일에 대해서 훨씬 더 많이 알고 있는 임원들을 공개적으로 찾아다녔다. 빌 샌더스는 "나보다 네 배나 더 똑똑한 사람들을 내가 얼마나 많이 뽑았는지 아는가?"라는 말을 자주 했다.[25] 부하직원들이 빛날 때 슈퍼보스들은 리더로서 자신에게 긍정적인 영향력이 돌아온다고 느낀다. 만약 그들의 직원들이 우수하다는 평판이 대중적으로 퍼지면, 그러한 직원들을 더 많이 채용할 수 있을 테니 말이다.

타인이 빛나는 공간, 그들은 직원들의 성공을 무한대로 축하한다

슈퍼보스들이 극도의 자신감을 가졌다는 말은 곧 그들 주위에 항상 다른 스타들을 위한 자리가 있다는 말이다. 그들은 엄청난 잠재력을 지닌 사람들과의 협업은 자기 같은 사람에게나 어울린다고 생각한다. 자기 밑에서 일하는 사람들이 새로운 스타로 부상할 때 슈퍼보스들은 뛸듯이 기뻐한다. 최고 지향형 보스는 때때로 밑바닥부터 떠오른 스타들을 몰아내야 할 경쟁자로 여기기 때문에 그들은 예외다. 하지만 이러한 유형의 슈퍼보스일지라도 이들 역시 자신을 압도할 정도로 뛰어난 스타들을 주위에 두고 싶어하니 일반적인 관리자와는 비교가 되지 않는다. 최고 지향형을 제외하고 다른 유형의 슈퍼보스들은 부하직원들의 성취를 끝없이 축하한다. 마일스 데이비스는 존 콜트레인이 무명이었을 때 그를 고용했지만, 얼마 지나지 않아 재즈팬들과 동료 음악가들은 콜트레인을 데이비스만큼이나 존경하게 됐다. 데이비스는 콜트레인이 그만큼이나 대단한 스타가 되었다고, 그로 인해 위협받는 게 아니라 오히려 에너지를 얻는다고 곧바로 인정했다.[26]

실제로 데이비스는 콜트레인에게 워낙 매료된 나머지 색소포니스트인 콜트레인이 오랫동안 헤로인중독 때문에 고생했음에도(당시 데이비스는 깨끗했다) 1955년부터 1957년까지 자기 밴드에 데리고 있었다. 데이비스는 1957년에 콜트레인을 해고했지만, 1958년 그를 다시 영입해서 2년을 더 함께 연주했다.[27] 스타들을 발굴하고 그들의 성공에 기뻐하는 건 슈퍼보스들의 아주 전형적인 특징이다. 더욱이 그들은 자기 밑에서 일하는 대부분의 사람들이 스타가 됐으면 하기 때문에 사생활의 문제, 기벽, 그리고 강한 자존심도 참아내곤 한다. 로저 코먼은 콧대 높기로 소문이 자자했지만 유망하다고 판단되는 젊은 배우, 작가, 감독을 만나면 주저 없이 그들을 영입했다.

슈퍼보스들은 유망주들을 발굴하고 키워내기도 하지만, 이미 스타의 반열에 오른 사람의 채용도 마다하지 않는다. 필라델피아 인콰이어러의 진 로버츠는 명망 있는 신문사에서 근무중인 감당하기 벅찰 만큼 고액의 연봉을 받는 유명 기자들에게도 일자리를 제안했다. 그는 단지 그들이 자신을 위해 일할 기회에 끌릴 것이라 생각했으며, 그의 예상은 종종 옳았다. 앨리스 워터스는 자크 페팽과 토머스 켈러처럼 세계적으로 유명한 요리사들을 자기 레스토랑에 객원 요리사로 초빙했다. 그녀는 그들이 상호작용하면서 배울 수 있는 기회를 환영하리라 믿었고, 실제로 상당히 많은 이들이 그랬다. 예를 들어 영국의 스타 요리사 에이프릴 블룸필드는 자신의 첫번째 뉴욕 레스토랑을 개업하기 전, 미국 요리사들이 어떻게 요리하는지 알아보고자 셰파니스에서 여름 동안 일을 했다.[28] 래리 엘리슨은 마크 허드가 휼렛패커드 CEO를 그만두자마자 그를 채용할 기회를 잡기 위해 뛰어들었다. 슈퍼보스들은 대체로 새로운 스타들을 만드는 걸로 유명하지만, 그들은 무엇보다도 기존 스타들을 끌어모으는 능력이 뛰어나다.

자신감 넘치는 슈퍼보스들은 새로 들어온 뛰어난 인재들을 위해 조직을 개편하기까지 한다. 인재 관리 부서에서 일하는 대부분의 사람들에게 이는 전적으로 이단 행위일지 모르지만, 슈퍼보스에게 뛰어난 인재는 곧 새로운 가치를 창출할 기회로 이들을 100퍼센트 활용하지 못한다면 회사는 사업 기회를 놓칠 거라고 여긴다. 따라서 슈퍼보스들은 인재를 일자리에 맞추기보다 일자리를 인재에게 맞춘다. 랠프 로런은 버지니아 위트벡이라는 아름다운 여성을 뉴욕의 햄버거 가게에서 만났는데, 남성용 재킷과 낡은 코듀로이 바지와 오래된 모피 코트를 리폼한 조끼를 입은 그녀의 옷차림이 마음에 들었다. 이에 그는 그녀에게 다가가서 자신만의 스타일을 가진 사람들을 찾는다며 일자리를 제안했다. 그녀는 공식적인 직책 없이 4년 동안 로런의 디자인 부서에서 일하며 그의 뮤즈 역할을 했다. 로런에게 그녀는 중요한 존재였다. 그는 그녀의 의견을 듣고 싶어했다. 하지만 그녀의 일이 정확히 뭐라고는 규정하지 않았다.[29]

일부 슈퍼보스들은 새로운 직원에게 자기 일을 직접 정의하도록 맡긴다. 워터스의 레스토랑에서 근무한 요리사에 따르면 일단 거기 들어간 이상 "어떤 식으로든 자기 할 일을 만들어냈죠"라고 한다.[30] 인더스트리얼 라이트 앤드 매직ILM에서 조지 루커스의 직원들에게는 직무 기술서

조차 주어지지 않았다. 그들은 필요한 재능과 가용 시간에 따라서 다양한 프로젝트에 배정되었다. 론 마이클스는 전체 참여자의 아이디어와 능력이 쇼에 계속해서 반영되게 만들었다. 그러자 작가는 때때로 연기자가 되었고, 연기자나 조감독들은 때때로 작가가 되었다. 사람들을 최대한 활용하려면 극도의 유연성과 함께 어느 정도 통제를 포기할 의지를 갖춰야 한다. 이때 필요한 자질이 슈퍼보스의 대표적 특징인 대담함이다.

슈퍼보스들은 유망한 직원들을 활용하기 위해 조직을 개편하기도 한다. 예를 들어 제이 치아트는 영국의 광고 어카운트 플래닝 전문가가 보여준 능력을 최대한 활용하기 위해서 운영하던 모든 광고대행사를 전면 개편했다. 빌 월시는 새로운 인재를 최대한 활용할 방법을 찾기 위해 팀의 경기방식을 바꿨다. 그는 선수들에게 주어진 역할만 수행하는 게 아니라 '능력'에 따라 포지션을 정하도록 했다. 그는 코치들이 전략을 짜면서 선수 명단에 익숙해지고, 선수들 각각의 특별한 재능에 맞춰 경기를 조정하길 바랐다. 어떤 슈퍼보스들은 이러한 접근법을 한층 더 심화시켰다. 마일스 데이비스는 밴드에 존 콜트레인, 허비 행콕 등의 새로운 요소를 추가해 다양한 음악적 전통과 아이디어를 도입함으로써 전혀 새로운 예술적 방향으로 밴드를 이끌었다. 그 결과 새로운 무엇, 즉 데이비스 혼자서는 절대로 만들 수 없었던 무엇이 만들어졌다. 하지만 그것은 위대한 재즈를 위해선 무엇보다 필요한 핵심이었다.

심지어 그들은 '높은 이직률'도 환영한다

슈퍼보스들은 유능한 사원들을 사업 기회로 여기기 때문에 '적합하지 않다'며 퇴짜놓지 않는다. 오히려 그들에게 기회를 준다. 그리고 기대한 만큼 생산성을 보이지 못하면 다른 자리로 옮기거나 회사를 떠날 수 있게 해준다. 직원의 배치를 재고해볼 필요가 있다 싶으면 슈퍼보스는 조금도 지체하지 않고 그렇게 한다.

이렇듯 테스트를 진행하다가 대부분의 기업이 바람직하다고 생각하는 정도 이상으로 높은 이직률이 야기되기도 한다. 엘리슨은 자신의 채용 관행 때문에 직원들의 퇴사율이나 이직률이 비정상적일 정도로 높았다고 인정하면서도 가능한 최고의 팀을 현장에 투입하기 위해서는 어쩔 수 없다고 밝혔다. 로버츠는 편집 기자들에게 어떤 식의 사직 의사든 곧바로 수용해야 조직에 맞지 않는 사람들을 신속히 내보낼 수 있다고 조언했다. 코먼은 한술 더 떠서 높은 이직률을 옹호하기도 했다. 그는 부하직원들이 계속해서 메이저 스튜디오에서 높은 보수의 일자리를 제안받지 못한다면, 그를 제대로 채용한 게 아니라는 의미라고 설명했다. 워터스는 많은 사람들이 자기 레스토랑에 적게는 석 달 정도, 유명 요리사들의 경우에는 일주일 남짓 머무는 걸 사업상 특징으로 받아들였다. 루커스는 자기 기술을 충분히 발전시킨 직원 중 다수가 본인의 프로젝트에 그 기술들을 적용하기 위해서 회사를 떠날 것임을 늘 염두에 두었다.

직원의 이직을 무심하게 수용하는 태도 또한 슈퍼보스의 사업 방향 설정에 포함된 중요한 항목이다. 인사 전문가들은 신입사원이 새로운 일자리에서 오래 머물지 못할 경우 실패라고 간주한다. 실제로 신입사원이 얼마나 다니는지는 대개 인사 담당자들의 성과 평가에서 중요한 부분이다. 이와 대조적으로 슈퍼보스들은 직원들의 안정된 고용보다는 재능과 창의성을 더 높이 산다. 즉 슈퍼보스들은 일반적으로 '지나친 야심가'로 보이거나 '오래 다니지 않을' 것 같은 '고학력'의 인재를 채용하는 데 주저하지 않는다.

아이러니하지만 슈퍼보스들은 신입사원들이 오래 머물 정도로 매력적인 업무 환경을 조성한다. 로버츠의 신입사원들은 필라델피아 인콰이어러에서 일하기 위해 좋은 일자리인 일류 언론사를 떠났을 뿐 아니라 인콰이어러에 머물겠다며 일류 언론사가 매력적인 제안을 해도 이를 거절했다. 노먼 브링커, 제이 치아트, 앨리스 워터스, 빌 월시 같은 슈퍼보스 밑에서 일한 사람들은 다른 누구를 위해서도 일하고 싶어하지 않았다. 그들은 대부분 직접 자기 사업을 시작해보기 위해서만 떠났다. 이에 많은 슈퍼보스들은 실제로 직원들의 새 출발을 응원했고, 올바른 결정을 했다며 박수갈채를 보냈다. 그가 스타 직원이었더라도 말이다.

그러니 누가 그들과 함께 일하고 싶지 않겠는가?

시간이 흐르면서 슈퍼보스들은 인재를 끌어모으는 자석이 되기 때문에 갈수록 인재 채용이 훨씬 수월해진다. 인재들은 능력을 인정해주는 비즈니스 리더에게 매료된다. 슈퍼보스가 채용한 특출난 인재들은 다른 인재들에게도 매력 요소로 작용한다. 사람들은 슈퍼보스 밑에서 일한 이들이 놀라운 성공을 거둔다는 사실을 눈치채고, 이내 떠오르는 스타들은 슈퍼보스와 함께 일하고 싶어한다.

슈퍼보스와 함께 일하고 싶어하는 사람들은 적은 연봉도 불사한다. 경력 많은 요리사 중에서 멀리사 켈리만 셰파니스에서 무급으로 시범 근무를 했던 게 아니었다. 셰파니스의 방침이 그랬다. 그녀가 거기서 일하게 되리라는 보장도 없었다. 몇 주 동안이나 워터스를 위해서 일했던 많은 사람들이 채용되지 못했기 때문이다. 셰파니스에서 일했던 어느 요리사는 이렇게 말했다. "일과를 마치면 그들은 '내일 또 와줄 수 있나요?'라고 묻습니다. 하루가 끝난 뒤, 늘 제가 한 일이 저에게, 그리고 레스토랑과 팀에 좋았는지에 대해 이야기를 나눴죠."[31]

치아트의 아들 마크는 "치아트데이는 악명 높을 정도로 임금이 낮았지만 모두가 그곳에서 기꺼이 일하려고 했습니다"라고 말했다.[32] 로버츠는 한정된 예산으로 신입사원들을 채용하는 데 있어서 자신과 함께 일하려는 사람들의 열정이 중요한 동기였다고 밝혔다. "우리는 돈으로 그들에게 어필할 수는 없었습니다." 빌 샌더스는 실제로 옛 직장에서 받던 것보다 적은 임금을 주는 정책을 세웠다. 그러면 그저 돈 때문에 자기와 일하려는 사람은 아무도 없을 거라고 생각했기 때문이다.[33]

인재를 끌어모으는 자석으로서 슈퍼보스가 갖는 지위는 종종 신화에 가깝게 표현된다. 사람들은 래리 엘리슨을 독특한 매력을 가진 사람 혹은 카리스마를 가진 사람으로 묘사한다. 그와 오랫동안 일했던 한 직원은 "래리 엘리슨 같은 사람은 그 어디에도 없죠"라고 했다.[34] 앨리스 워터스의 어떤 동료는 "앨리스는 자석 같은 사람입니다. 그녀는 사람들을 끌어당기는 빛과 에너지를 갖고 있죠"라고 표현했다.[35] 보조 웨이터로 일하다가 이후 유명한 애크미 브레드 컴퍼니 레스토랑을 연 스티브 설리번은 셰파니스에는 새벽 네시부터 일자리를 구하는 대학생들의 전화가 걸려왔다고 회상한다. "어떤 학생은 '셰파니스에 대한 기사를 읽었어요. 버클리로 가서 실습생이 되고 싶습니다'라고 말하기도 했다."[36] 론 마이클스의 매니저 버니 브릴스타인은 "그는 당시 코미디언의 두뇌를 가진 모두가 거쳐가는 통로 같았다. 그는 많은 인재를 끌어들였다"라고 회상했다.[37] ILM에서 일했던 조지 루커스의 동료도 루커스를 묘사하면서 정확히 같은 표현을 사용했다. "그는 많은 인재를 끌어들였어요."[38] 슈퍼보스들은 자기 분야의 '마법사'가 된다. 언뜻 그들은 마력을 가진 것처럼 보이기 때문이다. 하지만 실제로는 마법과는 아무 상관이 없다. 우리가 목격했듯이, 이는 최고의 인재를 끌어오고, 선별하고, 채용하기에 대한 급진적으로 색다른 사고방식이었을 뿐이다.

인재를 끌어모으는 자석이 된다는 것은, 더 큰 기회를 얻기 위해 앞으로 나아갈 준비가 되어 있는(정확히 말하자면 잃게 될지도 모를) 사람들이 생기더라도, 지속적으로 빈자리를 채워가는 식으로 팀과 조직 내 인재들을 양성할 수 있기에 좋다. 그것도 그저 그런 평범한 사원들이 아니라 최고의 인재들을 말이다! 결과적으로 끓어오르는 열망과 엄청난 추진력, 그리고 이를 뒷받침해줄 강력한 기술력과 태도를 갖춘 사람들이 인재 자석에게 누구보다 강력하게 끌려온다. 슈퍼보스들은 단순 비교가 불가능한 개인의 성장을 위한 최고의 길을 제공한다. 그러니 누가 그들과 함께 일하고 싶지 않겠는가?

'선입견' 없이 '재능'만 본다
슈퍼보스처럼 채용하기

사업가라면 특별한 성과와 혁신이 비범한 사람들의 능력에 달려 있다는 사실을 안다. 슈퍼보스들은 그러한 사람들을 뽑기 위해서는 색다른 채용 관행이 필요하다고 생각한다. 앞서 살펴봤듯이 즉석 채용, 직관적 채용, 대담한 채용, 창의적 채용, 수시 채용, 그리고 궁극적으로 열정적 채용 같은 방식이다. 각자 나름대로 독특한 개성과 시각을 가진 슈퍼보스들이 자기네 회사에서 이 모든 관행들을 사용하는 건 아니다. 물론 그렇지 않다. 슈퍼보스들의 회사에도 인사 전문가들이나 인사팀이 있다. 시간이 흐르면서 슈퍼보스는 인사 담당자들을 비롯해 주위 다른 사람들도 자신들의 특별한 채용방식을 따르게 만들 수 있다.

1987년, 신 리퍼트는 명문 CIA 요리학교를 막 졸업하고, 일자리를 찾기 위해 고향인 캘리포니아로 돌아왔다. 셰파니스에서 일해보고 싶었던 그녀는 많은 노력 끝에 마침내 주방장 폴 베르톨리와 면접을 보게 됐다. 여느 회사 면접과 같을 거라고 생각하며 식당을 찾아간 그녀는 베르톨리 앞에 앉아 이력서를 건넸다. 그러자 그가 이를 식탁에 휙 던졌다. "그를 쳐다보자 '이력서를 집지 마세요'라더군요. 저는 당황스러웠어요. 그가 질문을 던지더군요. '자신에 대해 말해보세요' '어디에서 자랐습니까?' '어제 어디에서 식사를 했죠?' '지난주에 무엇을 먹었습니까?' '어떤 책들을 읽고 있습니까? 꼭 요리책은 아니라도요' '어떤 분야에 관심이 많습니까?' 같은 질문들이었죠." 리퍼트는 허를 찔린 것 같았지만(어떻게 안 그러겠는가?) "즐거운 경험"이었다고 했다.[39] 그로부터 한 달 뒤, 리퍼트는 전화 한 통을 받았다. 과연 그녀는 그때도 셰파니스에서 일하고 싶었을까?

셰파니스가 세워진 지 16년이 흐른 그때 워터스의 채용 관행은 식당 내 다른 사람들에게도 확산돼 있었다. 이처럼 슈퍼보스가 무엇인지 정의하고 그들의 성공에 기여하는 특별한 채용 관행들을 가르치는 일이 가능하다는 게 이 책의 핵심 주장이다. 인사 책임자라면 앞서 설명한 신입사원 채용방식 중에서 일부라도 적용해보면 어떨까? 그렇다고 해서 인사 업무와 관련해 배운 모든 걸 창밖으로 내던질 필요는 없다. 슈퍼보스 같은 사고방식이 기존 채용 관행에 스며들도록 약간의 조치만 취하면 충분하다.

일단 자격증과 경력 사항을 보고 유망한 신입사원만 자동적으로 걸러내고 싶은 욕구를 이겨내야 한다. 그러다가 가장 우수하고 창의적인 후보들을 미리 제외시킬지도 모른다. 직무 기술서를 없애라는 게 아니다. 다만 모든 최종 기준에 부합하는 유망한 이들만 채용하는 방식을 맹목적으로 추종하지는 말아라. 공식 면접 형식을 버릴 필요는 없다. 다만 그 형식을 좀더 자유롭게 풀어서 새로운 요소들을 포함하면 된다.

슈퍼보스 식의 채용방식을 실험적으로 처음 도입할 때는 모든 사람을 똑같은 방법으로 뽑아서는 안 된다. 일단 한두 명부터 채용해 거기서부터 연구해봐야 한다. 아마도 이 책에서 설명한 다른 관행들도 참조해가며 후속조치를 취해야 할 것이다. 그저 특이한 사람을 뽑고서 이전까지 사람들을 관리하던 일반적 방법으로 그를 다뤄서는 안 된다. 진정 비범한 인재를 데려온 데서 그친다면, 그는 당신 회사의 앱을 다운받기도 전에 도망쳐버릴 것이다. 그의 파트너로서 행동하고 배우고 적응할 준비를 해야 한다. 그리고 나머지 다른 사원들도 잊어서는 안 된다. 그들을 방치해뒀다간 '낯선' 신입사원을 왕따시킬지도 모른다. 그들을 당신의 계획에 참여시켜야 한다. 일단 슈퍼보스가 그리는 세상이 어떤 모습인지를 이해하고, 더 중요하게는 이를 직접 경험해보면 그들은 빠르게 조직에 융합될 것이다.

슈퍼보스 스타일의 채용을 회사가 어려움을 겪고 있을 때나 실적을 위해 안간힘을 쓸 때 마지막 시도처럼 진행하는 게 아니다. 더 나아지기 위해 무엇을 할 것인지 의식적으로 고민할 때 이런 방법을 시도해볼 수 있다. 그에 따르는 위험이 그다지 크지는 않지만(실패한대도 5년 동안 옴짝달싹 못하지는 않을 것이다) 보다 직관적이고 독특한 방식으로 채용하려면 계속해서 시간과 노력을 투자해야 한다. 시도해볼수록 이 방식을 더 이해하게 되고, 어떤 특정한 채용방식도 계획대로 된다고 보장할 수 없다는 사실을 받아들이게 된다. 하지만 어차피 계획대로 흘러가지 않는다면 왜 시도해보지 않는가? 효과가 없든, 효과적이라 신입사원이 새로운 일들을 맡게 되든, 시행착오과정에서 첫번째 교훈을 얻을 것이다. 운이 좋아서, 혹은 생각했던 것보다 슈퍼보스의 방식이 잘 작동했다면, 직원들은 다른 데서도 빛을 발할 것이다. 궁극적으로 슈퍼보스의 전략이 강력하게 영향력을 발휘할 때 '당신의 프로필을 보고 있다'고 알려주는 링크드인 메시지가 늘어날 것이다. 또 지금 당신이 어떤 일을 하는지를, 당신이 채용중인지를 궁금해하는 사람들에게 연락이 올 것이다. 인재를 끌어모으는 자석으로 명성을 얻는 데는 오랜 시간이 걸리지 않는다. 함께 일했던 이들 중 몇이 조직을 떠나 성공해도 그런 평판을 얻는다. 그리고 사람들이 그들을 주목하면 당신은 평생 커리어를 쌓아온 일 중 가장 위대한 성취감을 경험하게 될 것이다. 이때, 최고의 인재들이 당신을 찾아온다.

'다듬어지지 않은 다이아몬드'를 발견하기 위해서, 즉 인생의 많은 일에 적용하는 편협한 기준에는 들어맞지 않지만 분명 좋은 자질을 갖춘 한 사람을 찾아내기 위해서 용기가 필요하다. 전통적인 채용방식에서 오는 통제력을 포기하기란 쉽지 않다. 인사 담당자들은 슈퍼보스의 방법을 무모하게 느낄지도 모른다. 특히 한 번도 시도해본 적이 없다면 더더욱 그렇다. 하지만 명심하라! 슈퍼보스들이 도전해서 정말 압도적일 만큼 긍정적인 실적을 거둠에도 불구하고, 이를 시도조차 하지 않는다는 건 어불성설이다.

특별한 인재를 발굴하려면 반드시 '원석'을 찾아내 채용해야 한다. 하지만 이는 첫걸음에 불과하다. 뛰어난 인재들을 확보했다면 그들이 탁월한 성과를 올리도록 동기를 부여해야 한다. 조직을 위해서뿐 아니라 그들의 성장을 위해서도 그들이 특별한 결실을 맺을 수 있게 최대한 노력하도록 이끌어야 한다. 이러한 극단적인 동기부여의 비밀은 무엇인가? 슈퍼보스들은 성과에 대한 요구를 거듭 높이면서 다른 누구만큼이나 직원들을 볶아댄다. 하지만 그들은 다른 리더들을 뛰어넘는 어떤 일을 한다. 이어질 장에서 살펴보겠지만, 최고의 인재들이 자신의 한계를 뛰어넘는 성과를 거두도록 슈퍼보스가 그들의 마음을 어떻게 움직이는지 그 힘이 바로 여기에 있다.

3장

'좋은 것'을 '위대한 것'으로, '잘하는 것'을 '완벽한 것'으로!

: 슈퍼보스 전술 #2. '불가능'을 '가능'으로 이끄는 동기부여법

만약 그들이 닦달하지 않는다면 그때가 바로 걱정해야 할 순간이다 | "<스타워즈>는 죽지 않았다. 잠시 잠들었을 뿐." 자신감은 전염성이 강하다 | 그의 이야기를 듣는 것만으로, 엉덩이가 들썩인다 | 한번 경험하고 나면 다시 평범해지기란 불가능하다 | 오직 진실될 것, 슈퍼보스처럼 동기부여하기

1970년대 초, 뉴욕 59번가와 렉싱턴 애비뉴 사이에 위치한 블루밍데일스 백화점에서 양복, 바지, 넥타이 진열대를 지나 남성복 매장 중심부에 도착했다면, 진열된 옷들을 살피는 삼십대 초반의 매력적인 남성을 목격했을 것이다. 선반 위 셔츠들을 정리하고, 넥타이 진열 위치를 이리저리 바꾸면서 그를 성실하게 돕는 또 다른 남성도 보일 것이다. 그때만 해도 남성복은 넥타이 따로, 셔츠 따로, 양복 따로 팔았다. JC페니 백화점도, 필렌스 백화점도 그렇게 했으며, 지역 백화점은 다 그렇게 했다. 그리고 지금까지도 블루밍데일스는 그렇게 하고 있다.

블루밍데일스의 이 남성복 매장은 대형 백화점의 개별 부티크처럼 다른 매장들과 시각적으로 분리된다. 의류의 전 품목을 모아놓은 그곳은 단 하나의 브랜드 즉 폴로 랠프 로런을 위한 공간이었다. 신제품이 눈에 잘 띄게 진열돼 있었는데, 당시 사람들이 즐겨 입었던 악어 문양이 들어간 라코스테 셔츠와 비슷한 느낌의 제품이었다. 이 신제품은 라코스테 셔츠보다 품질이 좋았다. 악어 대신 폴로 선수가 작게 새겨진 셔츠는 스물네 종류의 멋진 색상들로 구성돼 있었다. 폴로 선수와 옷의 재질은 이 셔츠에 '고급' 이미지를 부여했다. 전체적으로 많은 중산층 이하 미국인들이 갈망하는 요소인 부와 특별함을 구현한 매장이었다.

상품들을 점검하던 젊고 잘생긴 남성은 랠프 로런이었다. 1970년대 초부터 오랫동안 그는 패션 아이콘이자 억만장자였다. 랠프 로런이 등장하기 전까지만 해도 디자이너들은 정장이나 운동복 중 하나를 만들었다. 로런은 이 둘을 합쳐 새롭고 야심 찬 미국인의 라이프스타일을 반영하는 융합적 컬렉션으로 탄생시켰다. 그는 고객들이 (자신처럼) 직장, 집, 여행지에 어울리는 각기 다른 의상을 원한다고 믿었기에 패션 역사상 처음으로 그 둘을 모두 만들었다. 그는 중산층 고객들이 적절한 옷을, 즉 자기가 만든 옷을 입음으로써 구매할 수 있는 계급과 위신의 신화적 세계를 창조했다. 뉴욕타임스 기자는 로런을 두고 '완벽한 모습을 갖춘, 완벽한 삶의 궁극적 생산자'라고 표현하기도 했다.[1] 하지만 패션뿐 아니라 미국 문화에 있어서 로런이 어떤 공헌을 했는지는 디자이너 조지프 아부드가 가장 잘 포착했다. 그는 "랠프 로런보다 랠프 로런 신화를 창조하는 데 더 큰 일을 한 사람은 없었다"라고 말했다.[2]

1970년대 초, 블루밍데일스에서 로런을 보좌하던 사람은 누구였을까? 아부드나 동료 디자이너 베라 왕, 제프리 뱅크스, 존 바바토스는 아니었다. 그들이 한때 로런을 위해 일하긴 했지만 말이다. 그는 살 체사라니라는 젊은 디자이너이자 머천다이징 전문가였다. 체사라니는 디자인 실력을 인정받아 여러 상을 수상했으며, 뉴욕타임스에는 그에 대한 여러 편의 기사가 실려 몇몇 사람들에게는 '좋은 취향을 가진 뉴욕의 사제'로 알려졌다.[3] 하지만 1970년부터 1972년까지 로런의 디자인 조수로서 오른팔 역할을 한 그는 옷감 선택부터 쇼룸 디스플레이, 로런의 디자인 아이디어 스케치에 이르기까지, 말 그대로 디자인 과정의 '모든 면'에 관여했다.[4] 흥미로운 일이었고 형언할 수 없이 강렬한 배움의 순간이었다.

체사라니는 로런과 밤늦게까지 일한 뒤 함께 집으로 걸어가면서 디자인에 대해 토론하곤 했다고 회상했다. 로런은 '항상 너무나 부드럽게 말했지만' 믿을 수 없을 만큼 강력하게 압박을 가했다. 그는 '요구하지 않는 듯 요구하고' 있었다.[5] 로런이 뭔가를 부탁하면, 사람들은 그를 기쁘게 해주고 싶어서도 그렇지만 무엇보다 그를 실망시키지 않으려 그 요청을 받아들였다. "사람들은 단지 그에게 인정을 받으려고 또는 그러는 게 옳다는 사실을 알았기에 그렇게 행동할 필요가 있다고 느꼈어요. 로런은 사람들이 비즈니스에서 아주 중요한 역할을 맡았다고 믿게끔 이끌었죠."[6] 어떤 리더들은 자신을 위해 무엇이든 기꺼이 할 정도로 직원들의 애정을 고취시킨다. 심지어 상사를 위해 총알받이까지 되려는 직원도 있을 정도다. 로런이 바로 그런 상사였다. 체사라니는 "랠프 로런과 일했던 어떤 직원에게 물어도 '그를 위해 목숨을 걸었다'고 똑같이 이야

기할 겁니다"라고 말했다.[7]

사람들은 로런을 사랑하고, 그를 실망시킬까봐 두려워했지만 가끔은 그렇게 될 수밖에 없었다. 그는 100퍼센트 헌신을 바랐지만 이는 대부분의 사람들에게는 지나치게 부담스러운 요구였다. 체사라니는 가정이 있었기에 로런을 떠났지만 이로 인해 '지독한' 시간들을 보냈고 막대한 타격을 입었다. 그는 그것을 몹시 고통스러웠던 결정으로 기억한다. "로런은 펄쩍 뛰지는 않았지만, 제가 배신했다는 사실을 믿을 수 없었는지 고개를 절레절레하더군요. 제가 항상 자신을 위해 일해줄 거라 생각했거든요. 그리고 저는 원하는 것을 결심하느라 정말로 엄청난 스트레스를 받았습니다."[8] 그로부터 몇 년이 흐른 지금도 체사라니는 로런을 떠났던 일을 떠올리며 슬픔과 후회를 느끼는 듯했다. 인터뷰하는 동안 그의 목소리는 몹시 떨렸다.

체사라니가 느꼈던 일종의 애착(수십 년이 지나도 변함없는 강한 충성심)은 슈퍼보스와 함께 일했던 사람들에게서 흔히 볼 수 있다. 인터뷰를 진행하면서 스톡홀름증후군과 유사한 증상을 보이는 사람을 여럿 목격했다. 직원들은 슈퍼보스를 위해 스스로를 한계까지 밀어붙이지만, 그로 인해 분개하기보다는 오히려 더욱더 충성심을 느낀다. 그들은 이 전설적인 인물을 실망시키지 않으려고 뭐든 할 것이다. 그들은 자기 리더의 비전에 완전히 동화됐을 뿐 아니라, 자신을 채용한 판단이 옳았다고 생각하도록 만들고 싶어하며 리더들을 기쁘게 해주려 애쓴다.

헬스케어 코퍼레이션 오브 아메리카HCCA CEO가 되기 전, 거대 보건

의료기업 HCA의 CEO 토미 프리스트와 오랫동안 같이 일했던 론 마스턴은 "직원들은 토미가 실망하는 걸 바라지 않았어요. 만약 그랬다면 그의 행동이나 말 때문이 아니라 그의 기준에 부합하지 못했다는 사실 때문에 스스로를 더 강하게 채찍질했죠"라고 말했다.[9] 조지프 아부드는 "로런을 위해 일한다는 건 우상 숭배와 아주 흡사했습니다. 사람들은 여기에 끼고 싶어했어요. 로런은 우리의 영웅이었죠. 우리는 신화를 믿었고, 신화를 이어갔습니다. 우리는 하나의 군단이었습니다. 그 사실에 온 마음을 사로잡혔고, 사람들은 거기에 빨려들어갔죠"라고 회상했다.[10]

이러한 종류의 동기가 얼마나 강력한지 생각해보자. 오늘날 많은 기업에서는 직원들이 서로 얼마나 협력하는지, 얼마나 감정적으로 연결되어 있는지를 평가한다. 실망스럽게도 이러한 협력을 찾을 수 있는 기업은 극소수다. 슈퍼보스들에게 협력은 크게 중요하지 않다. 그들은 성공하려면 세계 최고의 팀이 필요하다는 것을 알지만, 그런 팀이 협력하는 인재들로 구성되는 건 아니다. 그보다는 강력한 추진력을 갖추고 에너지를 발휘하는 인재들로 이뤄진다. 랠프 로런은 불가능한 일을 해내고자 몸을 불사르는 체사라니 같은 사람들을 수십 년 동안 곁에 뒀기 때문에 엄청난 부를 쌓을 수 있었다. 로런의 직원들은 스스로 뛰어나기를 원했고, 그 결과 과거 자신이 무엇을 할 수 있는지 규정해뒀던 제약들을 깰 수 있었다.

당신이 관리자라면 모두가, 아니 불과 몇 명일지라도 팀원들이 이러한 성공 욕구를 품는다면 무엇을 이룰 수 있을지 상상해보라. 갓 사회

생활을 시작한 사람이라면 그러한 헌신을 하면서 얼마나 만족스러워할지 생각해보라. 대부분의 밀레니얼 세대는 이를 알고 있다. 여러 조사 결과들[11]을 통해 밀레니얼 세대가 의미 있는 것의 일부라고 느끼고 싶어한다는 사실을 알 수 있다. 그들은 '직업'에는 관심이 없다. 그들은 열정을 갈구한다. 불혹을 넘긴 사람들이 그런 태도를 어떻게 인식할지와 상관없이, 밀레니얼 세대가 탄 기차는 이미 역을 떠났다. 그러니 역사상 가장 교육 수준이 높은 모바일 세대를 개발하고 (더불어 조직의 미래를 확보하고) 싶다면, 슈퍼보스의 동기와 영감을 직원들에게 불어넣는 일부터 해야 한다.

만약 그들이 닦달하지 않는다면 그때가 바로 걱정해야 할 순간이다

그렇다면 슈퍼보스들은 어떻게 그렇게 하는 걸까? 일단 모든 슈퍼보스가, 심지어 지원을 아끼지 않는 양육형 슈퍼보스조차도 직원들을 강도 높게 몰아붙인다는 사실부터 알아야 한다. 베르데 그룹의 CEO이자 빌 샌더스의 오랜 동료 로널드 블랭큰십은 "우리 모두 빌이 결과를 요구한다는 걸 알았습니다"라면서 "그와 함께 일하려면 그 일을 인생의 최우선 목표로 삼을 마음의 준비를 해야 했죠"라고 말했다.[12] HCA의 수석부사장 빅터 캠벨은 토미 프리스트에 대해 "그의 직원들은 해야 할 일을 제대로, 그리고 제때 해내도록 요구받았습니다"라고 언급했다.[13] 코미디언 앤디 샘버그는 〈SNL〉에서 론 마이클스와 일하고서 영화 출연을 하니 '식은 죽 먹기'였다고 술회한다. 그는 "영화가 주는 압박감은 그리 크지 않았던 것 같아요. 하지만 〈SNL〉은 미친듯이 강렬하고도 아름다운 압력솥 같았죠"라고 했다.[14]

슈퍼보스들은 단순히 뛰어난 성과를 원하는 게 아니다. 그들은 세계적인 수준의 성과를 거두기를 기대한다. 누군가의 말대로 래리 엘리슨이 지닌 위대한 강점은 "뛰어난 사람들이 자기 한계를 넘어서게 만든다"는 점이었다.[15] 이는 불가능한 일을 명확한 목표로 설정함으로써 어느 정도 달성되기도 했다. 샌프란시스코 포티나이너스와 클리블랜드 브라운스의 CEO 카먼 폴리시는 "빌 월시는 굶주림, 비전, 그리고 단순한 '감독' 이상의 일을 하겠다는 의욕을 가지고 포티나이너스로 왔죠. 그는 하나의 왕조를 세우고 싶어했습니다"라고 회상했다.[16] 빌 샌더스는 자신의 부동산 투자 회사가 골드만삭스 수준으로 전국적인 입지를 다지고 명성을 얻기를 원했는데 직원들이 평범한 수준으로만 노력했다면 그 욕망은 실현되기 힘들었을 것이다. 샌더스의 기업에서 상무이사로 일했고 이후 수십억 달러 규모의 부동산 투자 및 자문 회사 M3 캐피털 파트너스의 CEO가 된 돈 수터는 "샌더스는 제게 서비스 분야에 종사하려면 고객이나 투자자를 확보해야 하는데, 그러기 위해서 일을 잘해내는 것으로 충분하지 않다고, 완벽하게 해내야 한다고 가르쳐줬습니다"라고 말했다.[17]

'완벽하다'는 게 정확히 무슨 의미일까? 수터는 샌더스 기업과 관련된 중요한 금융거래에 참여해달라고 한 공기업 CEO를 설득할 때의 일을 들려주었다. 그는 45분 동안의 만남을 위해서 사흘간 준비했다고 한다. 그러고 정말로 멋지게 설득해냈기에 그 CEO는 그 자리에서 수터의 제안을 받아들였다. 하지만 샌더스는 마지막까지 만족스러워하지 않았다. 그 CEO가 떠난 뒤 샌더스는 수터의 사무실로 들어와서 문을 닫았다. 수터는 "그가 저를 격려해줄 거라고 생각했어요"라고 했다. 수터는 프레젠테이션을 정말 잘해내지 않았던가? 하지만 샌더스는 수터가 그 CEO의 회사에 대해 설명하면서 '당신 회사'라고 표현하여 너무 격의 없이 말했다며 잔소리했다. "샌더스는 '미팅 자리에서 또다시 '당신 회사'라고 하면 고향으로 돌려보내겠어'라고 했습니다. 무슨 일을 하든 완벽해야만 한다는 빌의 집착을 보여주는 일화죠."[18]

샌더스는 일회성이 아니라 꾸준하게 완벽주의를 요구했다. 샌더스 회사의 상무이사였던 콘스턴스 무어에 따르면, 1993년 연례주주총회가 열리기 전 모든 경영진이 주주들과 이사회 앞에서 프레젠테이션을 해줬으면 좋겠다고 샌더스가 분명히 밝혔단다. 프레젠테이션은 대부분 짧게는 30초, 길게는 90초 정도면 끝났다. 하지만 샌더스는 주주총회가 열리는 바로 그 장소에서 하루 전날 연습을 해야 한다고 주장했다. 임원들은 프레젠테이션을 한 후 샌더스에게 '등급'을 받고 개선에 필요한 조언들을 들었다. 그러고 나서 각 경영진은 다시 프레젠테이션을 해야 했다. 무어는 당시 상황에 대해 이렇게 말했다. "우리에게 정말 '세상에나'

하는 순간이었습니다. 우리 모두 실력이 검증된 임원들이었지만 다시 학교에 가서 실력에 대해 각자 점수를 받는 기분이었죠. 하지만 샌더스는 우리가 이사회와 주주들 앞에서 멋지게 프레젠테이션을 해주길 원했습니다. 그러려면 많은 연습을 통해 확실히 피드백을 제공해야 했죠. 몇 년 동안 그는 그렇게 했습니다."[19]

몇 년이나 그랬다고? 무어와 동료들은 여유롭게 자신들이 이룬 성과의 영광을 누리지 못한 걸까? 보통의 경우라면 회사에서 좋은 성과를 거둔 사람들은 종종 편안히 쉬면서, 충분히 그럴 자격이 있다는 특권의식을 느끼기도 하는데 말이다. 그들은 스스로 '영웅'이라고 생각하고, 가끔은 상사와 팀이 자신에게 신세를 졌다고 믿는다. 슈퍼보스가 경영하는 회사에서는 그런 혜택이 주어지지 않는다. 슈퍼보스들의 기대치가 높을 뿐 아니라 그 기대치가 계속해서 올라가기 때문에 결코 영예에 안주할 수 없다. 〈SNL〉 디지털 쇼트가 성공하자 앤디 샘버그는 '자리를 잡았으니 이제 쉴 수 있겠구나'가 아니라 '됐어, 내년까지 잘리지는 않겠네' 하는 생각이 맨 먼저 들었다고 한다.[20] 운용자산 규모가 90억 달러에 달했던 헤지펀드계 억만장자 줄리언 로버트슨의 수하였던 체이스 콜먼은 특정 회사의 주가가 하락할 것이라고 예상하고, 로버트슨에게 공매도를 칠 것을 설득해서 거액을 벌었던 때를 설명했다. 얼마 후 사무실에 앉아 있는 콜먼 옆을 로버트슨이 지나갔다. "저는 아주 힘찬 '하이파이브'를 기대했지만 그는 그냥 윙크만 하더군요. 그게 다였어요."[21] 윙크는 "그래, 잘했어요. 하지만 나는 이미 당신이 그럴 거라고 기대하고 있었어요. 또 어떤 능력이 있는지 봅시다"라는 메시지였다.

슈퍼보스들은 전례없이 높은 기대치를 설정할 때, 전년도 실적이나 직원들의 자리에서 '일반적'으로 얼마나 성과를 거두는지에 얽매이지 않는다. 그들은 직원들이 자연적인 한계로 간주하는 일에도 구속받지 않는다. 슈퍼보스들은 사람들이 얼마나 멀리 갈 수 있는지를 보고 싶어 한다. 슈퍼보스들은 직원들을 올림픽 출전 선수들처럼 대하면서 각자 자신의 한계를 시험해보게 만든다. 현재 다국적 광고사 TBWA의 회장인 리 클로는 "제이 치아트는 항상 모든 이에게 스스로 알고 있거나 생각하는 능력 이상으로 더 잘해내기를 요구했습니다"라고 말했다.[22] 폴로 직원이자 럭키 브랜드 덩거리스의 수석부사장으로 일했던 케니 토머스는 "랠프 로런은 본인이 어떤 능력을 갖고 있는지조차 몰랐던 사람들에게 기회를 선사하는 데 환상적인 능력을 발휘했다. 그랬기에 젊은 디자이너들이 그와 함께 일하기 위해 몰려들었다"라고 설명했다.[23] 정크본드의 제왕으로 불리는 마이클 밀컨은 성과에 대한 슈퍼보스들의 일반적 태도를 다음과 같이 잘 요약했다. "어쩌면 우리는 학교와 일상생활에서 목표를 지나치게 낮게 설정하는 건지도 모른다. 우리 모두는 스스로 평가하는 자신의 능력보다 훨씬 더 높은 수준의 성과를 낼 수 있다. 도전에 직면하면 우리는 해낼 수 있다. 우리는 충분히 도전하지 않고 있는 걸지도 모른다."[24]

밀컨이 포용적 의미로 '우리'라고 표현했다는 사실을 주목하라. 슈퍼보스들은 사람들이 높은 성과 모델을 정해 스스로 불안지대로 들어가게 이끄는 데 놀라운 능력을 발휘한다. 로널드 블랭큰십은 샌더스에 대해 "그는 하루에 12~15시간씩 일합니다. 당신이 그렇게 일하지 않는다면 그 자리에 못 오를 겁니다"라고 말했다.[25] 론 마이클스는 보통 수요일마다 사무실에서 밤을 새웠다. 랠프 로런과 누구보다 오래 일했던 직원으로 꼽히는 버피 버리텔라는 "로런은 좋은 의미로 항상 굶주렸습니다. 그는 주위의 모든 사람들이 날카로움을 유지하고 일을 더 잘할 수 있도록 독려했죠. 저기 밖에 있는 누군가가 항상 당신을 넘어설 기회를 물색중이기 때문에 모두가 자기 자신을 넘어서야 한다고 했어요"라고 말했다.[26]

슈퍼보스들이 자기 자신과 다른 사람들을 지나치게 밀어붙이는 건 아닐까 의문을 가질 수도 있다. 동의하며 고개를 끄덕이는 직원들도 있겠지만, 슈퍼보스들은 이에 강력히 반발할 것이다. 마이클 밀컨은 "열심히 일하는 게 비난받을 일이라고 생각하지 않는다"라면서 "어떤 사람들은 농구를 좋아하고 어떤 사람들은 골프를 좋아하듯이 나는 열심히 일하는 걸 좋아한다"라고 한 적이 있다.[27] 『마리클레르』 『코스모폴리턴』 『글래머』 『US위클리』 같은 유명 잡지의 편집장이었던 보니 풀러는 쟁쟁한 성공 이력을 자랑한다. 『애드버타이징 에이지』에서 두 차례 '올해의 편집자'로 선정됐던 그녀는 채 1년도 안 되는 기간 동안 『US위클리』의 가판대 판매부수를 두 배로 늘렸고,[28] 『스타』의 구독자 수도 두 배로 늘렸다.[29] 한편 그녀의 후배들은 『글래머』 『US위클리』 『리얼 심플』 『세븐틴』 『맥심』 『카고』 같은 잡지를 만들며 리더로서 큰일을 해냈다. 하지만 몇몇 옛 직원들은 풀러의 완벽주의와 업무 강도를 '무례함'과 '오만함' 때문이라고 여겨 그녀를 못마땅하게 봤다.[30] 퇴사한 일부 직원들은 그녀에게 너무 화가 난 나머지, 지금은 없어진 웹사이트(isurvivedbonnie.com)에 공개적으로 불만 사항을 올리기도 했다. 2003년 개설된 이 사이트는 '미국 미디어계의 편집자 보니 풀러와 일한 전현직 직원들이 그녀의 독재에 어떻게 맞서고 살아남을지 논의하기 위해' 만들어졌다.[31]

자신의 기준을 낮추는 걸 극구 꺼리는 태도에서도 드러나듯이, 슈퍼보스들은 이러한 비판을 두려워하지 않는다. 당신이 슈퍼보스의 기대를 충족시키지 못하면 그는 당신의 역량을 발전시키는 데 에너지를 덜 쏟을 것이다. 아니면 당신을 낙오시킬지도 모른다. 존 그리핀이 말했듯이 줄리언 로버트슨은 "채용한 사람이 본래 생각했던 모습이 아니라고 판단되면 즉시 손실을 줄이려고" 했다.[32] 아치스톤의 CEO였던 스콧 셀러스에 따르면 "빌 샌더스는 자기 임무를 다하지 못한다고 여겨지는 사람들에게 매우 엄격했습니다. 살아남아 승진하지 못하면 퇴출당했죠"라고 했다.[33] '승진 아니면 퇴출'이란 결과는 많은 전통적 기업에서 놀라울 정도로 드문 편이다. 대부분의 상사들은 성과가 떨어지는 걸 오랫동안 내버려두다가 심각한 문제가 터지면 그제야 '엄격하게 군다'. 이와 반대로 슈퍼보스들은 성과 전문가들이다. 그들은 높은 성과를 위해 먹고, 숨쉬고, 잔다. 그들이 추진력을 상실하는 순간이란 전혀 없다. 결과적으로 그들이 닦달하지 않는다면 바로 그때가 걱정해야 할 순간이다.

"〈스타워즈〉는 죽지 않았다. 잠시 잠들었을 뿐"

자신감은 전염성이 강하다

강하게 밀어붙이고 채찍질하는 완벽주의가 결국 역효과를 낳진 않을까? 직원들이 번아웃되어 환멸을 느끼지는 않을까?[34] 종래의 '고성과 중시' 문화에서는 그런 일이 많이 일어난다. 투자자와 이사회는 조직의 경영진에게 생산성을 제고하라며 압력을 가하고, 이러한 압박이 아래로 전달되면서 각 단계별 리더들은 부하직원들을 쥐어짠다. 관리자들은 달성해야 할 목표를 부여받는다. 목표를 달성하면, 그에 대한 보상으로 다음해에 더 높아진 목표가 주어진다. 또 다시 그 목표를 달성하면 목표는 더욱더 올라간다. 요구는 끝없는 것 같고, 직원들은 영원히 멈추지 않는 러닝머신에 올라선 것만 같다. 성공해도 처벌을 받지만 성공하지 못하면 더 강력한 처벌을 받는다. 모바일 기술이 발달하면서 '항상 대기해야' 하는 상황은 더욱더 큰 부담으로 다가온다. 자신이 하는 일이 마음에 안 든다고 말하는 직원들이 왜 그리 많은지, 결국 그들이 왜 직장을 그만두는지 이해하기 어렵지 않다.[35]

슈퍼보스가 이끄는 기업에서도 일부 직원들은 떨어져나가지만, 살아남은 이들은 슈퍼보스와 감정적 유대를 더 깊게 형성해 끊임없이 커지는 압력에 대응한다. 슈퍼보스들이 계속 압박하긴 해도, 성과 달성에 대한 동기도 부여하고 직원들이 스스로를 독려할 수 있도록 용기도 불어넣어주기에 이것이 가능하다. 기대치가 높을 때 거기에 가능하다는 메시지가 담겨야 직원들이(심지어 추진력이 강하고 재능이 있는 직원들도) 훨씬 많은 성과를 거둔다는 걸 슈퍼보스들은 '파악하고 있다'. 직원들이 우선 스스로를 더 대단하고 더 강하고 지략이 더 뛰어나고 더 창의적인 사람이라고 생각해야, 더욱더 그렇게 되고자 최선을 다한다는 사실을 이해하고 있다. 그리고 리더로서 무엇보다도 직원들에게 가능성에 대한 강력한 믿음을 심어줘야 한다고 생각한다.

슈퍼보스들은 직원들에게 자신감을 심어주면서 동기를 부여한다. 직원 스스로 자신감을 갖게 하는 이야말로 진정한 슈퍼보스라고 말한 이가 한둘이 아니었다. 어떻게 슈퍼보스들이 그렇게 했는지 파헤치는 과정에서 슈퍼보스들이 자기확신의 화신이라는 걸 알게 됐다. '〈SNL〉이 획기적인 TV프로그램이 될 거라고 추호도 의심하지 않았던'[36] 론 마이클스나 모두가 실패를 예상했음에도 〈스타워즈〉를 지켜낸 조지 루커스가 보여준 추진력은 사람들에게 영향을 준다. 직원들은 그것을 인지하고, 이에 고무된다. 또한 슈퍼보스들 가까이에 있으면서 덩달아 자신만만해진다.

루커스의 옛 직원인 하워드 로프먼은 루커스필름에서 라이선싱 책임자를 처음 맡았을 때만 해도 〈스타워즈〉는 시장에서 매력을 잃은 상태였다고 기억했다. 다시 영화를 팔고 사람들이 영화에 열광하게 만드는 게 로프먼의 일이었다. 하지만 소매업자, 라이선스 담당자, 그리고 다른 업계 관계자들을 만났을 때 로프먼은 그들이 〈스타워즈〉를 사지 않겠구나 싶었다. "모두 저를 미친 사람처럼 쳐다보면서 〈스타워즈〉는 죽었다고 말했죠." 이러한 메시지를 들고 조지 루커스에게 돌아가야 하는 상황을 두려워한 로프먼은 "'신의 분노'가 몰아닥칠 거라고 생각"했다. 하지만 루커스는 그저 웃더니 "〈스타워즈〉는 죽지 않았어"라며 "〈스타워즈〉는 잠들었을 뿐이야. 잠시만 시간을 주면 돼. 언젠가 영화를 본 사람들이 아이를 낳을 테고 자식들에게 영화를 소개해주고 싶어할 거야. 바로 그때 우리는 컴백할 수 있어." 업계에 불신이 팽배한데도 확신을 버리지 않는 루커스의 뚝심이 워낙 인상적이었기 때문에, 그로부터 수십 년이 지나 인터뷰를 진행했음에도 로프먼은 생생하게 그 일을 기억했다.[37]

빌 월시의 자신감 넘치는 모습도 마찬가지로, 샌프란시스코 포티나이너스의 와이드 리시버였던 드와이트 클라크에게 강한 인상을 남겼다. "그냥 어떤 태도였다. 그의 발걸음은 늘 당당했다. 그는 자신에게 주어진 일에 아주 자신감이 넘쳤다. 자만이 아니라 아주 큰 자신감이었다. 그의 곁에 있는 사람은 누구나 느낄 수 있었다. (…) 그는 우리도 모르게 우리에게 자신감을 주었다. 단지 그렇게 함으로써 우리가 스스로를 믿게 이끌었다."[38]

그의 이야기를 듣는 것만으로, 엉덩이가 들썩인다

입사한 지 얼마 안 됐을 때 동료들과 기

획회의를 하게 됐다고 상상해보자. 팀이 씨름중인 문제의 개요를 팀장이 설명한다. 아예 희망이 없는 건 아니지만, 지금까지 생각해낸 최고의 해결책은 그저 그런 수준이다.

그때 회의실 문 옆에 기대서 있던 한 사람이 질문을 던진다. 몸을 돌려 그쪽을 보니 회사의 창업자이자 CEO다. 면접 때 보긴 했지만, 이후 몇 주 동안 그와 마주친 적이 없었다. 그의 질문에 대답할 만한 사람이 아무도 없는 듯하자 그는 회사를 세우도록 이끈 비전에 대해서 이야기한다. 처음에는 별로 적절치 않은 말로 들린다. 그는 소싯적 추억에 잠긴 듯하다. 하지만 점차 그 추억담이 문제의 해결책과 연관된다는 사실을 깨닫는다. 창업자는 우리 회사가 고객들에게 무엇을 전달하는지 말하고 있다. 그는 경쟁사들과 우리 회사가 어떤 점에서 차별화되는지 이야기하고 있다. 그는 회사가 어떻게 해서 큰 비용 부담 없이도 새로운 기능들을 정기적으로 제공할 수 있었는지 설명하고 있다. 간단명료하게 들린다.

당신은 창업자가 방금 직원들이 씨름중이던 문제를 재정의했으며, 문제 해결을 위한 선택지를 추가로 제시했다는 사실을 깨닫는다. 이 새로운 선택지는 생각했던 것보다 더 많은 변화가 필요하겠지만, 문제처럼 인식됐던 게 이제는 더 많은 가치를 가져올 기회 같다. 팀장은 방안에 있는 모든 사람들의 감정을 표현하듯 "와우" 하고 반응한다. "우리가 이걸 종합할 수만 있다면 진정 소득이 있을 겁니다. 그렇지 않습니까?" 당신은 미소를 지으며 고개를 끄덕일 수밖에 없다. 이제 당신은 창립 이후 회사를 그토록 특별하게 만들었던 일종의 선구적인 노력에 참여하고 있다. 얼른 시작하고 싶어 몸이 달았다.

조직의 비전이 중요하다는 말을 여기저기에서 많이 한다. 하지만 대부분의 조직은 여전히 비전을 잃은 듯 보인다. 끽해야 사람들은 조직도 맨 위에 있는 경영자가 아래로 하달하는 무엇이 비전이라고 여긴다. 비전은 평상시 업무와 너무 동떨어져 있기 때문에 의미가 없어 보인다. 심지어 비교적 좋은 성과를 내는 경영진조차도 비전이 뭐냐는 질문에 제대로 답하지 못해 회사 홈페이지에 들어가서 자기네 조직의 비전을 찾아봐야 했다. 비전은 동기와 열정과 에너지를 불러일으키는 요소가 아니라 그저 쇼윈도 장식에 불과했다. 유능한 리더들일지라도 자기 팀만의 고유한 비전이 있어야 한다고 생각지 못했다. 비전이 관리자들에게 그토록 하찮다면, 직원들에게는 어떻게 받아들여질까. 나는 직원들 중 대부분이 조직의 비전을 전혀 의식하지 못할 거라 생각한다.

슈퍼보스들은 상사로서의 실적 때문만이 아니라, 아주 매력적인 방식으로 미래의 가능성들을 그려주기 때문에 인재를 끌어모으는 자석이 된다. 론 마이클스를 예로 들어보자. NBC에서 오랫동안 중역을 지낸 딕 에버솔은 〈SNL〉이 기획 단계에 있던 시절을 이렇게 회상한다. "론이 시대의 언어를 말할 수 있는 최초의 텔레비전 쇼를 만들고 싶다고 말했을 때 숨이 막힐 정도였다."[39] 빌 샌더스 역시 동료들 사이에서 '남들이 보지 못하는 걸 볼 수 있는 사람'으로 통했다. 스콧 셀러스는 "샌더스는 자신의 비전을 밝히고서는 '당신도 함께하면 좋겠어요'라고 말하곤 했습니다. 그렇게 위대한 비전을 위한 과정에 동참해달라는 요청을 받으면 그 사실이 너무나 영광스러워서, 사람들은 '저도 끼워주세요!'라며 즉시 뛰어들고 싶어했죠"라고 설명했다.[40]

슈퍼보스들의 비전은 예외 없이 독특하고 진실하며 일관적이다. 조지 루커스와 일했던 어느 직원은 흥분해서는 "조지 루커스는 〈스타워즈〉로 영화 제작방식을 바꾸어놓았습니다"라고 말했다.[41] "루커스는 디지털 사운드와 디지털 영상의 선구자였습니다. 이전에는 모두 아날로그방식을 따랐죠. 그는 픽사를 세웠어요. 그는 지금까지와 다른 방식으로 작업하기를 두려워하지 않았습니다"[42]라고 강조하기도 했다. 『드로이드메이커』의 저자이자 1980년대 루커스필름의 그래픽 그룹에서 일했던 마이클 루빈은 조지 루커스에게 기술의 변화에 대해 들을 때면 가슴이 벅차올랐다고 회상했다. "스물두 살 때 미래가 어떻게 변할 수 있는지에 대해 듣고는 마음이 움직였습니다. 저는 그를 믿었고, 그 믿음은 제 커리어를 바꿔놓았죠."[43]

슈퍼보스들은 그저 돈을 벌거나 명성을 얻으려고 노력하는 게 아니다. 그들은 영향을 미치고 싶어한다. 자신이 활동하는 업계뿐 아니라 세상까지 바꾸고 싶어한다. 마일스 데이비스는 '음악을 통해 되도록 많은 사람에게 다가가기를' 원했다.[44] 앨리스 워터스는 음식에 대한 '우리 자신과 대중의 의식이 바뀌길' 원했다.[45] 진 로버츠는 더 나은 사회를 만들 수 있는, 수준 높고 직설적인 기사를 원했다. 그러한 비전들은 직장에서의 모든 것을 보다 의미 있게 만든다. 직원들이 더 열심히 생각하고, 더 높이 올라가고, 더 멀리 가고자 하는 열의를 불태우게 만든다.

슈퍼보스들은 자신의 비전을 전달하는 데 뛰어난 장인들이다. 기자들, 직원 및 동료들 그리고 다른 외부자들은 이구동성으로 슈퍼보스들을 뛰어난 영업사원으로 묘사한다. 에미상 수상자이자 〈SNL〉 작가인 톰 실러는 론 마이클스에 대해서 "그는 자신의 꿈을 실현하도록 도와줄 만한 사람들에게 활력을 불어넣을 줄 알았다"라고 말했다.[46] 슈퍼보스와 함께 일했던 사람들은 보스의 비전을 듣는 것만으로도 동기부여가 되었다고 말한다. 빌 샌더스의 SCG에서 임원을 지냈던 린다 루이스는 "빌이 말하는 걸 들으면 1년 일찍 회사에 들어왔더라면 좋았을 텐데 할 겁니다. 당신은 기다리고 싶지 않을 테고, 기차가 움직이면 그 기차에 함께 올라타고 싶을 테니까요"라고 회상했다.[47] 영화감독이자 특수효과 프로듀서인 필 티페트는 조지 루커스와의 첫 만남을 떠올리면서 "(루커스는) 어떤 계산도 하지 않았습니다. 그는 마치 '누가 나를 총으로 쏠 때까지 나는 이 일을 하겠어'라는 식이었습니다"라고 말했다.[48] 와인 제조업자 로버트 몬다비의 한 제자는 슈퍼보스를 위해 일하면서 오늘날 구글 같은 회사에 다니는 직원들과 비슷한 기분을 느꼈던 듯하다. "경천동지할 만큼 흥미로운 사업이 생겨나는 새로운 시대의 시대정신에 올라탄 기분이었다. (…) 로버트 몬다비는 진정 그러한 불길을 만드는 연료였다."[49]

슈퍼보스들은 기꺼이 직원들이 자기 비전을 받아들이리라 확신한다. 결과적으로 슈퍼보스들은 직원들이 최선을 다하는지 감시할 필요도 없다. 비전에 공감하면 자연스럽게 최선을 다하기 때문이다. 슈퍼보스와 일했던 수많은 이들이 일에 완전히 빠져서 그 무엇도 자신을 일에서 떼어낼 수 없었다고 이야기했다. 1980년대 초, 셰파니스에서 일했던 제임스 비어드상 수상자 조이스 골드스타인은 "새벽 다섯시부터 저녁 여섯시까지 일주일에 엿새씩 일했습니다. 일요일에는 재고 정리를 하고 레스토랑에 필요한 재료를 주문했죠. 하지만 저는 음식과 사랑에 빠졌어요. 이 일을 사랑한다는 걸 깨달았고, 결코 시계를 보지 않았죠"라고 말했다.[50] 슈퍼보스의 직원들은 절대 시계를 보지 않는다. 그들은 자신의 부와 명예만을 위해 일하지 않는다. 그들은 슈퍼보스가 보는 것을 똑같이 보기 때문에 일을 한다. 그리고 이는 거부할 수 없는 일이다.

한번 경험하고 나면
다시 평범해지기란 불가능하다

슈퍼보스들은 동기부여의 천재들이다. 일반적인 리더들과 달리, 그들은 직원들이 관심과 헌신을 80퍼센트 쏟는 걸 원하지 않는다. 그들은 100퍼센트를 원한다. 그리고 실제로 100퍼센트를 받는다. 거액의 보너스를 제시해서 그러는 게 아니다. 앞 장에서 살펴봤듯이, 많은 직원들은 설사 연봉이 줄더라도 슈퍼보스들과 함께 일하고 싶어한다. 돈 수터는 SCG의 일원이 대단한 성과를 거둘 때면 빌 샌더스가 사무실로 찾아와 그에게 축하인사를 건넸다고 했다. 샌더스는 그들에게 그들이 회사에 얼마나 중요한 기여를 하는지, 그들이 멋진 일을 하고 있다는 걸 알게 돼서 얼마나 고마운지 전했다. 수터에 따르면, 샌더스가 채용한 사람들에게는 그런 말이 1만 달러의 연말 보너스보다 더 의미 있었다. 샌더스에게 지목받았다는 사실만으로 두각을 나타내고 있다는 게 충분히 증명되기 때문이다.

자본주의 사회에서 돈을 좇는 건 아무런 문제가 안 되며, 슈퍼보스들과 그들의 직원들 중 많은 수가 굉장한 부자가 된다. 해지펀드계의 전설 로버트슨과 함께한 사람들은 대부분 백만장자가 됐으며, 심지어 몇몇은 억만장자가 됐다.[51] 하지만 돈이 동기부여의 전부가 될 수는 없다. 사람들은 룰을 바꾸고, 위험을 무릅쓰는 걸 두려워하지 않고, 더 높은 목표 달성에 매진하며, 직원들을 그런 과정에 동참시키는 특별한 보스를 위해 일할 때 열광한다. 그러한 보스가 명령하거나 혹[illegible](흔히 있는 일이지만) 강하게 밀어붙이고 그들을 고무시킬 때, [illegible]들은 그런 압박에 대해 진저리치거나 달갑잖아 하는 [illegible] 오히려 위대하고 믿을 수 없을 만큼 중요한 [illegible] 임무의 일부로 여긴다.[52] 사람들은 그런 압박 속[illegible] 성장한다. 그리고 보스와 마찬가지로 자기 임무에 몰두한다.

슈퍼보스는 최고 수준의 기대감과 열망을 결합해, 자기 수하의 뛰어난 사람들이 불가능해 보이는 일에 도전할 수 있게 만든다. 슈퍼보스의 직원들 사이에 계속해서 성과가 호전되는 현상이 뿌리내린다. 치열한 환경에서 살아남고 성장하는 데 익숙해지면 그들의 야심은 더욱 커진다. 그들은 성공에 중독되어 훨씬 더 도전적인 과제를 추구한다. 슈퍼보스의 기대를 충족시키거나 이를 뛰어넘을 때마다 자신이 정말 대단하다고 느끼다보니 계속 그럴 수 있기를 바란다. 그들은 슈퍼보스에게, 그리고 그의 열망과 에너지에 더 가까이 다가가고 싶어하고, 슈퍼보스의 궤도에 머물기 위해 뭐든 할 것이다. 압박, 성공, 인정, 자신감 향상, 그리고 더 많은 성공의 사이클 때문에 슈퍼보스와 그의 직원들과 조직은 멈출 수 없게 된다. 제이 치아트의 직원은 "그는 사람들이 더이상 평범하게 살 수 없게끔 만드는 뭔가를 남겼습니다. 일단 그걸 느낀 이상, 이전으로 되돌아갈 수 없죠"라는 말로 이러한 과정을 잘 요약했다.[53]

오직 진실될 것, 슈퍼보스처럼 동기부여하기

슈퍼보스들이 사람들을 어떻게 동기부여하고 영감을 주는지 파악하면, 당신의 상사를 조금은 더 잘 이해하는 틀이 생긴다. 아마도 당신의 상사는 밤낮없이 일하거나 엄청난 임무를 부여할 것이다. 그런데 이상하게도 별로 개의치 않을 수도 있다. 그는 슈퍼보스일 수도 있고, 슈퍼보스의 특징 중 일부를 가졌을 수도 있다. 아니면 당신이 이제 막 새로운 일을 시작했는데 상사가 믿기 어려울 정도로 업무량을 잡아놓고 버거운 목표치를 요구하는 걸지도 모른다. 그는 당신의 인생을 바꿔줄 슈퍼보스인가, 아니면 당신을 녹초로 만들 조교형 보스인가? 이에 대한 답은 다음 몇 가지 간단한 질문을 통해 찾아낼 수 있다. 당신, 당신의 팀, 그리고 당신의 조직이 지금 왜 그 일을 하고 있는지에 대해 상사가 비전을 분명히 밝히는가? 그 비전이 활력을 주고, 흥미진진하며, 중요해 보이는가? 어떻게 적응할 수 있는지가 명확한가? 이런 질문에 긍정적으로 답한다면, 인생을 바꿀 경험을 할 것이다. 반대로 부정적으로 답한다면, 영혼을 파괴하는 성과의 쳇바퀴를 다람쥐처럼 뛰는 자신을 발견할지 모른다.

당신이 만약 팀이 뛰어난 성과를 올리게 하는 일에 집중하고 있거나 어려움을 겪고 있는 리더라면, 애써봤자 소용없는 일을 중단하고 새로운 무언가를 시작할 때다. 사람들을 들들 볶는다고 리더십 철학이 만들어지지는 않는다. 어느 시점에서 부하직원들에게 가능성에 대한 믿음을 심어주지 못하면 엔진은 서서히 멈출 것이다. 조직 내 직위와 상관없이 당신은 팀에 활기를 불어넣어줄 비전을 만들고, 이를 효과적으로 전파시키는 데 많은 시간을 투자해야 한다. 비전은 CEO만을 위한 것이 아니다. 연습 차원에서 당신이 매일 시간을 어떻게 보내고 있는지 훑어보라. 스케줄이 회의로 가득한가? 그렇다면 슈퍼보스가 하는 일들, 즉 직원들의 의견을 구하고, 그들의 능력을 인정하고, 팀원으로서 그들의 지위를 확립하고, 단기적 우선순위와 목표 추진의 기본 목적에 대해 알리기 등의 작업에는 실제로 얼마나 시간을 투자하는가? 이미 사람들을 한계까지 밀어붙여 더이상 강하게 밀고 나갈 수 없다면, 더 많은 성과를 위해서 의미, 목적, 비전, 정체성처럼 '부드러운 주제들'에 더 많은 시간을 투자해야 한다. 함께 일하는 사람들에게 영감을 심어주는 일은 슈퍼보스들에게는 부수적인 활동이 아니다. 그들이 하는 일의 핵심이다.

많은 조직에서 재무성과지표에 집중하다가 정작 '왜' 일을 하는지 잊곤 한다. 예를 들어 직원들은 왜 서비스 계약을 1천 건 더 체결해야 하는지, 어째서 고객 1인당 483달러가 아니라 486달러씩을 뽑아내야 하는지 잊는다. 추가 계약이나 한 푼이라도 더 따내는 게 팀과 조직의 근본적인 목표와 이어진다면 이는 상당히 중요한 문제일 수 있다. 당신이 근본적인 목표에 대해서 점점 덜 생각할수록, 직원들 역시 그럴 가능성이 높다. 스스로에게 이런 식의 터무니없는 질문들을 던져보라. 당신 조직은 왜 존재하는가? 당신 팀은 왜 존재하는가? 그것을 간결하면서도 정곡을 찌르는 방식으로 전달할 수 있는가? 그것을 올해, 이번 분기, 이번 달의 과제에 속한 구체적 항목들과 연결시킬 수 있는가?

어떤 회사든 목표를 중심으로 활기를 북돋울 수 있다. 회사 내 어떤 부서도 마찬가지다. 회계처럼 내부적인 부분에 집중하면서 절차를 중시하는 부서는, 고상한 포부와는 특히 더 동떨어져 보일지도 모른다. 관리자들은 진정 이러한 부서에 고무적인 비전을 제시할 수 있을까? 물론이다! 사업은 숫자가 정확해야 한다. 재정 서류들은 정확해야 하고, 작업을 수행하는 전문가들은 적절한 절차를 밟아야 한다. 회계팀이 업무를 제대로 하지 않고 실수가 발생하면, 회사 전체도 위험에 처할 수 있지만 회사가 추구하는 크나큰 목표도 위태로워질지 모른다. 회계팀은 조직의 천명과 연결되어 있다. 그들의 일은 회사 구성원들의 삶에 중대한 영향을 끼친다. 당신이 슈퍼보스 스타일의 관리자나 리더라면 회계 담당자들에게 이 부분을 설명하면서 각자 맡은 일이 얼마나 중요하고, 업무를 더 잘 수행하려면 어떻게 혁신할 수 있는지를 강조해야 한다. 어쩌면 실수를 사전에 포착하는 조기경보 시스템이 있을지도 모른다. 또는 회계감사를 통해 소통을 위한 새로운 절차를 마련할 수도 있다. 어쨌든 직원들이 각자의 일에 열정을 갖게 만들 때는 바로 지금이다.

당신이 게으름을 부리면서 좋은 기회가 오기만을 기다리는 타입이라면, 슈퍼보스와 일하는 게 잘 맞지 않을 것이다. 하지만 당신이 다른 무엇도 중요하지 않은 듯 맡은 일에 덤벼들 의사가 있는 타입이라면, 슈퍼보스와 일하는 게 의욕을 불태운다는 걸 알게 될 것이다. 나 역시 컬럼비아대 대학원생일 때 슈퍼보스와 일해봤기 때문에 잘 안다. 내 지도교수였던 돈 햄브릭은 내 전공 분야에서 많은 학자들을 배출해냈고, 이 책에서 소개한 거의 모든 행동을 보여줬다. 햄브릭 교수보다 더 열심히 일하는 사람은 아무도 없었다. 아마 30년이 지난 지금도 여전할 것이다. 그는 전염성이 강한, 조용한 자신감을 갖고 있다. 또한 내가 했을지도 모를 다른 프로젝트나 연구를 초월하는, 우리 연구에 대한 비전을 갖고 있었다. 그는 서슴없이 내 자신감을 높이고, 나를 신뢰한다고 말해주었다. 그리고 그가 나를 진심으로 응원한다는 걸 알았기에 그의 말을 받아들였다. 그의 말은 더 많은 연구 성과를 내도록 이끌기 위한 사탕발림이 아니라 진심이었다.

이러한 일화를 통해 슈퍼보스에게서 배울 수 있는 성과에 대한 또다른 교훈을 얻을 수 있다. 시장점유율을 높이거나 매출을 몇 퍼센트 늘릴 수 있겠다며 직원들의 가능성을 환기해서는 안 된다. 직원들과 그들의 임무에 대해 진정 열정을 느낄 때만 그래야 한다. 슈퍼보스들이 직원들 앞에서 하는 모든 말과 행동은 진실되다. 그들은 대본을 읽거나 연기를 하지 않는다. 그들은 비전을 제시하기 위해 비전을 급조해내는 일 따위는 하지 않는다. 사람들은 거짓을 접하면 이를 간파해낼 정도로 똑똑하기에 슈퍼보스들은 그러한 술책이 역효과만 낳는다는 사실을 안다.

1970년대 초, 랠프 로런의 오른팔 역할을 했던 살 체사라니를 기억하는가? 30년이 지난 지금도 그는 보스에게 완전히 빠져 있으며, 그를 다른 어떤 패션 아이콘보다 빼어나다고 본다. 랠프 로런과 일했던 다른 직원들도 이에 동의한다. 폴로의 전 임원은 이렇게 설명한다. "랠프의 차별점은 목표에 매진하는 태도였다. 다른 사람들은 모두 이곳저곳으로, 이 트렌드 저 트렌드로 움직였다. 하지만 그는 트렌드를 좇지 않았다. (…) 이것이 그의 중요한 차별점이었다."[54] 외곬으로 추구하던 목표는 다른 모든 슈퍼보스들과 마찬가지로 로런의 마음 깊은 곳에서 나왔다. 그의 직원들은 이를 감지했다. 그들은 그의 말과 행동이 무엇을 의미하는지 알았다. 그가 완수해야 할 특별한 임무에 대해, 그리고 자신을 도와줄 많은 우수한 후보들 중에서 그들을 골랐다는 걸 알았다. 그리고 그들은 위기에 처할 때마다 잘 대처했다.

로런은 직원들이 특별히 좋은 성과를 내도록 격려하는 데서 그치지 않았다. 그는 직원들이 패션의 새로운 지평을 열고 업계에서 활동하는 다른 누구도 못한 일들을 해내게 만들었다. 그는 직원들이 창의적으로 일하고, 위험을 무릅쓰고, 일에 재능과 통찰을 불어넣게 만들었다. 오늘날에도 기업들은 여전히 어떻게 하면 인재들의 창의성을 육성할지 그 방법을 찾고 있지만, 안타깝게도 대다수가 기대했던 결과를 얻지 못한다. 내가 연구한 슈퍼보스들은 누구도 예외 없이 이 암호를 풀었다. 슈퍼보스들은 직원들을 일일이 통제하지 않으면서도(처음에는 이런 모습이 이상해 보일 수 있다) 누구보다도 단호하게 그들을 통제한다. 이어지는 장에서 이를 자세히 살펴보도록 하자.

4장

'전략'과 '실행'이 통합될 때 벌어지는 일

: 슈퍼보스 전술 #3. 혁신을 육성하는 세 가지 방법

'명확한 비전'과 '지속적 혁신'이 결합될 때 | 기꺼이 위험을 감수하고, 의문을 제기하려는 의지 | 새로운 생각과 실험을 하기에 안전한 공간 | 끊임없이 '다음'과 '기회'를 사냥하는 상어 같은 움직임 | 그들은 사실상 "변화하도록 만들어져 있다" 슈퍼보스처럼 혁신을 육성하기

당신이 특정 연배의 영화광이라면 1956년 나온 역사적 영화 〈금지된 세계Forbidden Planet〉를 기억할 것이다. 거액의 예산을 들여 만든 초창기 SF영화 〈금지된 세계〉는 지구와 완전히 동떨어진 행성에서 일어난 일을 다루는데 인간과 같은 특성을 지닌 로봇이 처음으로 등장하며, 처음으로 우주선 여행을 다뤘으며, 전자악기로만 구성된 음악을 최초로 선보였다.[1]

오늘날에는 이 영화를 보고 그 원시적 완성도에 웃을지도 모른다. 하지만 1956년 여덟 살 난 어느 소년은 〈금지된 세계〉에 흠뻑 빠져서 자신이 진짜 외계로 이동했다고 느꼈다. “극장에 앉아서 영화를 보면서 ‘다시 지구로 돌아가면 좋겠다’ 했던 기억이 납니다. 영화 말미에 등장인물들이 마침내 지구로 귀환하는 여정을 시작하자 저는 크게 안도했어요. 영화를 보는 내내 이 행성에 남는다고 생각하니 끔찍했거든요."[2] 특히 전자음악으로 구성된, 특수효과와 음악의 느낌을 동시에 전해주는 영화음악에 그는 혼미해졌다.

그 소년이 바로 1977년 또다른 혁신적인 SF영화 〈스타워즈〉 작업에 참여할 기회를 얻은 벤 버트였다. 서던캘리포니아대에서 영화 제작을 전공한 버트는 기회를 놓치지 않았다. "저는 그 영화가 평생 동안 원했던 영화라는 것을 깨달았습니다."[3] 하지만 〈스타워즈〉의 감독 조지 루커스는 그에게 어려운 과제를 주었다. 루커스는 영화 제작에 있어서 음향이 두드러져야 한다는 비전을 세웠다. 영화에 필요한 부분에 맞게 신선하고 독창적인 음향이 필요했다. '스튜디오 자료실에서 빌려온 소리로 충분하겠거니' 할 수는 없었다. 이때까지 SF영화들은 〈금지된 세계〉가 그랬듯이 전자음향을 사용했다. 1970년대가 되자 관객들은 그러한 소리를 낡고 진부하게 여겼다. 루커스는 버트에게 새로운 방법을 취해보라고 요구했다. 신시사이저로 소리를 만들지 말고, 현실에서 소리들을 녹음해 스튜디오에서 가공할 수 없느냐고 말이다.[4]

버트는 정확히 그 말대로 했다. 그는 주방용품, 고속도로 통행 차량들, 야생 곰, 그리고 스쿠버 장비를 사용할 때 나는 호흡 소리를 녹음했다.[5] 그는 곧 〈스타워즈〉의 사건과 인물에 따라 각기 다른 도전을 해야 한다는 사실을 깨달았다. 그중 개성 넘치는 로봇 R2D2의 소리를 만드는 작업이 무엇보다 큰 도전이었다. "R2D2라는 캐릭터는 삐 소리를 내면서 움직였고 말을 못 했어요. 하지만 관객들은 그가 전달하려는 바를 이해해야 했죠. 그런데 대본상 R2D2는 아무 말도 하지 않았습니다. 그냥 전자음 소리만 냈죠."[6] 버트는 그 소리를 고안해내야 할 뿐 아니라 조지 루커스가 그의 생각에 동의하게끔 만들어야 했다.

버트가 알고 있던 것처럼, 루커스는 R2D2 캐릭터에 대한 대략적인 그림을 갖고 있었다. 지나치게 로봇 같지 않고 '자연스러운' 느낌의 소리여야 했으며, 인간 같은 성격이 표현돼야 했다. 그 외에 R2D2에게 뭘 바라는지 루커스는 구체적으로 설명해주지 않았다. 버트는 다양한 가능성들을 제시해야 했고, 루커스는 그게 효과적인지 확인할 터였다. 버트는 어떤 소리들이 괜찮고 어떤 소리들이 별로인지 살피면서, 여러 종류의 소리를 실험했다. 그리고 R2D2의 '언어'로 적합하다 싶은 소리들을 찾아냈을 때 루커스에게 그걸 들려줬다. 루커스는 충분히 '자연스럽지' 않다며 버트가 초기에 만들었던 많은 소리들을 퇴짜놨다.[7] 결국 입으로 낸 소리를 신시사이저 소리와 섞은 소리가 최적이라고 판명났다. "그래서 두 소년이 함께 음향효과를 내게 됐어요. 당신이 냈다면 초등학교 3학년에서 퇴학당했을 법한 그런 소리였죠."[8]

하지만 R2D2에 담긴 상상력은 초등학교 3학년생이 할 법한 익살스러운 행동과 전혀 딴판이었다. 버트는 궁극적으로 재미있는 작업이었기에 누가 책임자인지 어떤 의문도 품지 않았다. R2D2를 위한 일이든 〈스타워즈〉의 다른 어떤 부분이든 간에 조지 루커스는 자신이 뭘 원하는지 알았고 반대의견을 내는 걸 결코 주저하지 않았다. 버트는 루커스가 의견을 길게 이야기하는 법이 없었다고 했다. "그는 그냥 자신의 생각을 말하곤 했습니다. 아주 구체적으로 설명하지 않으면서 '이건 마음에 안 드네. 다른 건 없나?'라고만 했죠. 사람들은 그런 모습에 익숙해졌습니다." 이와 동시에(그리고 이것이 핵심이다) 다른 일류 제작자들과 달리 루커스는 직원들에게 잘 만들어진 '미완성'의 아이디어 제출을 기대했다. "저는 자유롭게 여러 아이디어를 모아서 제시하기만 하면 됐어요. 그러면 그는 그걸 살펴보고는 마음에 안 드는 것을 제외하고 자기 생각을 덧붙였죠. 저는 뭔가에 대한 아이디어를 확실히 가다듬은 뒤 그게 효과적일지 확인하는 기회를 얻었어요."[9]

분명 그 과정은 효과적이었다. 현대 음향효과 분야에서 선구적인 업적을 남긴 벤 버트는 조지 루커스와 함께 작업한 〈인디애나 존스〉로 두 차례 수상한 걸 포함해 총 네 차례 아카데미상을 수상했다.[10] 그는 또한 〈E.T.〉의 목소리(감기에 걸려 침대에서 잠자던 부인이 내는 소리를 몰래 녹음했단다)[11]와 픽사의 〈월-E〉 주인공 로봇의 목소리도 만들었다.[12]

나는 조사한 모든 업계에서 버트처럼 혁신적이고 빼어난 기량을 갖춘 슈퍼보스들의 제자들을 찾아냈다. 이러한 인재들은 레스토랑 체인에서의 고객 접대법을 개조하고, 대학에서의 기부금 투자방식을 혁신하고, 만화책이 될 만한 것을 새롭게 재해석하고, SF영화에 혁명을 일으켰다. 놀랍지는 않다. 우리가 살펴봤듯이 슈퍼보스들은 으레 최대한 비범하면서 창의적인 인재들을 찾는다. 하지만 나는 슈퍼보스들이 버트 같은 인재들을 구한 다음에 어떻게 그들을 동기부여하는지, 더 나아가 어떻게 그들이 혁신을 위한 잠재력을 최대한 발휘하게 이끄는지가 궁금했다.

루커스의 독특한 작업방식에서도 드러났듯이, 모든 슈퍼보스에게 찾을 수 있는 멋진 역설에서 그 답을 찾을 수 있다. 슈퍼보스들은 프로젝트, 회사, 심지어 전체 업계가 어떻게 변할 수 있는지에 대해 분명하고 단호한 비전을 갖고 있으며, 꿈을 실현하기 위해 사람들을 강하게 밀어붙인다. 동시에 슈퍼보스들은 직원들이 맡은 일에 대해 사실상 거의 모든 부분을 재고해보도록 격려한다. 실제로 그들은 그러한 재고를 요구하고, 그것을 핵심적 직무로 간주한다. 버트는 R2D2의 목소리를 만들 때 루커스의 생각을 무작정 따르라고 요구받지 않았다. 루커스가 제시한 비전의 광범위한 범위에만 포함된다면 버트는 자신만의 독창적인 해결책을 만들어낼 수 있는 폭넓은 자유를 누렸다. 슈퍼보스들은 직원들의 작업을 보면서 놀라고 즐겁기를 바란다. 그들은 새로운 기회를 찾아내고, 필요하다면 즉석에서 방향을 수정하도록 사람들을 밀어붙인다. 슈퍼보스들의 직원들이 새로운 아이디어를 마구 쏟아내고, 그 과정에서 그들만의 특별한 성공을 거두는 건, 이처럼 슈퍼보스들이 이상해 보이면서도 불가능해 보이는 두 요소인 '흔들리지 않는 비전'과 '변화에 대한 개방성'을 조화시키기 때문이다.

‘명확한 비전’과 ‘지속적 혁신’이 결합될 때

어떻게 슈퍼보스는 다소 모순적으로 보이는 방식으로 움직이는 걸까? (극소수인) 몇몇 직장에서 직원들이 하고 싶어하는 일이라면 무엇이든 수용하는 자유방임형 상사들을 만날 수 있다. 하지만 대부분의 직장에서는 그와 정반대로 새로운 아이디어를 절대 흔쾌히 받아들이지 않는 상사들을 만나게 된다. 그들은 말로는 혁신과 개조의 필요성을 외쳐대면서 실제로는 직원들이 시키는 대로 일하기만을 바란다. 변명 같은 건 대지 말고 명확한 규칙, 지시, 경계, 목표에 따라 움직이기만을 바란다. 어쨌든 대부분의 상사들은 암묵적으로 혁신보다는 지시한 업무의 완수를 더 중시한다. 그들은 혁신이 일상 업무에 녹아들어가게 하기보다는 적응과 변화에 집중하는 특별 태스크포스, 위원회, 프로젝트팀들을 만들어 혁신을 억제하고 제한시킨다. 그들은 매 순간 숨쉬듯이가 아니라 혁신을 위한 시간을 ‘별도로 정해둔다’. 단호하게 업무를 추진하면서도 지속적인 변화에 개방적인 보스를 찾기란 더더욱 어렵다.

슈퍼보스들은 그럴 수 있다. 우리가 살펴봤듯이 그들은 뼛속까지 혁신가이기 때문이다. 그들의 비전은 현상황의 무력감이나 소소한 파급력을 위한 비책이 아니다. 그들은 업계 표준을 깨고, 어떤 경우에는 근본적으로 업계를 완전히 새롭게 뒤바꾼다. 슈퍼보스들은 직원들을 채용하면서 암묵적으로 그들에게 자기 비전을 받아들이고 혁명의 일부가 되기를 요구한다. 하지만 그전에 자신들의 비전을 가능하게 만들어준 개방성과 혁신의 사고방식의 세계로 직원들을 이끈다. 슈퍼보스들은 모든 사람이 자기처럼 공상가가 되기를 바란다. 그들에겐 '혁신'과 '타협하지 않는 비전'이 어떤 경우에도 양립 불가한 선택이 아니다. 그와 반대로 그 둘은 불가분의 관계다.

명확한 비전과 지속적 혁신이 결합돼 슈퍼보스들이 경영하는 기업들은 장기간 혁신을 지속할 수 있다. 직원들은 일할 구조가 갖춰지지 않는 상황에서는 유의미하게 혁신을 이룰 수 없다. 슈퍼보스가 갖춘 기본적인 비전은 바로 그러한 토대를 마련해준다. 결과적으로 직원들은 각자의 위치에서 사용하는 특정 메커니즘, 프로세스, 규율 및 정책을 자유롭게 전환하고 혁신할 수 있다. 슈퍼보스들은 자신이 표방하는 본질적으로 혁신적인 비전과 모순되거나 이를 약화시키지만 않는다면 뭐든 기꺼이 그리고 열렬히 바꾸기 때문에 놀라울 정도로 성공을 거둔다.

'전략'에 집중하는 고위 간부와 '실행'에 초점을 맞추어야 할 중하위급 관리자가 뚜렷이 구분되는 모습을 많은 기업에서 볼 수 있다. 전략가들(수뇌부)은 창의적일 것으로 예상되는 반면, 그보다 더 다수인 실무자들(행위자들)은 명령을 따를 것으로 여겨진다. 슈퍼보스들은 둘 다 용납하지 않는다. 지위 고하를 막론하고 모든 직원들은 3개년 계획을 세우는 일이든 다음주 영업 활동을 위한 계획을 세우는 일이든 생각해야 한다. 너무나 소소한 실행 업무라 해도 재능이 있는 이에게는 뭔가를 약간 더 잘하거나, 혹은 훨씬 더 잘할 기회로 작용할 수 있다. 모든 조직 구성원이 회사를 보다 수익성이 높고 활기찬 미래로 나아가게 만들면서 성취감과 책임감을 경험한다. 6장에서 살펴보겠지만 슈퍼보스들 역시 때때로 손에 흙을 묻히고, 일상적 업무의 세부 사항에 몰두하는 걸 주저하지 않는다. 그들은 현장에서 자신의 비전을 적용함으로써 비전의 생명력과 활력을 유지한다.

앨리스 워터스의 레스토랑 셰파니스에서 슈퍼보스들이 전략과 실행을 어떻게 통합하는지를 제대로 볼 수 있다. 1971년 셰파니스를 개업하면서 앨리스는 프랑스에서 매우 인상적으로 받아들인 신선한 로컬푸드에 대한 존중을 그대로 재연해보고 싶었다. 전형적인 미국인 식단대로 자란 그녀는 프랑스에 가서 재배자들이 상추, 리크, 가지의 원산지에 대해 설명해주는 직거래 장터를 접하고 눈이 휘둥그레졌다. 동네 작은 식당의 요리사들은 직거래 장터에 일찍 도착해 그날 저녁 요리를 장식할 품질 좋은 완두콩과 꽃양배추를 구했다. 주부들은 좋은 와인 한잔을 곁들일 멋진 저녁식사를 위해 리무쟁에서 온 스테이크용 고기, 브르타뉴에서 온 생선, 오베르뉴에서 온 캉탈치즈를 사려고 줄을 섰다. 워터스는 다른 사람들과 함께 맛있는 식사를 즐기기 위해 일부러라도 시간을 내는 프랑스 독특한 풍습도 미국에 전파하고 싶었다. 분명한 비전을 세운 덕에 그녀는 당시 레스토랑에서는 들어본 적 없는 많은 일들을 해낼 수 있었다. 대부분의 레스토랑 운영자들이 도매상에게 재료를 샀지만, 워터스와 직원들은 최고의 소농들을 찾아가서 직접 재료를 구매하는 수고를 마다하지 않았다. 그녀는 메뉴를 고정해두지 않고 그날 가장 신선하게 구할 수 있는 산지의 재료들로 매일 새로운 메뉴를 만들었다. 셰파니스에서 일했던 신 리퍼트는 "그것이 요리를 하고 메뉴를 짜는 가장 자연스러운 방법처럼 보이지만, 많은 사람들이 그때는(지금도 여전히) 그런 방법을 몰랐습니다"라고 설명했다.[13]

여느 셰프라면 재료의 원가를 고려해서 메뉴를 짜겠지만 워터스는 아니다. 그녀의 측근에 따르면 그녀는 "송로버섯처럼 특정 재료를 사용하고 싶어지면 가격을 따지지 않았다. '그저 손님들이 즐거워하는 모습을 보기 위해' 슬라이서를 들고 식당 여기저기를 걸어다니며 손님들에게 별도의 비용 없이 송로버섯을 갈아주기도 했다".[14] 워터스는 비용이 들더라도 언제나 자기 기준을 지키겠다고 다짐한다고 고백했다. "저는 항상 스스로 타협하지 않는 사람이라고 생각합니다. 이상주의자라는 말이 더 어울릴지도 모르겠네요…… 하지만 저는 음식의 품질에 오롯이 전념하고 있습니다."[15]

음식을 그토록 진지하게 여기는 워터스 같은 리더는 직원들에게 혁신의 여지를 거의 주지 않을 거라고 생각하겠지만 그렇지 않다. 셰파니스의 파티시에 린드세이 시어는 이렇게 말했다. "워터스는 항상 많은 사람들의 말을 들었어요. 그리고 자신에게 아이디어를 준 많은 사람들을 데려왔죠…… 그녀는 그 모든 아이디어들을 종합해서 누구나 이해하고 인정할 수 있는 것으로 만들었어요."[16] 조앤 위어는 그녀를 '레스토랑의 개념론자'라고 불렀다.[17] 조지 루커스가 벤 버트와 일하던 것과 유사한 방식으로 워터스는 셰파니스를 운영했다. 그녀는 팀원들에게 어느 정도 재량권을 부여했지만, 필요에 따라 그들의 작업을 점검하고 조정하며 해결책들을 함께 찾기 위해 잠깐씩 살피곤 했다. 신 리퍼트 말에 따르면 워터스는 사람들을 좌우하는 걸 좋아하는 리더가 아니었다. "그녀가 정말로 잘하는 일은…… '편집'이었어요. 사람들이 애먹고 있을 때 그녀는 항상 주방으로 걸어들어가곤 했죠. 그녀는 작업대를 내려보고는 문제가 된 부분이나 '안 되는' 부분에 정확히 초점을 맞췄어요. 그러고는 그게 어떻게 느껴지는지 뭐가 좀 난해하게 여겨지는지 이야기했죠. 그런 태도로 사람들을 올바른 방향으로 인도했습니다."[18]

리퍼트는 회의 자리에서 워터스만 말하는 게 아니었다고 덧붙였다. 그녀는 거의 언제나 직원들에게 의견을 구했고, 자신과 반대되는 의견을 낸대도 화내지 않았다. 결과적으로 아이디어들을 빠르고 자유롭게 발전시켰다. 워터스는 개방성, 유연성, 협업을 자기 철학의 핵심 요소로 강조한다. 자신이나 다른 사람들과 협력하고 싶지 않은 사람들은 '셰파니스에서 일해서는 안 된다'고 여긴다. "제가 필요하고 원하는 건 그러한 협력입니다. 우리는 부분의 합보다 큰 무언가를 만들기 위해 애쓰고 있습니다."[19] 워터스는 자신의 레스토랑이 교향악단의 복잡한 팀워크(와 아름다움)를 모두 담았다고 생각했다. "훌륭한 음악가들을 확보하고, 그들에게 동기를 불어넣어줘야 합니다. 하지만 그 음악을 만드는 주체는 제가 아니라 그들입니다."[20]

타협하지 않으면서 개방적인 슈퍼보스의 태도는 어떤 규모든 간에 조직을 운영하는 관리자들에게 얼마나 오래, 얼마나 열심히 혁신을 추구해야 하는가라는 고전적인 문제에 대한 실마리를 던져준다. 대부분의 보스들은 혁신의 필요성을 이해하면서도 과도한 혁신이 조직의 근본과 주요 역량을 뒤흔들지 않을까 걱정한다. 무엇을 바꾸고, 무엇을 그대로 유지해야 하는가? 어디에 선을 그을 것인가? 슈퍼보스들은 이 문제에 대해서 명확한 해결책을 제시한다. 기업의 존재 '이유'를 지키되, 목숨이 달린 것처럼 기업 경영의 '방법'과 관련된 모든 것을 부단히 개선하라고 말이다. 슈퍼보스들이 알려주겠지만, 거기에 진짜 당신의 목숨이 달려 있다.

기꺼이 위험을 감수하고, 의문을 제기하려는 의지

혁신은 슈퍼보스들의 DNA에 있다. 하지만 이 혁신의 거장들이 실제로 하는 일을 자세히 살펴보면 모든 리더, 모든 관리자, 모든 직원들이 배울 만한 명확한 패턴이 드러난다. 슈퍼보스들은 직원들의 개방성과 혁신을 북돋우기 위해 세 가지 방식으로 분명한 행동을 취한다. 첫번째로, 슈퍼보스들은 위험을 감수하고 규칙을 깰 것을 지속적으로 권장한다. 스테이크 앤드 에일의 전 회장이자 CEO 카일 크레이그는 자신의 슈퍼보스 노먼 브링커에 대해 이렇게 기억했다.

"그는 사람들을 자극하곤 했습니다. '거기서 뭘 할 수 있다고 생각하지? 뭐가 효과적이지? 뭔가를 시도해봐'라고 말하곤 했죠. 이는 '우리는 뭔가 다르게 할 수 있어!'라고 말하는 자유를 준 셈이라 사람들에게 매우 큰 힘을 실어줬습니다."[21]

슈퍼보스들의 말보다도 더욱 효과가 강력한 건 그들의 행동이다. 내가 연구한 슈퍼보스들은 기존 관행을 뒤집고, 자신이 세운 가설에 기꺼이 이의를 제기함으로써 직원들에게 추앙받고 있었다. 예를 들어, 빌 월시의 '웨스트 코스트 오펜스'는 시즌중 연패를 끊기 위한 방법으로 등장했다. 1970년 월시는 신시내티 벵골스에서 폴 브라운의 코치로 일하고 있었다. 스타 쿼터백 선수 그레그 쿡이 부상으로 지난 시즌에 선수생활을 마감하자 벵골스는 공격력 면에서 고전을 면치 못했다. 월시의 평가에 따르면, 쿡은 명예의 전당에 오른 조 몬태나와 스티브 영을 합친 것보다도 덩치와 키가 큰 'NFL 역사상 가장 위대한 선수'였다.[22] 월시는 쿡을 활용해 상대방 진영에 깊이 패스하는 공격을 펼쳤었는데, 오늘날까지도 신인 선수가 성공한 패스 거리로 쿡이 세운 NFL 기록이 깨지지 않을 정도다.[23] 하지만 쿡의 재능을 활용할 수 없게 되자 월시가 선호했던 수직 패스 위주로는 경기를 풀어갈 수 없었고, 벵골스는 백업 쿼터백 선수인 버질 카터로 바꾸기 전까지 6연패를 당했다.

카터는 쿡의 팔 같은 축복은 못 받았지만 월시(와 웨스트 코스트)가 전형적인 쿼터백의 자질로 꼽는 세 가지 특징인 민첩성, 정확성, 지능을 갖춘 선수였다. 카터의 이러한 능력들을 십분 활용하기 위해 월시는 기존의 수직적 공격을 타이밍에 따른 수평적 공격으로 변경해 스크리미지 라인의 10야드 이내에서 정확한 패스를 하는 데 집중했다. 무엇보다도 카터의 강점을 부각시키고 약점을 숨기기 위해 고안된 공격법이었다.[24]

월시의 새로운 공격 전략은 미식축구 역사뿐 아니라 벵골스의 시즌 중 운명도 바꿔놓았다. 신시내티는 7연승을 거두면서 팀 역사상 최초로 디비전 타이틀을 따냈다. 하지만 이 전략이 성공하긴 했지만 그 공격이 어디서든 경기를 지배할 만큼 위협적이지는 않았기에 월시는 전략을 추가로 조정해야 했다. 어느 날 월시는 브라운을 불러 '더 동요시키고 더 움직일 것'을 그러니까 공격 때 동작을 더 크게 하고 더 활기 있게 경기하라고 요구했다. "몇몇 실력 있는 선수들이 있었지만, 당시 우리 공격수들은 리그 중간 수준으로 많은 팀에 두려운 대상이 아니었습니다. 그래서 움직임을 극대화한 경기를 더 많이 활용한 작전을 짰죠."[25] 월시가 처음에는 스탠퍼드에서, 그리고 나중에는 NFL에서 감독을 맡을 수 있었던 건 일명 맨인오션 공격으로 불리는 패스를 이용한 이러한 전략이 효과적이라서였다. 더 동요시키고 더 움직이는 전략이 효과를 보면서 다른 팀들은 공포에 질렸고, 월시가 이끄는 팀들은 사실상 무적이 되었다.

어떤 경우에는 직관적이고 충동적으로 진행한 조정으로 슈퍼보스들이 이끄는 사업의 모습과 분위기가 규정되기도 한다. 노먼 브링커는 브링크스라는 커피숍을 처음 시작하면서 저렴한 가격에 좋은 품질로 제공하고자 애썼지만, 평균 매출 규모가 이윤을 남기기에는 지나치게 적었다. 브링크스를 개업하고 몇 년 지난 1965년 여름, 브링커와 그의 사업 파트너들은 당시로서는 새로운 유형의 레스토랑인 패스트푸드와 고급 레스토랑의 중간 지점에 놓일 만한 캐주얼 레스토랑을 오픈할 계획을 세웠다. 대개 저녁 시간에 더 매출액이 많았기 때문에, 이 신개념 레스토랑이 브링크스의 매출을 넘어설 듯했다.[26] 브링커는 곧 미국 전역에 뿌리를 내리게 될 두 가지 콘셉트를 고안해냈다. 첫번째는 지금까지도 많은 풍자를 낳은 "안녕하세요. 저는 누구누구입니다. 오늘밤 제가 당신을 담당할 웨이터입니다"라는 말이었다. 캐주얼 레스토랑은 친근한 분위기여야 한다는 브링커의 견해에서 비롯된 아이디어였다. 두번째는 그때까지만 해도 저렴한 카페테리아에만 있었던 샐러드바였다.

처음에 브링커는 이 레스토랑을 지중해식으로 만들고자 했었다. 하지만 공사를 시작하고 얼마 되지 않은 어느 날 저녁, 우연히 1963년에 제작된 영국의 모험 코미디 영화 〈톰 존스〉를 보게 되었다. 이 영화에서 가장 재미있고 유명한 장면 중 하나에서[27] 톰 존스는 18세기 영국 술집에서 워터스 부인(그 앨리스 워터스 이야기를 하는 게 아니다)과 함께 새의 살점을 발라내어 씹고, 후루룩거리며 굴을 먹고, 과즙이 풍부한 배를 우적우적 씹는 등 성적 욕망을 드러내며 아무 말 없이 풍족한 저녁식사를 한다. 다음날 아침, 브링커는 갑작스럽게 한 가지 아이디어가 떠올라 부산을 떨면서 일어났다. 그는 지중해식 레스토랑이라는 아이디어를 폐기 처분하고 옛 영국식 레스토랑으로 콘셉트를 바꿨다.[28] 브링커는 스테이크 앤드 에일이라는 이 레스토랑을 영화에서 재미있게 봤던 것처럼 대담하고 재미있는 분위기로 꾸미고자 했다. 여기에 프릴 장식이 풍성한 상의와 반바지를 소화할 만한 젊고 매력적인 종업원들을 더하면 화룡점정이었다.

이러한 종업원들을 찾기 위해 브링커는 요식업계에서 그간 고용한 적 없었던 대학생들에게로 눈을 돌렸다. 지금 생각해봐도 대학생들은 친근하지만 너무 비싸지 않고 '캐주얼'한 이미지를 표현하기에는 딱이다. 브링커는 직원들을 찾고자 서던 메소디스트 대학교 캠퍼스로 차를 몰고 갔다. 그는 남학생 클럽하우스의 문을 두드리고는 학생들을 채용중이라고 알렸다. 학생들은 팁만 챙기지만 그 대신 수업 시간에 맞춰 근무 시간을 조정할 수 있었다. 브링커는 "다음날 사오십 명 정도 되는 학생들이 면접을 보러왔다. 멋진 결과였다"라고 설명했다.[29]

스테이크 앤드 에일은 1966년 문을 열어 엄청난 성공을 거두었다. 체인점들이 빠르게 늘어났고, 1971년에는 상장이 됐다. 1976년에 스테이크 앤드 에일이 필스버리 컴퍼니에 인수됐을 때는 이미 지점이 백 곳 이상이었다. 끊임없이 위험을 무릅쓰고 규칙을 깨는 브링커의 모습은 로마노스 마카로니 그릴, 온 더 보더 멕시컨 그릴 앤드 캔티나, 매기아노스 리틀 이털리, 코너 베이커리 카페, 빅 볼 아시안 키친, 록피시 시푸드 그릴 등의 체인점들을 거느린 수십억 달러 규모의 브링커 인터내셔널을 이끌면서 지속됐다. 직원들은 끊임없이 변하는 소비자 트렌드에 브링커가 부단히 적응했기에 성공을 거뒀다고 얘기했다. 스테이크 앤드 에일의 전 COO이자 버거킹의 CEO 루 니브는 이렇게 설명했다. "노먼은 시대의 흐름을 잘 타는 게 중요하다고 늘 강조했습니다. 사라져버릴 유행을 이끌어도, 유행에 뒤처져도 안 된다고 했죠. 노먼은 업계의 현상태와 향후 움직임에 대해 잘 이해해서 언제나 믿을 수 있었습니다."[30]

브링커는 "손님이 재방문하는 일 외에 다른 신성한 일은 없다"라고 말했다고도 한다.[31] 물론 한 가지 더, 즉 그의 비전이자 캐주얼 레스토랑이란 콘셉트 자체는 신성했다. 하지만 이러한 정황에는 민첩성과 합리적인 위험이 가득했다. "사람들은 위험을 감수하라고 요구받았고, 뭔가를 다르게 하지 않으면 노먼과 더 많은 문제에 봉착하게 됐습니다"[32]라고 말한 직원도 있었다. 대부분의 슈퍼보스들에게는 위험을 감수하는 것만으로는 부족하다. 직원들은 사전에 대책을 강구하며 위험을 감수해야 한다. 누군가가 아이디어를 낼 때 그 팀이 주도권을 잡고 담당하면 좋겠다고 말하는 임원을 본 적이 있는가? 임원들은 '왜 직원들은 항상 허락을 구하는 거지?'라며 의아해한다. 사람들은 보통 이 질문에 대한 답을 알고 있다. 그렇게 확인을 구하는 건 그 임원이 스스로 생각하는 것보다는 개방적이지 않기 때문이다. 그렇기에 직원들은 일단 확인부터 받아야 한다고 생각한다. 슈퍼보스들은 이런 장단 맞추기를 배격한다. 치아트데이의 전 COO 애들레이드 호턴은 이렇게 말했다. "치아트데이에서 행동하는 사람들은 보상을 받았고, 뭐든지 가능했습니다. 당신이 상황을 개선할 만한 방법을 제이에게 알려주면, 그는 '어서 추진해보게'라고 말할 거예요."[33]

새로운 생각과 실험을 하기에 안전한 공간

두번째로, 슈퍼보스들은 개방성을 키우기 위해 사람들이 새로운 일을 못하게 가로막는 걱정들을 제거한다. 직장에서 사람들이 왜 새로운 것을 제시하지 못하는지를 분석해보면, 실패에 대한 두려움이 상당한 역할을 한다는 사실이 분명해진다. 이는 그다지 비합리적인 두려움이 아니다. 많은 회사에서 실패는 금기어다. 일을 망치면 당신은 신뢰할 수 없거나, 무능하거나, 아니면 최악의 직원으로 낙인찍힌다. 물론 슈퍼보스들은 대부분의 사람들과 실패에 대한 생각이 다르다. 오히려 그들은 실패를 변장한 기회로 삼는 데 달인들이다. 암묵적으로 그들은 실패를 두려워하지 않으며, 성공으로 가는 과정에서 종종 겪는 일련의 단계로 인식한다.

조지 루커스, 마일스 데이비스와 같이 일해본 디지털 미디어계의 임원이었던 스콧 로스는 이렇게 말했다. "그들에겐 두려움이 없었습니다. 한밤중에는 그렇게 느낄지 모르겠지만요. 하지만 제가 볼 때 그들은 스무 살처럼 행동했어요. 전쟁터로 걸어나가 총을 맞을 준비를 계속해서 하고 있었죠."[34] 1980년대 버거킹에서 노먼 브링커와 같이 일했던 카일 크레이그는 브링커스 커피숍의 실패를 브링커가 공개적으로 인정했다고 기억했다. "그는 자신의 실패와 잘못을 아무런 거리낌없이 인정했고 그 때문에 주변 사람들은 매우 편안해졌습니다."[35]

슈퍼보스들은 또한 창의성과 혁신이 잘 자랄 만한 근무 환경을 조성해 두려움이 사라지게 만든다. 스티브 앨버티는 "제이 치아트의 광고 회사는 창의성과 개인의 자유를 매우 존중해줬기 때문에 제 인생에서 가장 독특한 근무 경험이었습니다"라고 표현했다.[36] 전설적인 영화 제작자 로저 코먼은 카메라 앞에서 배우들이 자유롭게 연기하도록 내버려둔 것으로 유명했다. 한 배우는 코먼의 힘을 떠올리면서 "그는 배우들에게 대사를 어떻게 읽어야 할지 말해주거나, 어떤 식으로 감정을 표출해야 할지 알려준 적이 없어요"라고 말했다.[37] 언제 어디서나 감시하는 상사가 없다면, 직원들은 기회를 잡고 직장에서 자기 생각을 표현해도 좋다고 암묵적인 허가를 받은 양 느낀다. 슈퍼보스들은 직원들을 신뢰하고 있고, 정확히 그렇기에 그들을 고용했다. 이런 분위기를 '직접 결정할 만한 자신이 없기 때문에' 밤낮으로 동료들에게 이메일을 보내는 오늘날 많은 사무실의 모습과 비교해보라.[38]

직원들이 혁신을 주저할 때 슈퍼보스들은 직원들이 기여할 수 있는 새로운 기회를 줘 이를 극복하게 이끈다. 헤지펀드 기획자 줄리언 로버트슨은 회사의 대형 회의실 한가운데에 자리를 잡고서 애널리스트들이 제시하는 아이디어를 듣고 이에 대해 큰 소리로 토론하곤 했다. 자발적으로 아이디어를 낸 모든 애널리스트가 칭찬받은 건 아니었다. 로버트슨은 멍청하다 싶은 아이디어에 대해서는 그렇게 반응했다. 그는 가끔 화도 내고 대립각도 세웠지만, 비생산적으로 그러지는 않았다. "사람들은 로버트슨의 그런 모습을 사적으로 받아들이지 않았습니다. 모두가 그런 과정을 겪는 걸 봤으니까요. 그는 이렇게 말하곤 했어요. '당신은 이 회사 제품들이 훌륭하다고 했는데, 내가 방금 아무개에게 연락해보니 그는 그 제품이 그냥 형편없다네요.'"[39] 직원들은 자유분방한 토론 방식이 로버트슨의 스타일일 뿐이고 그가 참신한 아이디어를 매우 중시하며, 그가 반발할까봐 두려워할 필요가 없다는 사실을 받아들였다. 로버트슨의 사무실은 오늘날 셀 수 없이 많은 사무실의 분위기와는 전혀 딴판이었다. 그곳은 새로운 생각과 실험이 이뤄지기에 안전한 공간이었다.

끊임없이 '다음'과 '기회'를 사냥하는 상어 같은 움직임

세번째로, 슈퍼보스들은 개방성과 혁신을 육성하기 위해 직원들이나 동료들이 결코, 절대, 현실에 안주하지 않도록 독려한다. 마일스 데이비스는 "위대한 음악가가 되고 그 자리에 계속 있으려면 새로운 것, 현재 일어나고 있는 일에 항상 열려 있어야 한다. 계속 성장하고 당신의 음악을 알리려면 모든 것을 흡수해야 한다"라고 가르치곤 했다.[40] 슈퍼보스들이 멋지고 능숙한 사냥꾼들이라는 사실을 앞서 재차 확인했다. 그들은 항상 다음에 나올 위대한 제품에 대한 아이디어를, 다음에 이어질 영향력 넘치는 트렌드를, 다음에 고용할 훌륭한 직원을 찾아 돌아다닌다. 〈SNL〉 출신 코미디언 코넌 오브라이언은 〈SNL〉을 두고 이렇게 말한 적이 있다. "사람들은 항상 이 쇼가 상어 같다고 느낍니다. 새로운 것, 뜨거운 것, 사람들이 빠져 있는 것을 찾기 위해 돌아다니다가 그런 게 있으면 우적우적 씹는 상어 말이죠."[41] 론 마이클스는 한 인터뷰에서 지속적인 변화와 미래 지향적인 전망이 쇼를 제작할 때 끊임없이 필요한 요소라고 지적하면서, 오브라이언의 의견을 확인해줬다. "쇼는 변해야만 합니다. 저는 그것이 '계속되어야 한다'는 걸 알지만 '변해야 한다'는 것 역시 중요합니다."[42]

항상 사냥감을 찾는 상어의 이미지는 내가 연구했던 모든 슈퍼보스들의 모습과 맞아떨어진다. 경쟁심 때문인지 그들은 모두 지칠 줄 모르는 개선 의지를 가지고 있었다. 워터스는 끊임없는 변화의 필요성을 '일종의 강박이자 집착'이라고 일컬으면서 "어디서 왔는지는 모르겠지만 그것이 저를 압박합니다"라고 말했다.[43] 1975년부터 1980년까지 제이 치아트와 함께 일했던 데이비드 머피는 "제이의 가운데 이름은 혁신이었습니다. 그는 위험은 전적으로 용인해도 안전은 용납하지 않는 특이한 비전을 갖고 있었습니다"라고 설명했다.[44]

만약 슈퍼보스들이 무언가를 두려워한다면, 그건 혁신이 위험에 처하는 경우가 아니라 혁신을 멈추고 구식이 되고 현실에 안주하게 되는 일이다. 살 체사라니는 친구로서 랠프 로런에 대해 이렇게 말했다. "랠프는 결코 노인이 되고 싶어하지 않았어요. 캐리 그랜트는 위대했지만 나이든 그에게 어떤 배역을 맡겼었죠? 할아버지 역할을 맡겼나요? 그건 좋지 않은 생각이죠. 랠프가 영화에 출연하지는 않겠지만 그가 다음에 뭘 할지는 아무도 몰라요. 그는 여전히 다음 일을 생각할 겁니다."[45]

어떤 슈퍼보스든 간에 새로움과 성장에 대한 갈망이 끊임없어서 호기심과 열정이 담긴 수많은 혁신을 주도했다. 유명 TV 프로듀서 룬 알리지는 입사해서 몇 년 동안은 장면 리플레이, 현장음의 전달(전통적으로 스포츠 중계시에는 경기중에 발생하는 시끄러운 소리를 내보내지 않았다), 경기중 인터뷰, 슬로모션, 그래픽으로 전하는 통계 자료, 레이싱 카에 카메라 장착하기 등 여러 시도를 도입해 스포츠 중계에 일대 혁명을 일으켰다. 비디오 리플레이 기술의 발전에 대해 더 자세히 살펴보면 '상어 사고방식'이 작동한다는 걸 엿볼 수 있다. 알리지는 『플레이보이』와의 인터뷰에서 어느 날 ABC 엔지니어 밥 트래칭거와 맥주를 마시는 자리에서 "선수가 세이프인지 아웃인지를 확인하기 위해서 일부 장면을 슬로모션으로 재생할 수 있는지" 물었다고 밝혔다.[46] 트래칭거는 이에 슬로모션이 어떻게 작동할 수 있는지를 냅킨에 적었다. "우리는 그날 오후 내내 이야기를 나누고 스케치하며 맥주를 마셨습니다. 대화를 마칠 때 즈음 우리는 최초의 비디오판독기를 만들 계획을 세웠습니다."[47] 슈퍼보스에게는 동료와의 가벼운 술자리도 단순한 사교 모임이 아니다. 이는 업계에 영향을 안겨줄 혁신의 지도를 그릴 기회다.

슈퍼보스는 수많은 형태로 멋진 사냥에 나설 수 있다. 노먼 브링커는 끊임없이 소비자들의 마음을 살폈기 때문에 요식업계에서 어떤 트렌드가 부상할지 동향을 매우 잘 예측했다. 브링커는 일반적인 시장조사 보고서를 정독하는 걸로 그치지 않고 레스토랑에서 손님이나 직원들을 직접 만나 이야기를 나눴는데, 업계에선 그의 이런 사교성과 배우려는 의지에 대한 긍정적 평판이 자자하다.[48] 그는 종종 어리숙한 관광객으로 가장해 자기 레스토랑을 나오는 고객들에게 식사가 어땠느냐고 물었다. 경쟁 레스토랑의 매니저인 척하면서 고객들에게 음식과 서비스에 대해 의견을 구하며 경쟁력 조사를 진행하기도 했다.[49] 황혼기에 접어들어 건강에 온갖 문제가 생겼음에도 브링커는 순진한 손님들에게 식사가 정말로 어땠는지를 계속해서 물었다. 그랬기에 그는 한 발 더 앞서갈 수 있었다. 그는 "고객은 항상 바뀌기 때문에 항상 그들의 생각을 꿰뚫어 봐야 한다"라고 말한 적이 있다.[50]

제이크루의 CEO 미키 드렉슬러가 다트머스대 터크 경영대학원 MBA 학생들에게 강연하러 왔을 때 그런 상어 같은 면모를 직접 확인할 수 있었다. 일부 임원들은 질문에 점잖게 대답하는 데서 그쳤지만, 드렉슬러는 그 참에 비공식 포커스 그룹을 만들었다. 그는 학생들(결과적으로 제이크루의 타깃 고객들)에게 잠재적으로 이용 가능한 통찰력을 뽑아내는 식으로 적극적으로 일했다. 제이크루에서 나온 옷을 입은 학생에게는 "러들로 재킷이 마음에 드나요? 어디서 샀죠? 우리 치노 바지와 잘 어울리는 것 같나요? 러들로 재킷을 가진 친구들이 얼마나 있죠?" 등의 질문을 던졌다. 이어 전체 학생들에게 "여기 모인 학생들 중에 러들로 코트를 가진 사람이 있나요? 자, 얼른요. 얼마나 되나요?"라고 물었다. 드렉슬러는 우리와 함께하며 온종일 이런 질문을 던졌다. 학생들이 어떻게 대답해야 할지 혼란스러워하자 그는 명함을 주면서 이메일로 답변을 보내달라고 말했다. 매분 매초가 그에게는 사업을 더욱 발전시키는 데 유용할 새로운 것을 배울 기회였다.

누구나 예상하겠지만 드렉슬러 같은 리더들은 다음에 할 일에 관심이 지대하기 때문에 이미 나온 것에는 거의 향수를 느끼지 않는다. 트론헤임 심포니 오케스트라의 수석지휘자 겸 예술감독 에이빈드 아드랜드는 자신의 슈퍼보스인 요르마 파눌라에 대해 "전통과 역사로부터 너무나도 자유로운 분"이라며 "문제에 대한 간단하고 좋은 해결책을 찾을 때 그는 기존에 그 문제를 어떻게 해결했는지에는 관심이 없을 것"이라고 말했다.[51] 파눌라는 제자들에게 지휘자의 역할이 '구시대에는 독재자'였지만 이제는 '오케스트라의 동료 음악가'로 바뀌어야 한다고 가르쳤는데 아드랜드는 시간이 흘러도 파눌라부터가 이런 태도를 유지했다고 말했다.[52] 이처럼 과거에 얽매이지 않으려는 태도는 슈퍼보스가 이룬 업적에도 강력하게 적용된다. 로저 코먼의 한 조수가 로저 코먼의 과거 영화 평론을 우연히 발견했다. 이때 이를 읽은 로저 코먼은 곧바로 그걸 그에 적합한 장소로 보냈다. 쓰레기통이었다.[53] 영화감독 조 단테는 "저는 코먼이 과거에 전혀 집착하지 않는다고 생각합니다. 그는 미래에 대해서만 생각하는 것 같아요"라고 말했다.[54]

슈퍼보스들의 멈추지 않는 멋진 사냥이 더욱 개방적인 태도를 갖게끔 직원들을 고무하기만 하는 건 아니다. 이로써 직원들에게 흥미진진한 에너지를 불어넣어줘 직원들은 기진맥진해하면서도, 너무나 즐거워서 슈퍼보스를 거부하기가 불가능하다고 느낀다. 브링커와 함께 일하던 시절에 대해 버거킹의 전 회장이자 CEO 루 니브는 이렇게 회상했다. "그때의 제 감정과 업무 강도를 말로 표현하기는 힘듭니다…… 하지만 그때만 하더라도 완벽한 것 같았습니다."[55] 루커스필름에서 일했던 시드 가니스는 "제가 그곳에 처음 도착해 6년 반이 지나 그곳을 떠날 때까지 쭉 활기가 넘쳤습니다. 끊임없이 그랬어요. 하루하루가 멋졌죠"라고 말했다.[56]

슈퍼보스의 직원들은 끊임없이 혁신하고, 슈퍼보스처럼 성장하려고 애쓰고, 궁극적으로 슈퍼보스를 떠나 자기만의 비전을 추구한다. 슈퍼보스들은 그들에게 무엇보다도 행동을 통해서 사업보다는 인생에 대한 성찰을 가르친다. 그들은 직원들에게 존재하는 것을 얻기 위해서는 한두 걸음이 아닌 여러 걸음을 용감하게 나아가야 한다고 가르친다. 게다가 이를 아주 집요하게 가르친다. 그들은 매일 맡은 일에 창의력을 더할 수 있도록 주위 사람들에게 에너지를 불어넣는다. 그 결과는 슈퍼보스의 엄청난 부와 영향력에서만 그치지 않는다. 자신의 제자가 될 행운아들에게 슈퍼보스들은 경력상 성공을 평생 선사해준다.

그들은 사실상 "변화하도록 만들어져 있다"

슈퍼보스처럼 혁신을 육성하기

슈퍼보스들은 또래 동료들보다 더 똑똑하고, 그냥 보기에도 남과 다른 비범한 인재들을 고용하는 일부터 시작한다. 그들은 비전을 통해 영감을 불어넣고 동기를 부여하고, 더 뛰어날 수 있다는 자신감을 심어주는 한편 한계까지 밀어붙여 이 인재들의 잠재력을 끌어낸다. 하지만 그걸로 충분치 않다면 슈퍼보스들은 한 걸음 더 결정적인 행보를 내디딘다. 그들은 직원들에게 '좋아, 이제 당신은 모든 것을 다시 생각해보게 됐을 거다. 가서 세상을 바꿔라!'라고 말한다. 그러면 무슨 일이 벌어질까? 그들이 진짜로 세상을 바꾼다.

슈퍼보스는 직원들에게 역동적 조직을, 그러니까 변화를 멈추지 않고 끊임없이 새로운 환경에 적응하며 미래를 향해 돌진하는 기업을 만드는 공식을 제공할 뿐이다. 경영자와 경영학자들은 그런 조직을 만드는 리더들을 어떻게 도울 수 있을지 고민해왔다. 하버드 경영대학원의 존 코터 교수는 자신의 『기업이 원하는 변화의 리더*Leading Change*』에서 조직 변화를 모색하는 리더라면 직원들 사이에 위기의식을 조성해야 한다고 주장했다. 변화는 힘들기 때문에 변화 이니셔티브를 구축하려면 코터가 소위 '불타는 갑판'(바다로 뛰어내리라는 말만 듣고 뛰어내리는 사람은 없지만 실제로 갑판이 불타는 모습을 보면 그럴 수 있다. 즉, 조직은 '더이상 안 된다'는 위기의식에서 출발해야 한다는 뜻-옮긴이)이라고 부르는 요소를 만들어야 한다. 코터의 변화 모델은 (시장이나 업계가 이미 진화했는데 기업은 안타깝게도 낙오돼 즉각적인 변화가 필요한 상황처럼) 조직이 진정으로 안 좋은 상황일 때 변화할 수 있다고 본다.[57]

코터의 모델은 상당히 추천할 만하다. 하지만 전적으로 개방적인 유형인 슈퍼보스들은 변화에 대해 완전히 새로운 사고방식을 열어주는 대안을 제시한다. 슈퍼보스들의 조직들은 계속해서 적응하고 창의력을 유지하기 때문에 그들은 사실상 '변화하게끔 만들어져 있다'. 슈퍼보스들은 지속적으로 성장하고 유기적으로 진화하기 때문에 코터가 말한 위기상황에 처하지 않는다. 그들은 업계의 변화를 주도하기에 그들을 따라가고 너무 뒤처져서 위기의식을 느끼는 건 다른 기업에서 일하는 임원들의 몫이다. 이러한 주도적인 자세가 더 낫지 않은가? 왜 사람들은 적절한 식사와 운동을 시작하지 않으면서 죽는 순간까지 기다리려고만 하는 걸까?

코터의 모델에 따르면, 일단 리더들이 직원들에게 변화가 왜 필요한지에 대해 확신을 심어줬다면 그다음에는 조직 내에서 변화를 이끌 연합군을 모아야 한다. 슈퍼보스가 존재하는 조직에선 이러한 단계들(그리고 코터가 제안하는 다른 단계들)이 불필요하다. 슈퍼보스의 존재 자체가 그러한 '의지를 가진 직원들의 연합'이 이미 확고히 자리잡았다는 말과 다름없다. 슈퍼보스는 변화에 적합한 사람들을 뽑아 그들에게 변화에 대한 영감을 불어넣었으며, 언제 어디서나 변화를 이뤄낼 수 있다는 자신감을 심어주었다.

꾸준히 일관되게 변화를 일으키는 법을 터득한 리더는 극소수다. 눈에 잘 띄는 곳에서 활약중인 슈퍼보스들은 그 방법을 깨우쳤다. 궁극적으로 슈퍼보스들은 콜린스의 책을 포함해 많은 책에서 제시하는 것처럼 구체적인 틀이나 원칙을 중심으로 조직을 구성하지 않는다. 대신 슈퍼보스들은 자신만의 확고한 비전이라는 틀에서 변화의 사고방식을 포용한다. 그러한 사고방식 덕에 창의적인 사람들의 입사를 반기고, 개방성을 강화하는 경험을 공유하고, 개방적인 문화가 뿌리깊게 조성되며 궁극적으로 혁신과 성장이 지속된다.

당신이 리더이고 당신에게 타협할 수 없는 비전이 분명히 존재한다면, 타협 가능한 부분에 있어서는 모든 것을 터놓고 비판할 시간을 왜 갖지 않는가? 팀원들과 함께 현재 진행중인 전략이나 계획, 프로젝트를 뒷받침하는 세 가지 주요 전제가 뭔지 적어보자. 당신과 팀원들이 서로 다르게 적었대도 놀라지 마라. 당신은 팀원들에게 당신의 일처리방식을 그들이 검토하고, 비교하고, 이의를 제기해도 좋다는 신호를 보내고 있는 셈이다. 당신과 동료들은 문제에 접근하는 데 있어서 마찬가지로 유효한 방법들이 여러 가지 존재한다는 사실을 알게 될 것이다. 이로써 어떤 한 가지 일처리방식도 신성시돼서는 안 된다는 사실을 알게 된다. 더 좋은 게 나타나면 뭐든 바뀔 수 있다.

아무도 그 부분에 대해 질문할 용기가 없기 때문에 결코 바뀌지 않는, 소위 '방 안의 코끼리'라 불리는 특정 관행이나 규칙에 사로잡힌 조직들이 너무나 많다. 시간이 지날수록 '논의 불가능한 문제들'[58]이 점점 더 등장하면서 아이디어의 흐름이 막히고, 건강한 질문이 나오는 과정이 제한된다. 조직을 변화에 '개방'하려면 논의 불가능한 문제들에 대해 공개적인 대화를 유도하고, 어려운 문제를 지적한 직원들에게 보상을 해줘야 한다. 또한 커뮤니케이션 방법과 태도를 스스로 점검해볼 수도 있다. 당신은 몇몇 관행들을 신성시한다거나 변화가 불가능하다고 간주하지는 않는가? 뭘 그렇게 하는가? 부하직원들에게 기존 관행을 개혁하거나 개선하는 데 필요한 아이디어를 제안하지 못하도록 막는 메시지를 준다면, 그들에게 그런 반응을 기대할 수는 없다. 끝으로 당신의 핵심성과지표KPI가 실행을 기반으로 한 혁신을 지원하는지를 평가해볼 수 있다. 그렇지 않다면 직원들의 성과평가법을 바꿔볼 때다.

새로운 것을 두려워하지 마라. 마음을 열고, 당신이 진정으로 중요하게 여기는 요소가 여전히 남아 있음에 안심해야 한다. 물론 직원들과 친밀한 관계를 통해 이미 신뢰가 쌓였다면, 직원들에게 터놓고 이야기하라고 장려하기가 훨씬 더 쉽다. 내가 연구한 슈퍼보스들은 젊은 직원들에게 사례를 통해 몸소 끊임없이 가르치면서 그런 관계를 쌓아왔다. 학습과정과 훈련 모듈도 효과적이겠지만, 슈퍼보스들은 창의성을 가르치든 다른 어떤 경험을 알려주든 장인 밑에서 현장학습을 하는 것이 가장 효과적이라는 걸 직관적으로 이해한다. 무엇이든 전달해주는 데 있어서 가장 성공적이면서도 최첨단인 방식을 가장 오래된 직장 조직화 모델에서 찾을 수 있을지도 모른다. 바로 장인과 도제 간의 고전적 유대관계다.

5장

반드시 '결과'와 '결실'을 만들어내는 코칭의 비밀

: 슈퍼보스 전술 #4. 장인과 도제의 교육 시스템

바로 '지금' 함께한다는 것의 의미, 순간의 경영 | 특전, 특별대우, 연공서열? 그것이 바로 그들이 가장 질색하는 것이다! | '어떻게 그렇게 한 걸까?' 그들의 가르침을 보면 절로 떠오르는 의문 | '그냥 일' VS '의미 있는 일', 슈퍼보스처럼 코칭하기

15세기 이탈리아 르네상스 시대에 예술가로 성공하려는 사람이라면 다른 무엇보다 먼저 통달해야 할 기술이 하나 있었다. 바로 그림을 그리는 능력이었다. 그런데 이걸 어디서 배울 수 있었을까? 그때만 해도 미술 석사과정도 없었고, 인터넷에서 교육용 영상을 볼 수도 없었다. 그저 거장을 찾아가서 견습생으로 일하는 수밖에 없었다. 입문자라면 처음부터 다시 훈련받아야 했다. 이미 상당히 수련한 사람이라면 장인이 의뢰받은 예술품의 제작을 도우면서 기량을 연마할 수 있었다.

르네상스 시대 이탈리아에서 신예 예술가들은 특히 한 장인에게 몰려들었다. 안드레아 델 베로키오에게 말이다. 1460년부터 베로키오는 회화, 조각, 청동 주조 작품 등 부유한 후견인들을 위해 다양한 작품을 제작하는 공방을 운영했다. 베로키오는 특히 그림으로 유명했는데, 르네상스 회화에서 흔히 볼 수 있는 복잡한 휘장을 잘 표현했기 때문이었다.[1]

학자 지제타 달리 레골리는 "베로키오는 동시대 젊은이들 가운데 재능과 상상력이 풍부한 사람들을 발굴해내서 재빨리 그들의 협력을 이끌어낼 수 있었다"라고 언급했다.[2] 피렌체 산로렌초성당에 메디치가의 무덤을 조성하는 프로젝트(1473년경)는 복잡한 작업이었지만, 뛰어난 도제들을 모으는 베로키오의 수완 덕분에 그의 팀은 빡빡한 일정에도 프로젝트를 쉽게 마무리할 수 있었다.[3] 베로키오 수하에서 장인과 도제 간의 관계는 기술과 지식을 전달하는 엄청나게 강력한 구조로도 기능했다. 연구자인 리레타 포나사리는 베로키오의 공방을 두고 원근법을 가르치고 생활 속에서 그림을 연습할 것을 권장한, 진정한 '디자인 학교'라고 규정했다.[4] 휘장 작업을 통해 그의 가르침을 물려받은 '특별한 분파'가 형성됐고, 베로키오는 문하생들의 연구와 스케치를 돕기 위해 손 발 같은 신체 부위와 사람의 석고 모형을 만들기도 했다.[5]

베로키오의 공방은 젊은 제자들이 일하고 배우기에 흥미로운 장소였다. 그곳은 물감의 화학적 제조, 도구를 다루는 새로운 방법, 그리고 혁신적인 금속 주조 과정 같은 예술적 기술을 배우는 최전선이었다. 베로키오의 노력 또한 그를 그 시대의 슈퍼보스로 만들어줬다. 피에트로 페루지노, 산드로 보티첼리, 도메니코 기를란다요, 프란체스코 보티치니 등 르네상스 시대 이탈리아에서 정상급으로 인정받은 사람들이 그의 공방을 거쳐갔다.[6] 심지어는 서양 미술사에서 가장 위대한 예술가 레오나르도 다빈치까지도 베로키오가 배출했다.

워낙 천재적인 인물이라 레오나르도 역시 한때는 기술을 배우던 젊은 예술가였다는 사실을 잊기 쉽다. 레오나르도 전문가인 질 던커튼은 "화가로서 레오나르도가 이룬 모든 혁신에는 베로키오 공방에서 익힌, 패널에 '밑그림 그리기'라는 1차 단계가 자리잡고 있다"라고 지적했다.[7] 레오나르도는 열네 살 때 베로키오의 도제로 들어갔다. 하지만 어느 정도 시간이 지나자 레오나르도의 기술은 스승을 뛰어넘었고, 그가 특출난 재능을 가졌다는 사실이 분명해졌다. 그의 능력과 재능에 안정감을 느낀 베로키오는 공방에서 레오나르도의 천재성에 계속 의존했고, 그에게 배우며 자기 기술도 더 발전시켜갔다.[8] 결국 레오나르도는 장인이 되었고, 직접 작품 의뢰를 받게 되었으며, 그 어떤 슈퍼보스의 제자들보다도 유명한 제자가 되었다.[9]

레오나르도가 받은 식의 도제교육이 수 세기 동안 얼마나 성공적이었는지를 고려해볼 때, 이러한 교육이 선진국 도처에 여전히 존재할 것이라 생각할 수 있다. 독일 같은 일부 국가에서 도제교육은 비교적 흔하다(다만 관리직의 경우에는 그런 교육을 받는 경우가 드물다).[10] 하지만 다른 나라에서는 도제교육이 대학과 전문학교의 정규교육으로 대체돼 대부분 사라졌다. 젊은이들은 인턴십을 통해서 배우는 반면, 나이든 직원들은 보통 공식화되고 고도로 체계화된 프로그램과 온라인 강좌를 통해 고용주에게 지속적으로 훈련을 받는다.

다면성과평가부터 멘토링과 코칭에 이르기까지, 오늘날 직장에서의 학습은 대부분 관료적이고 비인간적으로 이뤄진다. 이는 베로키오와 그의 제자 레오나르도 사이에 존재했던 개인적 학습관계와는 거리가 멀다. 미국의 경우, 2003년 체계적 도제교육은 50만 건 미만이 이뤄졌고, 2013년이 되자 조직 내 비용 절감을 위해 30만 건 이하로 떨어졌다.[11] 더욱이 오늘날 가장 유능하고 최고의 리더로 평가받는 사람들은 직원들에게 붙어서 학습시키는 일에 비공식적으로 참가하려 들지 않는다. 그들은 조직 내 확실성과 명확성을 높이기 위해 규칙을 전파하고 직원들과 거리를 두는 관료주의를 만든다. 또한 일이 완수될 수 있도록 세부적인 일정을 짜면서 지도나 코칭에 필요한 시간은 거의 남겨두지 않는다. 그들은 확실히 도제라는 단어를 거의 사용하지 않는다. 도제라는 개념을 구닥다리로 여긴다.

지근거리에서 직접 진행되는 현장 훈련은 레오나르도 같은 천재에게 놀라운 효과를 발휘했다. 마케팅 매니저, 변호사, 영업사원 같은 오늘날 직장인들이 그런 훈련을 받으면 어떻게 될까. 장인과 도제처럼 개인적 관계가 없을 때 직원들은 기본적인 기술을 배울 수는 있어도 그들 직업에 적용될 중요한 세부 사항과 미묘한 차이는 배우지 못하고 네트워킹, 피드백 주고받기, 협상, 지도처럼 어떤 분야에서나 결정적으로 중요한 기술인 '유연함'도 학습하지 못한다. 전도유망한 관리자들은 업무상 문제에 대한 '적절한' 답을 스스로 찾아낼 수도 있지만 그 답을 전달하고, 그 실현 가능성을 상사에게 납득시키고, 이를 실행하도록 동료들과 부하직원들에게 동기를 부여하기 위해선 종종 개인지도가 필요하다. 다른 사람들을 끌어들일 수 없다면 정답을 안다 해도 별로 쓸모가 없다는 사실을 이해하는 데 도움이 필요할지도 모른다. 요즘에는 고등교육을 받은 관리자들이 일을 시작하기에 상사들은 대개 그들이 앞서가기 위해 필요한 모든 걸 이미 갖췄다고 전제한다. 하지만 대부분이 그렇지가 않다.

슈퍼보스들은 다수의 동시대인들과는 다르지만 베로키오와는 아주 흡사하게 일을 하면서 도제 모델을 적극적으로 수용한다. 그들은 직원을 채용할 때 직원들에게 자기 밑에서 기술을 배울 기회를 준다는 걸 안다. 직원들과 함께 참호에 머물면서 선수이자 감독에 버금가는 역할을 하는 슈퍼보스들은, 지식을 전달할 뿐 아니라 마치 부모처럼 직원들에게 강한 영향력을 발휘하기 위해 이처럼 비공식적인 교육방식을 활용한다.

오늘날 대부분의 훌륭한 리더들은 직원들을 가르치고 멘토링하는 데 시간을 투자한다. 그들은 소통의 통로를 열어두고, 지혜를 알려주기 위한 질문들을 던지고, 제품 판매를 위한 출장에 동행하며, 일선에서 일하는 직원에게 소중한 조언을 아끼지 않는다. 하지만 슈퍼보스들은 전형적인 '좋은' 상사보다 훌륭한 면모를 훨씬 더 많이 가지고 있어 사실상 기대치를 높인다. 도제교육식의 경영이란, 전통적인 기업에서 최고로 여기는 '멘토십'보다 더 지속적이고 포괄적이며 열정적이고 친밀한 업무 관계를 의미한다. 이러한 관계의 경계를 규정하거나 공언하지는 않더라도, 슈퍼보스들은 기존의 좋은 리더들보다 직원의 성장과 발전에 대해 개인적으로 더 깊게 책임을 진다. 또 도제와 같은 직원들은 다른 조직에 속한 직원들보다 훨씬 관심과 지도를 많이 받으리라고 기대한다. 그리고 매일 슈퍼보스 곁에서 일하면서 이러한 관심과 지도를 받곤 한다. 물론 그들이 슈퍼보스하고만 일하는 건 아니다. 다시 말하지만 근무방식은 그렇게 경직되거나 형식적이지 않다. 레오나르도 다빈치가 종일 베로키오하고만 시간을 보냈다면 그런 성취를 못 거뒀을 것이다. 여느 도제들과 마찬가지로 슈퍼보스들의 직원들도 동료들과 교류하면서 노하우를 얻을 시간도, 혼자서 배운 걸 연습하고 자기만의 방법을 개발할 시간도 필요하다.

모든 슈퍼보스들이 '장인' 역할에 반드시 자긍심을 느끼는 건 아니다. 래리 엘리슨, 제이 치아트, 마이클 밀컨, 보니 풀러 등 최고 지향형 보스들은 어쩌다보니 장인의 책임을 짊어지게 됐다. 그들은 도제들이 경력을 쌓아가면서 어떻게 '느끼는지'에 신경을 곤두세우는 민감한 유형이 아니다. 그들은 결과를 신경쓴다. 하지만 밝혀진 바와 같이, 도제식 교육에 결과가 따라온다. 슈퍼보스가 되기 위해서 직원들의 기분을 맞춰주고, 도제식 모델을 수용할 필요는 없다. 세 가지 유형의 슈퍼보스들 모두 장인으로 활동하면서 자기 밑에서 일하는 사람들과 놀랄 정도로 긴밀한 유대관계를 구축한다. 직원들은 종종 공식적인 훈련으로 배우는 것보다 훨씬 더 많은 것들을 배운다. 그들은 일을 더 잘해내 슈퍼보스의 사업을 새로운 차원으로 끌어올리고 자기네 커리어를 발전시킨다. 몇몇은 레오나르도 다빈치처럼 심지어 눈부신 '걸작들'을 만들어내고, 자기 능력으로 장인으로 인정받는다.

바로 '지금' 함께한다는 것의 의미, 순간의 경영

아침 여덟시 삼십분, 당신은 사무실에 앉아서 하루를 시작하고 있다. 커피를 마시면서 이메일을 확인하거나 페이스북에서 친구들과 친척들의 근황을 잠깐 살필지도 모른다. 그러다가 내일 발표할, 아직 작업중인 프레젠테이션 자료를 열었을 때 누가 위에서 내려다보는 듯하다. 고개를 드니 회사의 전설적인 CEO가 웃으면서 인사를 건네 깜짝 놀란다. 본사에는 수백 명의 직원들이 근무중이고, 당신은 중간 관리자일 뿐이다. 하지만 여기 CEO가 와 있다. 그는 자기소개를 하고는 어떤 일을 하고 있느냐고 묻는다. 맡은 일에 대해 설명하자 그는 "좀더 듣고 싶군요. 지금 바쁜가요? 내 사무실에서 잠깐 이야기할 수 있을까요?"라고 요청한다.

1980년대에 크래프트에서 일을 했다면, 당시 사장 겸 COO로 훗날 CEO가 된 마이클 마일스를 이런 식으로 만났을지도 모른다. 각양각색의 리더십을 발휘한 마일스는 크래프트의 이미지를 건강에 해롭고 기름진 음식을 공급하는 업체에서 건강한 음식 개발에 집중하는 회사로 변모시키며 현대적인 식품 마케팅의 시대로 이끌었다. 크래프트는 '가벼운' 필라델피아 크림치즈와 저지방·무지방 샐러드드레싱, 치즈, 아이스크림 등으로 제품 라인을 다변화했다. 마일스는 1986년부터 1988년 사이에만 약 350개의 신제품 출시를 주도했다.[12] 크래프트 브랜드 중 몇몇은 연 성장률이 1퍼센트에서 약 4퍼센트로 증가했다.[13] 마일스는 크래프트의 기존 제품 라인을 보완할 기업 인수를 검토하기 위해 벤처 그룹도 만들었고, 렌더스 베이글스와 툼스톤 피자처럼 소비자들이 선호하는 브랜드까지 인수했다. 물론 마일스 혼자서 한 일은 아니다. 그는 최고의 마케팅 인재들을 육성하는 데 묘한 재주가 있었다. 마텔, 영 앤드 루비캠, 질레트, 시어스, 하인즈, 허시, 퀘이커오츠의 CEO를 비롯해 미국 소비자 마케팅 분야에서 이름만 대면 알 만한 사람들이 그의 옛 직원이었다. 이게 끝일까? 마크스 앤드 스펜서, 3M, CVS, 캠벨수프의 CEO도 마일스와 일을 했었다.

마일스의 직원들을 인터뷰하면서 직원들에게 이례적일 만큼 거리낌 없이 다가서는 태도가 마일스의 영업 비밀이라는 걸 알아챘다. 크래프트에서 오래 일한 존 터커가 알려줬듯이 마일스는 일부러 시간을 내서 전 직원에 대해 파악하려는 '발로 뛰는 관리자'였다.[14] 그는 다른 직원들도 볼 수 있는 카페테리아에서 자기보다 두세 직급 아래인 부하직원들과 정례적으로 점심을 먹었다. 그는 누구나 그냥 잠시 들러서 질문을 던지거나 전략에 대해 논의할 수 있도록 사무실 문을 열어뒀다. 젊은 직원들과 아침에 즉흥적으로 대화를 나누기도 했다. 마일스는 회사에 도착해서는 매일 아침 무작위로 한 명을 골라 자기 사무실로 데려가서 한 시간 정도 대화를 나누었다. 스포츠나 날씨 같은 주제로 잡담을 나눴을 거라 오해해서는 안 된다. 터커는 "마일스는 항상 매우 직접적이고 날카로운 질문을 던졌습니다. 마치 기말고사 시험을 치르는 기분이었죠"

라고 회상했다.[15]

터커는 이런 경험담도 들려줬다. 마일스가 아침 대화를 청했을 때 터커는 크래프트 글로벌 제조 그룹에서 인사과장으로 근무중이었다. 그로부터 3개월 뒤 터커는 마일스의 사무실로 다시 불려가서는 그가 마일스에게 직접 보고하는 크래프트 인사 총괄 수석부사장으로 승진했다는 얘기를 듣게 됐다. 터커는 "마일스와의 첫 만남이 그가 제게 그 자리를 제안한 계기가 됐죠"라고 기억을 더듬었다.[16] 모든 CEO들이 한 시간 동안 중하위급 관리자와 대화를 나누는 것은 아니다. 하지만 터커의 승진은 그와 마일스 관계의 시작에 불과했다. 이후 몇 년 동안 두 사람은 사실상 매일 이야기를 나누었고, 마일스 아래에서 완전한 도제관계가 꽃을 피웠다.

도제관계 모델에서는 그냥 직원들과 같이 생활하면서 그들에 대해 알아가고, 그들을 같은 편으로 만드는 게 가장 기본적이면서도 중요하다. 날이면 날마다 직접(혹은 필요에 따라서는 통신 기술을 통해) 직원들과 만나지 않고서는 직원 훈련을 위한 개인적 접근방식을 전개할 수 없다. 하지만 대부분의 리더들은 그러지 않는다. 사실 그들은 직원들에게 가까이 다가가지도 않는다. 인기 TV 프로그램 〈언더커버 보스〉에 등장하는 CEO들은 안타깝게도 그리 드물지가 않다. 회사가 정말 어떻게 돌아가는지 알아보기 위해서 하위직 직원으로 가장한다고 상상해보자. 무지하고 직원들과 거리를 두는 이런 리더는 슈퍼보스와는 정반대다. 오늘날 많은 기업들이 고객에게 더 가까이 다가가기 위해 초점을 맞추는 반면, 슈퍼보스들은 직원들이나 팀원들에게 더 가까이 다가가기 위해서 애쓴다. 마이클 마일스 같은 슈퍼보스들은 도제식 사고방식을 통해서 직원들에게 그들이 언제든지 조언을 들을 수 있다는 사실을 전달한다.

HCA의 전 부사장이자 다트머스대 의과대학원 명예교수인 폴 바탈덴 박사는 자신의 슈퍼보스 토미 프리스트에 대해 이렇게 말했다. "그분은 『포천』 선정 100대 기업에서건 당시 어떤 규모의 기업에서건 찾기 힘든 유형의 CEO였습니다. 누구나 언제든지 그를 만날 수 있었죠. 그에겐 항상 시간이 있었어요."[17] 비행기 조종도 했던 프리스트는 때로는 직원들을 부조종사 자리에 앉히고 함께 사업에 대해 이야기하면서 다른 도시에서 열리는 행사에 가기도 했다. 세계적인 지휘자 요르마 파눌라는 제자들과 온종일 시간을 보내고서도 그들과 식사를 함께하며 더 많은 이야기를 나누곤 했다.[18] 그의 제자 주하니 푸타넨은 "파눌라는 아주 중요한 한 가지를 갖고 있었습니다. 바로 시간입니다"라고 말했다. 필라델피아 인콰이어러의 진 로버츠는 자기 집에서 새벽 두시까지 직원들과 이야기를 나누기로 유명했다. 볼티모어 선과 로스앤젤레스 타임스를 경영했던 존 캐럴은 로버츠에게 새로운 프로젝트를 맡아달라고 제안받을 때를 이렇게 회상했다. "그는 저를 사무실로 불러서는 '존, 자네가 이 일을 해줬으면 좋겠어'라고 말하는 데서 그치지 않았습니다. 저는 저녁 시간 내내 그와 함께해야 했죠."[19]

직장생활을 하면서 직원이 상사와 이야기를 나누고자 할 때는 보통 '시간 예약'을 해둬야 한다. 비서에게 이메일을 보내 보통 '실제 업무'가

행해지는 장소 밖으로 '미팅' 장소를 정한다. 그러한 관행이 상사와 직원들을 더 가깝게 만들어줄 듯하지만, 실제로는 상사와 직원들의 접촉 정도가 통제돼 사이가 멀어진다. 오늘날 정신없이 바쁜 일정에 쫓기는 경영진들은 시간 관리를 해야 하지만, 그렇게 일과 일 사이를 뛰어다니다 보면 학습, 뜻밖의 재미, 의미 있는 관계 수립에 필수적인 그 순간의 가볍고 지속적인 연결을 잃게 된다.

슈퍼보스들은 고작 일주일에 한 번, 삼십 분 정도 회의에 모습을 드러내는 게 아니라, 자주, 비공식적으로 회의에 참석해 직원들과 열띤 토론을 벌인다. 슈퍼보스들은 직원들과 함께 일하면서 직접 코치를 해준다. 조지 루커스가 R2D2의 특징적인 '삐' 소리를 만들기 위해서 벤 버트와 어떻게 협력했는지 기억하는가? 루커스는 버트에게 시간과 자유를 제공했지만, 직접 개입하며 종종 예고 없이 격렬한 일대일 토론을 벌이기도 했다.

헤지펀드계의 거물 줄리언 로버트슨을 인터뷰하던 중 젊은 직원에게 전화가 걸려오자 그는 재빨리 전화를 받아서는 사업상 문제를 어떻게 해결할지를 확실히 알려줬다. 피닉스 홀딩스와 산터스 코터레이션의 회장 새뮤얼 하워드는 "토미 프리스트 역시 다른 누구보다 열심히 일했습니다. 그에게 어떤 일을 처리하는 방법에 대해 물으면 그는 팔을 걷어붙이고 도와주곤 했어요"라고 말했다.[20] 마이클 밀컨은 새벽 네시 삼십분에 일어나서 모든 팀원들이 내린 결정을 검토하고, 아직 해결되지 않은 업무 사항들에 대해 의견을 요청하는 메모를 남겼다.[21] 노먼 브링커의

전 최고재무책임자CFO는 식당에서 행주를 들고 식탁을 정리하는 브링커를 목격하곤 했다.[22]

전통적인 관리자들은 부하직원들의 코칭이 중요하다고 말하면서 실제로 코칭에 시간을 투자하지는 않는다. 오늘날 관리자들은 근로관계를 엄격한 거래관계로 간주하기 때문이다. 즉 '내가 당신에게 월급을 주니, 그 대가로 일을 끝내는 건 내가 아닌 당신 몫이다'라고 생각한다. 코칭이 이루어진대도, 팀원들의 화합을 돕거나 젊은 임원이 주어진 역할을 준비하게 해주는 식으로 제한된 목적을 위해 초빙된 전문가들이 대신하곤 한다. 밤낮으로 지도하며, 코칭을 자기의 핵심 업무로 간주하는 상사를 만나기란 쉽지 않다.

반면 슈퍼보스들은 상사와 부하직원 간의 고전적 관계를 전부는 아니더라도 상당 수준 뒤집는다. 우리가 살펴봤듯이 슈퍼보스들은 전략과 비전에 대해 고민하지만, 실행에 대해서도 생각한다. 그들은 실무에서 놀라울 정도로 궂은일을 마다하지 않고 솔선수범하며, 그 과정에서 직원들의 귀감을 산다. 이는 그들이 무엇보다 전달해야 할 교훈들을 많이 가진, 특정 분야의 전문가이기에 가능한 일이다. 이는 도제교육 모델을 위한 중요한 전제조건이다. 특정 분야의 대가가 아니라면 제자를 키우는 장인이 될 수 없다. 제자들은 자기 길을 찾아 떠나고서도 대가의 기술에 감명받고 감사해한다. 트론헤임 심포니 오케스트라의 수석지휘자이자 예술감독 에이빈드 아드란드는 "요르마 파눌라는 지휘의 기술적 측면에서 엑스레이 같은 통찰을 갖고 있었습니다"라면서 "그는 정말로,

엄청나게 지식이 풍부했어요"라고 말했다.[23] 시드 가니스는 〈인디애나존스〉 시리즈의 1편 〈레이더스〉를 스티븐 스필버그와 조지 루커스에게 처음 보여준 후, 조지 루커스가 스티븐 스필버그에게 '세 시간 분량의 영화에 대한 메모'를 줬다는 일화를 들려줬다. 가니스는 그게 "그가 누구인지 어떤 사람인지를 보여준 일화"였다고 했다.[24] 내가 인터뷰한 직원들에 따르면 월시, 브링커, 로런 모두 리더십뿐 아니라 기술에 대한 지식 때문에 존경받았다.

궁극적으로 많은 슈퍼보스들은 부하직원들과 함께 일하는 게 자기네 기업을 성공적으로 경영하는 데 꼭 필요한 일이라고 확신하기 때문에 이를 우선시한다. 프렌치 런드리, 펄세 등 유명 레스토랑을 운영중인 성공한 슈퍼보스 요리사 토머스 켈러는 언젠가 자신의 주방을 운영할 '우리의 다음 세대'인 부주방장들과 같이 시간을 보낸다. 켈러는 직원들이 결국 다른 사람 밑에서 일할 수도 있다는 걸 알면서도 그렇게 한다. 켈러의 말대로 인재들이 떠났다가 몇 년 후 되돌아올지도 모른다. 따라서 지금 그들과 같이 일하며 시간을 보내는 일은 충분히 가치가 있다.[25]

특전, 특별대우, 연공서열?
그것이 바로 그들이 가장 질색하는 것이다!

사무실을 한번 둘러보라. 리더들이 전

용 주차 공간, 식당, 화장실, 사무실 등을 이용하는가? 왜 많은 리더들이 이런 비금전적 혜택을 '높은 자리에 올랐기 때문에' 마땅히 누려야 할 보상처럼 여길까? 대부분의 슈퍼보스들은 일반적인 특전, 특별대우, 직위를 그리 신경쓰지 않는다. 사실 이는 역효과를 낳을 뿐이다. 슈퍼보스들은 직원들과의 관계를 너무나 중시하기 때문에 물리적 또는 정서적 거리를 만들 만한 모든 요소를 경멸한다. 그들은 모든 사람들이 뭔가를 이뤄내게 해주는 일대일 관계를 원한다. 전화 한 통을 하거나 사무실 문을 두드리기만 해도 슈퍼보스와 교류할 수 있다면, 이는 그가 체계를 무시하는 일을 용인할 뿐 아니라 이를 공공연히 장려하기 때문이다.

집적회로의 개발자[26]이자 인텔의 창립자인 로버트 노이스는 너무나도 많은 기술 기업인들에게 영향을 미쳐 실리콘밸리의 시장市長으로 유명해졌다.[27] 그는 인텔을 세우기 전, 페어차일드 반도체의 창립을 도왔는데 이 회사는 레이시온 반도체, 클라이너 퍼킨스 코필드 앤드 바이어스, 어드밴스드 마이크로 디바이시스, 그리고 인텔까지 포함해 수백 개 기업으로 가지를 쳐나갔다. 나중에 내셔널 반도체의 CEO가 된 페어차일드의 제조 전문가 찰리 스포크는 "노이스가 오늘날의 실리콘밸리를 만들었다고 해도 과언이 아니다"라고 평했다.[28]

노이스는 페어차일드에서 '서부 해안West Coast' 경영 스타일(빌 월시의 '웨스트 코스트 오펜스'와 혼동해서는 안 된다)로 유명해졌는데 이는 형식적이고 계급적인 '동부 해안' 회사들의 경영방식보다 훨씬 더 자유롭고 평등한 스타일이었다. 이후 서부 해안 스타일은 큰 성공을 거둔 실리콘밸리의 많은 기업들과 관련됐는데 이는 슈퍼보스들이 슈퍼스타 집단을 배출하여 업계에 영향을 미치기도 하지만, 그들의 영향력이 종종 훨씬 더 크다는 사실을 입증한다.

노이스는 기업가 정신을 중시하는 회사에는 부적합하다면서 서열을 없앴다. 당시 서른 살이 갓 넘었던 노이스는 페어차일드에서 가장 연장자였다. 그는 '경험이 풍부한' 사람은 존재하지 않는다(오늘날 실리콘밸리에서 자주 듣는 말 아닌가?)며 대학이나 대학원을 갓 졸업한 엔지니어들을 고용했다. 트랜지스터는 너무나 최신 기술이었기 때문이다. 노이스는 신입사원들을 곧바로 연구 개발의 중심부로 투입시켜 자신과 함께 일하면서 배우게 했고 페어차일드란 회사에 대해 적응하게 했다. 특권이나 연공서열이 아니라 열정이 회사 문화를 정의했다. 작가 톰 울프는 『에스콰이어』에서 "젊은 엔지니어는 오전 여덟시에 출근해 내내 일하고서 저녁 여섯시 삼십분이나 일곱시경쯤 퇴근해 집으로 돌아갔다. 삼십분 동안 아이와 놀아주고 아내와 저녁을 먹고 잠자리를 한 후 그녀를 재빨리 밀어내고서 아내를 어둠 속에 남겨둔 채 책상 앞에 앉아 '집에 가지고 올 수밖에 없었던 몇 가지 일들'을 두세 시간 동안 처리했다"고 묘사했다.[29]

보다 기본적 차원에서 노이스는 직급과 차별성을 전달하는 과시적인 요소들을 좋아하지 않았다. 그런 것들이 그의 모습을 제대로 보여주지 못하기 때문이다. 페어차일드와 인텔의 공동창업자이자 자기 힘으로 전설이 된 고든 무어는 노이스에 대해 이렇게 말했다. “그는 똥차를 모는 아주 현실적인 사람이었어요. 그가 데리고 있던 어떤 기술자가 ‘이 차는 구석에 세워주세요. 회사 평판을 떨어뜨립니다’라고 적힌 푯말을 그의 차에 걸어두기도 했죠. 노이스는 전혀 허세를 부리지 않았습니다.”[30] 무어는 이런 일화도 들려주었다. 페어차일드 모회사의 CEO가 페어차일드 반도체를 시찰하기 위해 캘리포니아를 방문한 적이 있었다. 그는 제복을 차려입은 기사가 모는 리무진을 타고 도착했다. 노이스는 터무니없이 사치스러운 그의 모습에 충격을 받았다. 운전사가 아무 일도 하지 않으면서 차에서 시간을 보내는 동안 CEO가 어떻게 하루를 즐길 수 있단 말인가? 그는 전혀 이해가 가지 않았다. 무어는 “누군가가 하루종일 아무 일도 안 하면서 앉아 있는 모습을 노이스는 상상할 수 없었습니다”라고 말했다.[31]

무어와 함께 인텔을 시작하면서 노이스는 관료주의를 청산하고 ‘수평적인’ 조직 문화를 만들어야 한다고 거듭 강조했다. 인텔에는 임원실이나 임원 전용 주차 공간이 없었다. 스톡옵션은 대부분의 사무직 근로자들과 모든 엔지니어들도 받았다. 인텔은 큰 방 하나에 낮은 파티션을 설치하는 식으로 업무 공간을 개별 ‘사무실’로 나누어 노이스와 무어를 포함한 모두가 같은 환경에서 일했다.[32] 그들은 어떤 직원도 의견을 내는 데 뭔가 가로막는다고 느끼지 않았으면 했다. 적어도 인텔의 규모가 아직 작았던 시절에는 모든 직원이 노이스와 무어를 자유로이 만났다. 이러한 모델에서는 어떤 질문이든 가능하고 어떤 생각이든 표현할 수 있었다. 직원회의는 일부 선택된 관리자의 독점 영역이 아니었다. 모든 직원이 회의에 참석해 생각을 공유할 수 있었다.[33]

이러한 게임의 법칙은 다른 많은 슈퍼보스의 조직에서도 유사하게 나타났다. 크래프트에서 마이클 마일스는 어느 날 임원들에 대한 특별 대우를 없애고, 선착순으로 주차하게 해 직장 내 서열을 뒤흔들었다. 줄리언 로버트슨의 '새끼 호랑이들' 중 하나인 존 그리핀은 로버트슨의 사무실을 다음과 같이 묘사했다. "방 하나를 상상해보세요. 줄리언은 그 한가운데에 앉아 있었습니다. 문도, 개별 사무실도, 사적인 대화도 없었죠. 거의 모든 게 개방되어 있었어요."[34] 제이 치아트도 낮은 칸막이로 분리된 책상이 놓인 공간을 모두가 공유하는 개방형 사무실을 도입했다.[35] 치아트데이의 관리자 스티브 앨버티에 따르면 "치아트는 모든 곳에서 아이디어가 나와야 한다고 생각했습니다…… 물리적 공간을 바꾸고 변화를 강요하기 전까진 결국 사람들은 변하지 않을 거라고 여겼죠. 그것은 급진적인 아이디어였고, 사람들은 권력을 과시하는 요소들을 잃을까봐 위협과 공포를 느꼈어요"[36]라고 한다.

일부 관리자들과 직원들이 저항한대도 슈퍼보스의 의지를 꺾을 수는 없다. 아치 노먼은 영국 슈퍼마켓계의 슈퍼보스로 그가 배출한 많은 후계자들이 부츠, HBOS, 벤덱스, 레비 유럽, 로열 메일, 할포드, 케이블 앤드 와이어리스, 세인스버리 같은 기업들을 경영하고 있다. 1991년 노먼은 영국 슈퍼마켓 체인 아스다의 CEO가 되었는데 당시 아스다에는 사람들을 멍청하게 만드는 관료주의가 만연해 있었다. 노먼은 비용 절감과 함께, 모든 격식을 제거하기 위한 일련의 조치들을 토대로 전환 전략을 추진했다. 사무실 벽을 허물어 개방형 사무실로 변경했고, 회의는 서서 진행했으며, 직급이 적힌 명찰을 없앴다. 또한 평사원들이 CEO에게 편지를 보내게 권장했으며(노먼은 취임하고 3년 반 동안 4만 통의 편지를 받았다), 의례적으로 이뤄지던 임원들의 매장 방문(수행단을 거느리고 가서 리본을 자르는 등)을 학습 기회로 전환시켰다. 그러면서 노먼은 리더십을 발휘할 젊은 인재들을 수소문했다.[37, 38]

몇몇 슈퍼보스들은 노먼 이상으로 계급제와 관료주의 폐지를 위해 나섰다. 그들은 일터에서 일상적인 상호작용을 차단하거나 방해하거나 약화시키는 어떤 관료주의적 요소이든지 가리지 않고 거의 본능적으로 증오하는 듯했다. 그 흔한 보고서 양식이 없는 삶을 상상할 수 있는가? 치아트데이의 직원들은 그럴 수 있다. 제이 치아트는 보고서 양식을 '사람들이 뒤에 숨겨둔 기업의 병폐'라고 부르면서 1년 내내 보고서 양식의 작성을 금지했다.[39] 한편 진 로버츠는 직원회의와 공식 연설을 금지했다.

많은 리더들이 관료주의에 대해서 불평하면서도 여전히 표준화된 보고서 양식, 끝없는 회의, 공식 직급 같은 형식적 관행들을 유지한다. 그런 게 없으면 조직 내 불확실성과 혼란이 팽배해질까봐 두렵기 때문이다. 체계적인 절차와 명확한 책임자는 필요하지 않을까? 슈퍼보스들은 입을 모아 "아니다"라고 말한다. 엄밀히 말해서 슈퍼보스들이 경영하는 기업들이 완벽하게 수평적인 건 아니다. 궁극적으로 슈퍼보스가 꼭대기에서 회사를 통제하기 때문이다. 하지만 슈퍼보스들은 비격식적 관계를 통해 혁신, 창의성, 활력을 얻을 수 있다면 약간의 체계가 희생되어도 그럴 만한 가치가 있다고 여긴다.

비교적 수평적인 조직과 가식 없는 문화 때문에 슈퍼보스는 나이나 경력에 상관없이 모든 직원들과 긴밀하고 직접적이며 전면적으로 교류한다. 베로키오의 공방에서 스승과 제자는 나란히 일하면서 지식과 노하우를 자유롭게 교환했다. 현대의 슈퍼보스들은 이보다 더 규모가 크고 더 복잡한 조직을 경영하고, 메디치가 시대에는 들어보지 못했던 부조리한 규제들과 씨름하고 있지만, 그들 역시 관료적 절차와 화려한 직함이 사람들 간의 거리를 멀어지게 만든다고 느낀다. 그들은 그러한 것들을 드물게만 사용해야 하는 필요악으로 간주한다. 슈퍼보스들은 궁극적으로 단순히 직원들의 관리자가 되려 하지 않는다. 직원들에게 통찰력 있고, 열정적이고, 신뢰할 만한 스승이 되고자 한다.

'어떻게 그렇게 한 걸까?' 그들의 가르침을 보면 절로 떠오르는 의문

거장 지휘자 요르마 파눌라는 상당히 평범한 중년으로 보였다. 그는 키가 작았고 덩치는 약간 있었으며, 푸른빛을 띤 회색 머리에 길쭉한 사각형 얼굴을 한 남자였다. 하지만 그러한 꾸미지 않는 모습에 그의 매력적인 성격이 가려졌다. 영국 실내악단 스완 오케스트라의 예술감독 데이비드 커티스는 파눌라와 함께했던 수업에 대해 이야기해줬다. 열두 명의 학생 지휘자들이 오케스트라단을 이끌고 브람스 교향곡을 지휘했고, 다른 학생들은 무대 뒤에서 그 광경을 지켜봤다.[40] 그러다 불행히도 한 학생에게 문제가 생겼다. 그가 정확히 지휘하지 못해 결과적으로 오케스트라는 제대로 연주하지 못했다. 파눌라는 속상해하면서 투덜대고 불평했다. 그는 학생을 바로잡아주려고 애썼지만 소용이 없었다. 결국 그는 벌떡 일어나더니 문을 쾅 닫고 휙 나가버렸다.

잠시 후 파눌라가 돌아오자 오케스트라는 그 학생과 연주를 재개했다. 여전히 적절한 악센트로 음이 연주되지 않았기에 파눌라는 지휘대로 올라가서 학생 뒤에 선 채 조금 더 고함을 쳤다. 다시 한번 오케스트라는 문제되는 부분을 연주했다. 강조해서 연주되기를 원했던 정확한 부분에 이르렀다. 그러자 파눌라는 "그냥 약간 어깨를 으쓱하거나 주먹을 내려놓았습니다. 요란하거나 큰 동작은 전혀 아니었어요. 그냥 곰 같은 동작이었죠. 회색곰 한 마리가 당신을 바라보면서 으르렁거리는 모습만 상상하면 될 정도였어요"라고 한다.[41]

어쨌든 이는 효과가 있었다. 커티스는 이렇게 말했다. "오케스트라가 엄청난 소리를 냈어요. 모두 서로를 쳐다볼 정도였죠. 어떻게 그런 걸까요? 오케스트라는 그가 뭘 하려는지 몰랐어요. 학생들도 몰랐고, 아무도 몰랐죠. 그는 그저 전형적인 파눌라식 동작만 취했는데 오케스트라가 폭발했어요. 우리는 그저 서로를 바라보며 '대체, 어떻게 된 거야!'라고 생각하고 있었죠."[42]

커티스는 교사로서 파눌라의 존재감이 얼마나 대단했는지를 알려주고자 이 일화를 들려줬다. 그는 파눌라가 기교의 핵심(예를 들자면 음악가들이 어떻게 적절한 방식으로 특정 음에 악센트를 주는지)을 전달했을 뿐 아니라, 학생들이 더 깊게 발전할 수 있도록 이끌었다는 점에서 유능했다고 덧붙였다. 파눌라 특유의 상호작용은 강력한 자기분석을 일으켜 학생들의 발전을 돕는 듯했다. 악센트를 줘야 할 부분에서 강조하지 못했던 학생은 지휘방식뿐 아니라 작품을 장악해 오케스트라를 이끌어야 했다. 무대에서는 집중하거나 엄격하게 행동하지 않으면 공연이 끊기는데 파눌라의 피드백은 이런 유의 무의식적인 행동들을 뿌리뽑는 데 유용했다.

파눌라가 전하고자 했던 궁극적인 교훈은 음악가로서의 진실성이었다. 지휘자의 의도는 무엇보다 중요했고, 파눌라는 조금의 빈틈도 용납하지 않았다. 파눌라는 학생들에게 공연할 때 자아를 모조리 내려두라고 명확히 지시했다. 작곡가가 남긴 제 음을 전달하는 게 지휘자의 목표이기 때문이다. "음악, 정직함, 진실성이 중요합니다. 지휘대에서 돋보이려는 사람에게 파눌라는 전혀 관심이 없습니다. '오, 그래. 놀랍네, 놀라워…… 그럼 다음 사람'이라고 할 겁니다."[43]

모든 슈퍼보스들의 직원들이 비공식적이고 도제교육처럼 이뤄진 상호작용과정에서 배웠던, 자신의 커리어에 유용했던 강력한 교훈들에 대해 이야기해줬다. 슈퍼보스들은 어떻게 정확히, 그토록 효율적으로 가르쳤던 걸까? 파눌라의 방식은 분명 그만의 독특한 방법이었다. 하지만 다른 슈퍼보스들도 마찬가지로 특별한 방법을 썼다. 연구과정에서 작성한 수천 페이지 분량의 인터뷰 자료들을 몇 번씩이고 검토해봐도, 모든 슈퍼보스들이 공통적으로 사용한 교육방식이나 교육법을 하나로 모을 수 없었다. 시즌이 끝나고 훈련 캠프장에서 그룹 지도를 하기 위해 별도로 시간을 빼둔 빌 월시 같은 경우도 있었고, 백화점 매장을 돌아다니며 개별적으로 직원들을 일대일로 교육한 랠프 로런 같은 경우도 있었다. 독자들의 마음속에 이미지가 떠오르게 기자들이 생동감 있게 글을 쓰게 도운 진 로버츠에게 어느 시각장애인 편집자가 "제가 볼 수 있게 해주세요!"라고 했다는 이야기를 비롯해 갖가지 일화를 전해들었다.[44] 슈퍼보스들은 직원들에게 필요한 지혜를 정확하게 문구로 제시하기도 했다(마크스 앤드 스펜서와 까르푸의 전 회장 루크 반데벨데는 "마이클 마일스가 '기술 끌어내기'를 통해 사람들에게서 최고의 능력을 끌어내고, '기술 제한하기'는 피하라고 조언해줬습니다"라고 말했다. 반데벨레는 "저는 이 두 단어를 잊지 못할 것입니다"라면서 "그 때문에 저는 경영방법을 크게 변화시켜 사람들이 최고의 능력을 발휘하는 환경을 조성해주었습니다"라고 덧붙였다).[45] 또 어떤 경우(실제로 많은 경우) 슈퍼보스들은 직원들에게 질문을 던져 매 순간 새로운 아이디어를 명확하게 표현하도록 만들어 그들의 사고방식에 새로운 창을 열어주었다.

슈퍼보스의 교육법은 흔히 익숙한 환경에서 특이한 방식으로 전달되기에 매우 인상 깊게 남는다. 진 로버츠는 저녁식사를 하면서 존 캐럴에게 특정 상황을 수습하는 방법에 대한 '자잘한 힌트들'을 제공하곤 했다. 캐럴은 이런 저녁식사 시간이 '인생 최고의 세미나 시간'이었다고 추억했다.[46] 피아니스트 허비 행콕은 마일스 데이비스와 어떤 식으로 녹음했는지에 대해 이야기(데이비스와 같이 일했던 사운드 엔지니어 스콧 로스가 내게 설명해줬다)한 적이 있는데, 마일스는 행콕에게 왼손을 깔고 앉은 채 오른손으로만 연주하게 했단다. 로스에 따르면 "피아노 연주자에게 손이 잘린 셈"이었다. 하지만 마일스는 그런 식으로 행콕이 이전에 사용했던 어떤 방식보다 더 정밀하게 소리를 조절할 수 있게 가르쳐줬다.[47]

슈퍼보스들은 아이디어를 지혜의 '결정체'로 전달할 수도 있지만, 그냥 있는 그대로를 보여주고 직원들이 이를 관찰하면서 스스로 배우게 이끈다. 색소포니스트 빌 에번스는 "저는 마일스 데이비스가 연주하는 모습을 지켜보기만 해도 많은 걸 배울 수 있었습니다"라고 말했다.[48] 샌타모니카와 라스베이거스에 자리한 보더 그릴의 공동소유자이자 셰프인 메리 수 밀리컨은 앨리스 워터스를 지켜보면서 일과 육아를 어떻게 병행하는지 '영감'을 받았다고 회상했다. "앨리스가 딸 패니를 가졌을 때 제 관심이 쏠렸어요. 그녀가 계속 일을 할지, 일과 육아를 어떻게 병행하는지 지켜봐야겠다 싶었죠."[49] (HCA의 정신병원을 분리해) 훗날 미국행동센터를 창립한[50] HCA의 전 임원 에드워드 스택은, 운동이 유행하기 훨씬 전부터 토미 프리스트는 달리기로 출퇴근하면서 건강 유지가 중요하다는 메시지를 전 직원에게 심어줬다고 떠올렸다. 이후 많은 임원들이 일상적으로 달리기나 웨이트 트레이닝을 하게 되었지만 프리스트는 "누구에게도 '그러라'고 말한 적이 없었어요. 누가 토미 프리스트처럼 하지 않았대도 그는 불편해하지 않았습니다. 그는 모범을 보이고, 여러 가지 일을 하고, 다른 사람들도 따라 할 기회를 줬죠".[51]

슈퍼보스들은 한번에 다양한 교훈을 제공한다. 첫째로 그들은 업무에 대한 전문적인 뉘앙스를 가르친다. 예를 들어 직원들이 어디서도 얻지 못할 통찰, 그들이 이미 알고 있을 법한 기본기를 상기시켜주는 식견 등을 가르친다. 신문사 경영에 필요한 핵심을 진 로버츠보다 누가 더 잘 가르쳐주겠는가? 성공적인 레스토랑 체인을 운영하는 비밀을 노먼 브링커보다 누가 더 잘 가르쳐주겠는가? 로저 코먼 감독은 유용한 영화 제작수칙을 여럿 가르친 것으로 유명하다. 그는 "장면들의 우선순위를 매겨라, 제작진이 조명을 세팅하는 동안 리허설을 진행하라, 태양을 따라가라, 대화 장면에 생동감을 불어넣기 위해 눈앞의 사물들을 이용하라, 눈을 활성화시키기 위해 동작을 삽입하라, 무엇보다 편안한 신발을 신고 자주 앉으라" 등의 조언을 했다.[52] 배우 잭 니컬슨은 자신의 옛 보스에 대해서 "로저와 함께 있으면 기본, 좋은 기본과 힘든 기본을 배우게 된다. 정말 잊지 못할 기억이다"라고 말했다.[53]

첫번째 교훈 못지않게 소중한 두번째 교훈은 기업을 경영하고 조직을 이끄는 방법에 관련한, 기업의 성패를 좌우하는 조언이다. 억만장자 기업가이자 디자이너 토리 버치는 랠프 로런에게 "제품부터 마케팅, 매장의 진열에 이르기까지 회사에 대한 온전히 비전을 갖는 게 왜 중요한지 배웠다"고 믿는다.[54] 앨리스 워터스는 현재 샌프란시스코에서 게일스 베이커리를 운영하는 셰프 게일 오리츠에게 레스토랑 운영 전반에 있어서 "세부 사항까지 관심을 쏟고, 완벽함을 추구하는 방법"을 가르쳐줬다. 게일스는 "사업을 살필 때 이 부분에 가장 중점을 두게 되었습니다"라고 말했다.[55] 마이클 마일스는 허시의 CEO였던 리처드 레니에게 주주가치를 높이는 전략 계획을 어떻게 개발하는지 가르쳐주었다고 한다.[56]

모든 슈퍼보스들에게 배울 수 있는 한 가지 업무상 교훈은 인재의 중요성이다. 그들은 이를 행동으로 보여준다. 슈퍼보스들은 직원들에게 "사람을 잘 뽑아라" 하고 단순히 충고를 하는 차원에서 그치지 않고 진정 비범한 인재를 채용하기만큼이나 그런 인재가 잠재력을 발휘하도록 돕는 일이 중요하다고 강조한다. 캠벨수프의 CEO가 되기 전, 약 6년 동안 마이클 마일스 밑에서 일했던 더그 코넌트는 이렇게 말했다. "뛰어난 인재 없이는 특출난 성과를 내기 어렵습니다. 그 중요성을 크래프트에서 배웠죠. 크래프트에서 일하지 않았더라면 인재 관리에 그렇기까지 힘쓰지 않았을 겁니다."[57]

직원들이 슈퍼보스들에게 얻는 무엇보다 가치 있고 오래가는 교훈들 중 일부는 세번째 교훈의 범위에 들어간다. 이를 '인생 교훈'이라고 부를 수도 있다. 예를 들어, 슈퍼보스들은 반복적으로 규율을 가르친다. 즉 그들은 기술을 완벽히 다듬고, 가치관, 신념, 비전에 충실하기 위해 열심히 노력하는 일의 중요성을 가르친다. 한 헤지펀드 매니저는 어느 날 줄리언 로버트슨이 어떤 주식을 살지 고민하는 모습을 지켜보게 됐는데 여기서 규율에 대해 한두 가지를 배웠단다. 로버트슨은 어느 회사의 주식에 1억 달러를 투자할지를 결정하기에 앞서 그 기업을 조사하는 데 많은 시간을 쏟았다. 그는 매수 주문을 냈지만, 그사이에도 계속해서 그 기업과 업계에 대해서 더 많은 정보를 얻고자 몇몇 사람들에게 조언을 구했다. 그가 연락을 돌려 입수한 정보로 보건대 그 주식은 처음에 생각했던 것만큼 매력적이지 않을 수도 있었다. 다른 매니저라면 거래를 유지하는 편이 합리적이라고 여겼을지도 모른다. 발을 뺄 경우 인수 비용의 10퍼센트(무려 1천만 달러)를 위약금으로 지불해야 했기 때문이다. 하지만 로버트슨은 손실을 입어도 개의치 않았고 결국 발을 뺐다. 이를 지켜본 헤지펀드 매니저는 당시 상황을 이렇게 설명했다. "로버트슨은 결코 뒤돌아보지 않았습니다. 결과가 좋을지 나쁠지는 확신할 수 없어요. 그건 중요하지 않습니다. 로버트슨은 상황이 바뀌었을 때 빠져나오고, 항상 재고해볼 수 있어야 한다는 걸 가르쳐줬습니다."[58]

그런 존경할 만한 행동으로 슈퍼보스들은 그의 사람들에게 또다른 핵심 교훈을 전달해준다. 직원들에게 독립적으로 행동하고 사회적 관습을 무시하라고 요구할지라도, 비본질적인 것과 무엇을 진정 우선순위에 놓아야 하는지 구분짓는 일의 중요성이다. 지휘자 에사 페카 살로넨은 요르마 파눌라에 대해 "우리는 무엇보다도 사회와 문화의 모든 기본적 이치에 대해 질문하고 그저 성실하게 노력하라는 가르침을 그에게 배웠습니다"라고 말했다.[59] 자기 브랜드 이미지를 가꿔나간 랠프 로런이든,

캐주얼 레스토랑이라는 개념을 충실히 지킨 노먼 브링커든, 저예산 영화를 가장 잘 제작하는 자신만의 모델을 추구한 로저 코먼이든, 슈퍼보스들이 하는 일은 기본적으로 단순하다. 직원들은 슈퍼보스와 일상적으로 접촉하면서 그러한 단순함을 부담스러워하면서도 그로 인한 풍성한 결과물을 경험하고 거기서 영감 또한 받는다. 이는 그들에게 결코 잊을 수 없는 교훈으로 남는다.

슈퍼보스들이 공유하는 인생 교훈은 직원들에게 각인되어 그들이 어떻게 행동하면 될지 평생 지침처럼 따라붙는다. 데이비드 커티스는 "저는 지휘대에 올라갈 때마다 파눌라가 오케스트라 뒤에 앉아서 지켜본다면 어떻게 생각할지를 상상해봅니다"라고 말했다.[60] 다년간 줄리언 로버트슨 밑에서 일했던 유명 헤지펀드 매니저는 가끔 100퍼센트 확신하지 못하는 투자에 대해 고민한다고 했다. "'이봐, 그러지 마. 고민해보라고. 일주일 동안 기다리면서 어떤 느낌인지 확인해봐'라는 줄리언의 목소리가 들립니다. 그러면 '그래, 맞아' 하면서 일주일 뒤에는 '멍청이, 대체 왜 이런 투자를 하고 싶어했던 거지?'라고 말할 거예요."[61] 이와 같은 이야기들은 스승으로서 슈퍼보스들의 특별한 영향력을 증명해준다. 몇몇 상사들은 지키고 서서 감독하지 않는 이상 직원들이 어떤 일을 하도록 만들기가 힘들다며 애를 먹는다. 상사가 자리를 비우면 직원들의 행동은 예전처럼 돌아간다. 슈퍼보스의 직원들은 가르침을 내면화해서 자기 것으로 만든다. 그들은 커리어를 쌓아나가면서 이러한 교훈들을 반복적으로 활용한다. 데이비드 머피가 치아트에 대해서 말한 대로다. "제이가 죽고 나서야 저는 비로소 젊은 임원으로서 그가 저에게 얼마나 중요한 영향을 미쳤는지를 깨달았습니다. 그는 위험을 무릅써도 좋고, 질문을 던져도 좋다고, 일단 결과가 나왔으면 이를 진지하게 받아들이라고 가르쳐줬습니다."[62] 머피가 자신의 상사에게 이 이상으로 찬사를 보낼 수 있을까?

'그냥 일' VS '의미 있는 일'
슈퍼보스처럼 코칭하기

조직과 리더들이 채택하기에 도제관계는 말도 안 되는 아이디어일지도 모른다. 급변하는 21세기 경제 상황에서 인재처럼 중요한 부분을 다루면서 15세기로 돌아가다니 유용해 보이지도 않고, 심지어 비현실적으로 보일 수도 있다. 하지만 슈퍼보스들의 실적이 말해준다. 그들의 전술은 입증됐다. 조직이나 개별 리더가 슈퍼보스 스타일로 전략적으로 행동하는 직장에서(많은 기업과 비영리단체의 중간 관리자급에 슈퍼보스가 더 많이 있다는 사실을 기억하라) 직원들이 실제로 이득을 보고 있다. 예를 들어 학교에서 최고의 교장은 'CEO 역할'을 하는 사람이 아니라 교사들과 함께 교실에서 시간을 보내는 사람이다.[63] 젊고 경험이 부족한 교사들이 학업 성취도가 낮은 학교에서 경험을 쌓을 기회를 제공하는 인턴십 프로그램인 티치 포 아메리카를 살

펴보면, 교장이 코칭에 적극적으로 참여하는 학교를 다닌 참가자들이 성공할 확률이 더 높았다.[64]

오늘날 대부분의 좋은 리더들은 대면접촉의 중요성을 이해한다. 경영 전문가들은 이에 '현장 경영'이라는 신조어를 만들어냈다. 하지만 장기간 실행되어온 현장 경영도 슈퍼보스와 직원들 사이에 존재하는 지속적이고 깊은 협업을 아우르지는 못한다. 경영진이 아무리 좋은 의도로 추진한대도 도제교육식 경영은 실제로 이루어지지 않는다. 일정표가 너무나 빠르게 채워지기 때문에 임원들은 전략을 완벽하게 짜서 부하직원들에게 실행을 맡겨야 한다는 압박을 느낀다. 서열과 관료주의는 여전히 확고하게 자리잡고 있다. 이러한 상황에서 직원들이 실제 업무하는 모습을 보면서 코칭해주는 관리자는 드물다.

당신이 관리자라면 공식 교육 프로그램을 그냥 던져둘 수는 없고, 그래서도 안 된다. 당신이 온종일 사람들과 일대일로 상호작용할 수는 없기 때문에, 어느 정도 통제와 질서를 유지해야 한다. 하지만 매 순간 이뤄지는 코칭 역시 중요하며, 이를 높은 우선순위로 삼아야 한다. 다행스럽게도 개인비서, 아웃룩 달력, 회의, 혹은 다른 관료주의적 요소들을 싹 없앨 필요는 없다. 절차와 구조를 슈퍼보스의 그것과 유사하게 점차적으로 수정해가면 유의미한 결과를 창출할 수 있다. 형식적인 절차를 줄이거나 직원들과 보다 격식 없는 시간을 보낼 여지가 있는지 살펴보라. 서열과 관료주의가 지배하지 못하도록 만드는 게 핵심이다. 직장관계를 체계화하더라도, 그러한 관계들을 과도하게 제약해서는 안 된다.

도제관계 모델로 당신이 이미 하고 있는 일을 대체할 필요는 없다. 그보다는 이로써 직장을 운영하면서 발생할 수 있는 재조정이나 확장을 진행할 수는 있다. 슈퍼보스들이 직원들에게 바라는 기본적인 교육용 지식 같은 것을 교육 프로그램으로 가르칠 수 있고, 실제로 그러고도 있다. 따라서 교육 프로그램을 유지하되, 그러한 프로그램이 필요한 전부라고 생각하는 실수를 범하지 않으면 된다.

직장에 대한 일부 전제들을 재고해보는 것도 좋은 시작일 수 있다. 우리는 부하직원들과 가깝게 지내거나 개인적으로 소통하지 않는다. 즉 우리는 경영을 '그냥 일'로만 간주한다. 마찬가지로 우리는 '협력'한다는 생각을 직원들에게 그 일을 처리할 능력이 없을 수도 있다는 부정적인 신호로 받아들인다. 슈퍼보스들은 부하직원들 대신 일을 해주고 싶어하진 않지만, 그들과 깊은 관계를 유지하고자 한다. 부하직원들과의 관계를 덜 업무적인 방식으로 받아들여라. 그들은 '일하기 위해서만' 출근하는 게 아니고, 당신도 그들을 감시하기 위해서만 출근하는 게 아니다. 업무를 완수하고, 사업을 발전시키는 데 도움이 될 만한 더 큰 그림을 위해서 당신들 모두 회사에 나와 일하는 것이다.

사고방식을 전환하는 동안, 현재 무슨 일을 하고 있고 어떻게 그 일을 개선할 수 있을지 연구해보라. 팀원들과 실제로 얼마나 많은 시간을 보내고 있는가? 상당한 시간을 보내고 있다면, 회의나 성과평가서 작성 같은 공식적인 소통에는 지나치게 많은 시간을 쏟으면서 일대일 상호작용 같은 비공식적 소통에는 충분한 시간을 쏟지 않아 불균형이 발생하지는 않은지 살펴보라. 슈퍼보스들이 하는 구체적인 행동들에 대해 생각해보자. 이미 그들과 똑같이 행동하고 있는가? 더 많이 따라 할 방법이 있는가? 처음에는 조직 내 한두 사람과 직접적으로 접촉해본 다음, 부하직원들에게도 그렇게 하라고 권해보자. 어떤 긍정적인 결과가 나타났는가? 업무 절차를 재편성하고 불필요한 요식을 제거하게끔 충격요법도 써보자. 의사결정을 효율화할 만한 방법이 있을까? 서열을 거치는 의사소통을 더 쉽게 만들 방법이 있을까?

이 모든 일에 기술이 필요하다는 사실을 잊지 마라. 현대 회사의 관행을 15세기 베로키오의 관행과 비교하긴 했지만, 어떤 면에서 오늘날 사람들이 조직에 도제교육 모델을 적용할 준비를 더 잘해두고 있다. 우리는 페이스북, 트위터, 링크드인을 통해 낯선 사람들과 소통하는 일에 익숙하다. 조직 내에서 이러한 도구를 이용하면 더 나아지지 않을까? 오늘날 글로벌 기업에서 일하는 리더들과 직원들은 종종 제각각의 시차를 살아가지만 기술은 그 거리를 쉽게 좁혀준다. 이로써 훨씬 더 자주, 그리고 정기적으로 중요한 접촉을 할 수 있다. 우리가 거기에 우선순위를 둘 의지만 있다면 말이다.

우리 모두 좋은 성과와 실적을 내야 하고, 이를 위해선 슈퍼보스들의 일을 관찰하는 게 중요하다. 하지만 성과와 실적보다 훨씬 더 큰 혜택도 얻는다. 누군가가 한평생 품고 다닐 만한 개인적인 가르침을 준다는 게 얼마나 의미 있는 일인지 생각해보자. 누군가와 열정을 공유한다는 게 얼마나 뿌듯한 일인지 생각해보자. 당신이 도움받았던 것처럼 누군가를 계속 도와준다는 게 얼마나 놀라운 일인지 생각해보자. 우리 모두 최고의 상사를, 그리고 최악의 상사를 기억한다. 우리가 어떤 상사가 될지 선택할 수 있다. 슈퍼보스들과 같은 방식으로 가르치고 코칭해줄 때 사람들은 성취감을 느끼고, 운좋게 슈퍼보스를 만나 감사하다고 생각할 것이다. 아마 당신도 그럴 것이다.

6장

"그냥 그가 그 일을 하게 내버려둬라"

: 슈퍼보스 전술 #5. 이끌되, 전적으로 맡기는 '실천적 위임법'

그들은 각 직원들을 위해 '맞춤제작'된 발전법을 제시한다 | "그가 그 일을 하게 내버려둬라" 믿기 힘들 정도의 자율성 | '실천적 위임'과 '거대한 개성'의 역설 | "당신의 목표가 뭔지 볼 수 있을까요?" 직원들에게 던지는 깊은 도전 | 광적이고, 강렬하고, 아름다운 압력솥 | 누가 그런 기회를 원하지 않겠는가? 슈퍼보스처럼 문을 열어주기

2012년 10월, 억만장자 헤지펀드 매니저 체이스 콜먼과 인터뷰하기 위해 맨해튼에 위치한 101 파크 애비뉴 건물의 사무실에 앉아 있었다. 대기실에는 흰색 소파와 의자가 우아하게 놓여 있었고, 기다리는 동안 비서가 커피를 대접해줬다. 그날 나만 그곳을 방문한 게 아니었다. 콜먼은 큰 성공을 거둔 몇몇 다른 헤지펀드 매니저들과 사무실을 공유했는데, 나도 잘 아는 유명 경영대학원 학장이 그중 한 명을 찾아왔다.

그 학장과 담소를 나누고, 잠시 더 기다린 후 유리로 둘러싸인 회의실로 안내됐다. 먼저 콜먼의 몇몇 동료와 인터뷰를 진행했다. 한 시간 정도 지나 콜먼이 멋지게 재단된 양복을 입고 들어와 나는 새로 나온 휴고보스 양복을 입고 가서 다행이다 싶었다. 그가 자리에 앉자 대화를 시작했다. 콜먼의 말을 들으며 그의 강렬함에 무엇보다 매료됐다. 동안인데다 가르마를 탄 모래색 머리 때문에 콜먼은 실제 나이인 서른일곱 살보다 10년 정도 어려 보였다. 하지만 함께 대화한 사십 분 내내 그는 진지하게 말했고, 신중하게 단어를 선택했으며, 단 한 차례도 미소를 짓지 않았다. 그는 많은 인터뷰에 응하지 않는 듯했다. 내 동기를 궁금해 했을 수도 있지만 분명 공손했다. 그는 내 질문에 중언부언하지 않고 단도직입적으로 진지하게 대답했다. 그는 인터뷰 주제에만, 즉 비즈니스 문제에만 집중하게 이끌었다. 체이스 콜먼은 분명 엄청난 전문가였다. 하지만 그의 대성공에는 헤지펀드 역사상 가장 성공한 투자자로 꼽히는 한 사람의 날카로운 안목이 중요한 역할을 했다.

콜먼을 잘 모른다면 그를 그저 고만고만한 월스트리트의 성공한 트레이더라고 생각할 것이다. 유복한 가정에서 성장한 그는 디어필드 아카데미와 윌리엄스 칼리지 등 명문 학교를 다녔다. 후에 뉴욕이 되는 지역을 통치한 17세기 네덜란드 총독 피터 스투이베산트까지 거슬러올라가는, 인상적인 집안 출신이기도 하다.[1] 하지만 어떤 면에서 콜먼의 커리어는 사실 꽤 뜻밖이다. 그는 투자자 줄리언 로버트슨 밑에서 일을 시작했는데, 불과 그 몇 년 전에 로버트슨은 근래 들어 가장 심각한 수준의 투자 실패를 겪은 상태였다. 오랫동안 월스트리트에서 성공한 헤지펀드 거물로 이름난 로버트슨의 타이거 매니지먼트는 1998년에는 4퍼센트, 1999년에는 19퍼센트의 손실을 입었다.[2] 2000년이 되자 금융 전문 매체에서는 "한 번도 맞춘 적이 없는 로버트슨" "이빨 빠진 고양이" "피살

된 호랑이" 등 자극적인 제목을 단 기사를 쏟아냈다. 확실히 타이거 매니지먼트는 월스트리트에서 경력을 시작하기에 가장 유망한 장소는 아닌 것 같았다.

실제로도 그랬다. 알다시피 로버트슨은 평범한 헤지펀드 매니저가 아니었다. 그는 독특한 비전을 엄격하고 충실하게 지켜 성공한 슈퍼보스였다. 로버트슨은 '가치투자'라는 전략을 취해 타이거 매니지먼트를 키워나갔다. 그는 기업의 실질적 가치를 파악하기 위해 철저히 조사한 후, 저평가된 주식을 매수해뒀다가 가격이 상승할 때 매도해 이윤을 남겼다. 로버트슨은 이러한 방법을 고평가된 듯한 주식에도 적용했다는 점이 획기적이었다. 그는 실제보다 가치가 높게 평가되는 기업들을 찾아내기 위해 똑같은 연구를 진행했고, 그 기업들의 가치가 하락할 것이란 데 베팅했다(소위 '공매도'를 쳤다). 이러한 이원적 투자 전략이 엄청난 성공을 거두며 타이거 매니지먼트는 1980년부터 2000년까지 연평균 31퍼센트의 투자 수익률을 달성했다.[3] 하지만 로버트슨을 심각한 곤경에 빠뜨린 것도 바로 그 전략이었다.

1990년대 후반, 유행처럼 대박의 꿈을 좇는 사람들이 대거 몰리면서 인터넷 기업의 주가가 믿을 수 없을 수준까지 폭등했지만 로버트슨은 가치투자에 대한 신념을 포기하지 않았다. 사람들로부터 외면을 받더라도 그는 자기 핵심 비전을 고수했다. 1999년이 되자 투자자들은 타이거 매니지먼트에서 투자금을 빼기 시작했고, 220억 달러에 달하던 펀드 운용자금 규모는 75퍼센트 가까이 줄어들었다.[4] 그럼에도 불구하고 로버트슨은 물러나지 않았다. 그는 전략을 바꾸는 대신 타이거 매니지먼트를 정리하고, 투자자들에게 투자금을 돌려주었다.[5] 이러한 결정에 대해서 당시 그는 "다년간 타이거는 꾸준히 최고의 주식을 매수하고 최악의 주식을 매도하는 전략으로 성공할 수 있었다. 합리적 상황에서 이러한 전략은 좋은 효과를 낸다. 하지만 우리가 배웠듯이, 기업 실적과 가치에 대한 고려가 마우스 클릭과 모멘텀에 밀리는 비합리적인 시장에서 그러한 전략은 그리 중요하지 않다"라고 밝혔다.[6]

슈퍼보스의 단호한 비전이 가끔 그들을 비틀거리게 만들기도 하나 그들을 너무 빠르게 배제해버리는 것은 실수다. 로버트슨은 현명하게 두번째 행동에 착수했는데, 월스트리트 최고의 인재를 육성하는 자신의 능력에 기반한 활동이었다. 로버트슨은 타이거 매니지먼트를 정리하면서 일자리를 잃은 젊은 애널리스트들 중 전도유망한 몇 명을 골라서, 그들이 직접 펀드를 운용해볼 수 있게 종잣돈을 주었다. 또한 이전에 자기 밑에서 일한 적은 없지만 '잠재력이 크다'고 판단한 다른 젊은 애널리스트들에게도 종잣돈을 줬다. 소위 '호랑이 종자들tiger seeds'(로버트슨에게 종잣돈을 받지는 않았지만 그에게 지혜를 배워 자기만의 헤지펀드를 운용하게 된 로버트슨의 옛 직원들을 부르는 '새끼 호랑이들'과 혼동해서는 안 된다)은 조언을 원하면 로버트슨을 찾아갈 수 있었고, 또한 그의 인맥도 이용할 수 있었다. 그 대가로 로버트슨은 '호랑이 종자들'이 벌어들인 수수료의 20퍼센트를 자기 몫으로 챙겼다. 로버트슨은 말했다. "저는 거의 일흔 살이었습니다. 그 나이로 사는 일을 받아들이자고 결심했지만, 그냥 나이만 먹은 늙은이는 되고 싶지 않았어요. 주변에 젊은이들이 없으면 그렇게 될 것 같았죠."[7]

로버트슨은 젊은 애널리스트들에게 지혜를 전달하는 자신의 능력뿐 아니라 그들 중 누가 앞서나갈 준비가 되었는지, 누가 그렇지 않은지를 판단하는 자기 능력에 크게 투자를 감행했다. 자신감과 능력이 충분해 보였던 콜먼은 불과 스물다섯이던 2000년에 로버트슨에게 2500만 달러짜리 수표를 건네받고 뭔가 투자를 해보라는 이야기를 듣는다. 콜먼은 "엄청난 기회 같았습니다"라면서 이렇게 덧붙였다. "저는 경험이 부족했기 때문에 앞으로 어떻게 해야 할지 너무나도 불안했지만, 많은 부분에 대해 전문지식을 갖췄기 때문에 잘 해낼 거라는 자신이 있었습니다. 저를 그 정도로 믿어준 분께도 정말로 감사했습니다."[8]

콜먼은 이후 여러 차례 로버트슨이 보여준 신뢰에 보답했다. 2001년 첫 출시 때부터 2007년까지 그의 타이거 글로벌 펀드는 투자자들에게 연평균 35퍼센트 이상의 수익을 안겨주었다.[9] 2011년 타이거 글로벌은 46퍼센트의 수익률을 기록하며 같은 규모의 헤지펀드들 중 단연 뛰어난 성과를 냈고, 베테랑 투자자들이 운용하던 다른 수많은 펀드들의 수익률을 앞질렀다.[10] 그리고 콜먼(2015년 기준으로 그의 펀드 운용자산은 21억 달러 규모다)[11]은 성공한 호랑이 종자들 중 하나일 뿐이었다. 2015년까지 약 서른 명의 호랑이 종자들이 운용하는 총자산 규모는 320억 달러에 달했고,[12] 이들 중 다수는 맨해튼 중심부에 위치한 로버트슨의 사무실에서 일했다.[13] 그들의 실적이 워낙 좋았기 때문에 신예 헤지펀드 매니저들은 로버트슨에게 투자와 멘토링을 받는 대가로 통상적인 조건보다 더 까다로운 조건에 기꺼이 동의했다. 로버트슨은 "특히 내 또래 사람에게 이는 아주 좋은 시스템이다. 나는 활력을 되찾았다. 놀랍도록 재미있다"라고 말했다.[14] 이는 수지맞는 일이기도 하다. 2015년에 34억 달러를 보유했던 로버트슨은 2000년대 들어 몇 년 동안 자기 자본으로 400퍼센트의 수익을 이뤄냈다.[15] 인터넷 버블에 이빨이 빠진 것 같았던 고양이에게는 나쁘지 않은 결과였다.

그들은 각 직원들을 위해 '맞춤제작'된 발전법을 제시한다

콜먼이 독자적으로 펀드를 운용하는 막중한 책임을 질 준비가 되었다는 사실을 줄리언 로버트슨은 어떻게 알았을까? 로저 코먼은 그가 데리고 있던 젊은 감독들이 100만 달러의 투자를 받고 예산과 시간에 맞게 첫 영화를 만들 준비가 되었다는 걸 어떻게 알았을까? 토미 프리스트는 삼십대 초반인 젊은 동료 관리자가 병원을 세워 이를 경영할 준비가 되었다는 걸 어떻게 알았을까? 제이 치아트는 검증되지 않은 젊은 작가가 주요 광고 클라이언트를 위해 창작품을 감독할 준비가 되었다는 걸 어떻게 알았을까?

슈퍼보스가 경영하는 조직들은 업계에서 발사대로 널리 인식된다. 직원들의 말을 빌리자면, "자기 자신을 찾고, 궁극적으로 하려고 했던 일을 할 수 있는 장소"다. 아카데미상을 수상한 제임스 캐머런 감독과 절친한 코먼의 제자는 "다른 곳에서라면 우주선 모형 제작자에서 미술감독으로, 또 제2제작진 감독으로, 이렇게 세 단계를 모두 거치기란 힘들다"며 놀라워했다.[16] 래리 엘리슨의 한 동료는 "오라클에서 배울 수 있는 가장 중요한 기술은 기회입니다. 오라클은 사람들에게 지속적으로 새로운 책임을 맡기는 일을 믿을 수 없을 정도로 잘합니다"라고 말했다.[17] 직원들은 종종 이런 급격한 발전을 슈퍼보스의 직관 덕으로 돌린다. 슈퍼보스들이 사람들에게 적절한 일을 맡기고, 더 일반적으로는 사람들이 성장하는 데 필요한 경험을 제공하는 '재주'를 가졌다고 한다. 제이 치아트의 한 직원은 "치아트는 본능적이고 직관적으로 사람들을 어떻게 더 발전시키는지 알았습니다"라고 설명했다.[18]

하지만 여기에는 단순한 본능 이상의 것이 있다. 첫째, 슈퍼보스들은 날카롭게 기회를 포착하는 요령을 연습한다. 일단 그들은 항상 '가공되지 않은 다이아몬드' 같은 사람들을 찾아 이들을 고용해 그들과 함께 위대한 사업 기회를 물색한다. 또한 앞으로 닥칠 거대한 도전을 기꺼이 해결할 준비가 된 사람들을 조직 내에서 의식적으로 찾아다닌다. 릭 피티노는 "나는 항상 감독이 되길 원하는 코치들을 찾는다. 아이들이 자라고 선수들이 성장하는 모습을 지켜보는 일을 제외하곤, 코치들이 나날이 발전하는 모습을 보는 것보다 더 흥분되는 일은 없다. 하지만 결국에는 그들이 돌아와서 나를 이기려 든다는 힘든 현실을 받아들여야 한

다"라고 말한 바 있다.[19]

대학 미식축구팀 아이오와 호크아이스에서 오랫동안 감독을 지낸 헤이든 프라이는 특정 선수들을 각자 포지션에서 '선수 겸 코치'로 뽑았다. 선수 겸 코치 중 상당수가 보조 코치로 뛰다가 결국 다른 팀 감독이 되었다. 이로써 프라이는 미국 대학 축구감독들 중 가장 성공적으로 감독들을 배출한 사람으로 자리매김했다. 프라이는 어린 시절 텍사스주 오데사에 위치한 2천 에이커에 달하는 아버지의 목장에서 이러한 수완을 터득했다고 말했다. 소들에게 여물을 먹이던 중 그는 우연히 좋은 방법을 생각해냈다. 그는 소 무리를 이끄는 '방울을 단 소'를 찾아냈다. 이 '방울을 단 소' 주변엔 소 무리가 있었다.[20]

프라이처럼 슈퍼보스들은 항상 직원들 사이에서 '방울을 단 소'를 찾는다. 슈퍼보스들 중 다수는 공식적이거나 비공식적인 시스템을 통해 그렇게 할 수 있다. 예를 들어 존 스튜어트는 〈더 데일리 쇼〉 진행을 맡은 후 인재를 발굴해 소개하는 시간을 프로그램에 포함시켰다. 현장에서 유머러스하게 보도하는 '특파원' 역할을 다른 코미디언들에게 맡겼던 전임자 크레이그 킬본과 달리 1999년부터 진행한 스튜어트는 이 역할을 확대해서 특파원들을 자주 스튜디오로 불러들여 그들과 의견을 나눴다. 결과적으로 특파원들이 스튜어트와 프로그램 작가들과 더 긴밀해지자, 스튜어트는 그들의 발전상을 가늠해보고 TV 인재로서 성장할 수 있게 도와줬다.[21]

슈퍼보스들은 사람들이 무엇을 이룰지를 광범위한 시야에서 간파해내기 때문에 지속적으로 기회를 포착한다. 많은 리더들은 좀더 많은 책임을 지려면 어느 정도 나이를 먹어야 한다거나 배경이 어때야 한다는 식으로 직원들의 잠재력에 멋대로 한계를 긋는다.[22] 아무리 폭넓은 열망을 품고 있어도, 변방으로 밀려나 고정된 일만 맡기 십상이다. 슈퍼보스라면 절대 그러지 않을 것이다. 그들은 자신이 고용한 사람들은 무엇이든 할 수 있고 또 그래야 한다고 생각한다. 나아가 자기 직원들이 커리어를 쌓아가면서 계속해서 새로운 방향으로 빠르게 발전해가야 한다고 확고하게 믿는다. 이러한 믿음을 토대로 그들은 자격을 갖췄다고 판단하는 사람들에게, 다른 리더들의 눈에는 터무니없게 보이는 일을 기꺼이 맡긴다. 심지어 직원들조차도 스스로 감당할 수 있을지 자신하지 못하는 일을 말이다.

어떤 중요 인물이 스스로도 깨닫지 못했던 자신의 잠재력을 간파해낸 순간을 기억하는 사람들이 많다. 슈퍼보스들은 항상 그러한 잠재력을 찾아낸다. 헤이든 프라이 감독의 한 제자는 이렇게 말했다. "그는 우리가 무엇을 할 수 있는지 우리보다 더 많이 알고 있었다. 우리가 자신감과 동기부여를 얼마나 많이 받았는지 상상할 수 없을 것이다. 그럴 때마다 그를 실망시켜서는 안 된다고 생각했다."[23] 슈퍼보스를 위해 일한다는 건 〈아메리카 갓 탤런트〉에 출연할 기회를 얻는 것과 마찬가지다. 누구라도 발탁되어 위대해질 수 있게 훈련받는다. 토미 프리스트가 경영하던 시절 HCA에선 때때로 물리치료사들이 고위 임원이 되곤 했다. 프리스트가 그들에게서 다른 사람들이 보지 못한 뭔가를 발견했기 때문이었다. 안네케 셀레이는 오라클의 접수 담당자였지만 래리 엘리슨에게 SQL 프로그래밍 언어를 배운 후 고객 관리 부문의 임원이 됐다. 그러다 나중에는 현재 수십억 달러를 주무르는 오라클의 내부 영업부서를 만들게 됐다.[24]

슈퍼보스들은 직원들에게 보통은 직장생활에서 접하기 힘든, 스스로를 쇄신할 기회를 제공한다. 배우 론 하워드의 경력이 아주 좋은 사례다. 〈앤디 그리피스 쇼〉에서 오피 역을, 시트콤 〈해피 데이스〉에서 리치 커닝햄 역을 맡아 시청자들에게 많은 사랑을 받았던 하워드는 배우생활을 접고 영화감독이 되고 싶었다. 그때 로저 코먼이 나섰다. 그는 하워드가 〈대단한 차도둑〉을 감독하는 대가로 〈내 먼지를 먹어봐!〉의 출연 계약을 체결했다. 코먼은 두 작품에 론 하워드의 이름을 올릴 수 있었고, 론 하워드는 첫 영화를 감독할 기회를 얻었다. 이 일은 성공적이었다. 훗날 하워드는 2001년 〈뷰티풀 마인드〉로 아카데미 감독상을 수상했고, 아카데미 수상작 〈아폴로 13〉을 포함해 다른 유명 영화들을 연출했다.

슈퍼보스들은 매일매일 전반적인 교육방식을 개인에 따라 맞춤제작한다. 색소포니스트 빌 에번스는 마일스 데이비스에 대해서 "그는 모두에게 똑같이 반응하지 않았습니다"라며 이렇게 덧붙였다. "그는 모든 사람들을 제각각으로 파악했습니다. 그는 한 사람씩 알아가며, 각각 그들에게 뭐가 필요한지 찾아냈죠. 그는 어떤 사람들에겐 다른 사람들보다 더 엄했어요. 그런 면에서 흥미로웠죠." 체이스 콜먼은 줄리언 로버트슨에 대해 이렇게 말했다. "그는 무엇이 사람들을 동기부여하고, 어떻게 하면 최고의 성과를 이끌어낼 수 있는지를 매우 잘 이해했습니다. 어떤 사람들은 격려해줘야 했고, 또 어떤 사람들은 좀 불편하게 만들어줘야 했죠. 로버트슨은 사람들에게 맞춰서 피드백을 했습니다."[25]

다른 리더들도 가끔은 부하직원들을 위해서 특별히 애쓰겠지만, 부하직원들의 경력 개발을 위해 개인적이고 비공식적으로 헌신하는 슈퍼보스들의 모습은 결코 평범하지 않다. 많은 대기업에서는 직원들과 관리자들의 승진 경로를 '사다리'로 표준화해 커리어를 개념화한다. 사다리의 특정 지점까지 오르려면 중간 단계들을 하나씩 거쳐야 한다. 노련한 기업들은 여기서 더 나아가서, 임원들의 발전을 돕기 위해 엄격한 '역량 모델'을 구축한다. 그들은 특정 자리에서 요구되는 핵심 기술을 파악하고, 직원들이 그러한 역량을 갖췄는지를 평가하며, '부족한 점을 채울 수 있는' 훈련이나 코칭을 제공한다. 사람들을 등급별로 질서정연하게 승진시키는 게 어떤 면에서는 유용하다는 점에서, 사다리와 역량 모델은 타당하기도 하다. 슈퍼보스의 방식은 좀더 정신없고 좀더 혼란스럽지만, 우리가 확인했듯이 유능한 직원들이 진정한 능력에 따라 빠르게 승진할 만한 기회가 되기도 한다.

이게 핵심이다. 즉 슈퍼보스들은 각 직원들의 개인적인 필요에 따라 밀접히 맞춤화된 발전법을 제시한다. 이는 대리점에서 자동차를 구매하는 것과 온라인에서 미니쿠퍼를 주문제작하는 것의 차이나 마찬가지다. 맞춤제작한 자동차는 당신을 위해 만들어졌기 때문에 생활에 더 들어

맞는다. 거기에는 당신이 원하는 기능이 정확히 포함돼 있고, 원하지 않는 기능은 아무것도 없다. 인재들을 맞춤개발하려면 더 많이 노력해야 한다. 한 전직 선수가 빌 월시에 대해서 언급했듯이 그는 "선수들 개개인의 성격과 그들에게 동기부여하는 요소가 뭔지 이해하고자 특별한 노력을 기울였다".[26] 맞춤개발을 하려면 대담무쌍함, 즉 고정된 '로드맵'에서 벗어나 한 사람의 특정 직원에게만 완벽히 들어맞는 비전통적인 결정을 내리려는 의지가 필요하다.

미니쿠퍼의 비유가 적절하다. 슈퍼보스들은 직원들을 그냥 직원으로 싸잡아 보지 않고 욕구를 충족시켜줘야 할 개별 고객으로 인식한다. 리더들이 직접 고객이 원하는 것을 정확히 파악하고, 그것을 적절한 방식으로 제공하는 조직을 상상해보라. CEO가 고객 곁에서 유대감을 형성하는 조직을 상상해보라. 여기서 '고객'을 '직원'으로 바꿔보면, 그것이 바로 슈퍼보스들이 직원들의 경력을 발전시키기 위해서 하는 일이다. 슈퍼보스들은 아무 생각 없이 직원들을 기존의 관료적 시스템에 끼워 넣기보다는, 다른 리더들보다 훨씬 더 직원들이 발전할 수 있게끔 적절한 기회들을 만들어낸다. 고객으로서의 직원, 이 얼마나 기발한 아이디어인가!

"그가 그 일을 하게 내버려둬라"
믿기 힘들 정도의 자율성

전설적인 만화가 스탠 리는 젊은 시절 포고 스틱(우리나라에서는 '스카이콩콩'으로 불리는 놀이기구—옮긴이)이라는 표현을 펀치라인Punch line으로 사용하는 연재만화를 작업중이었다. 편집자는 이 문구가 시골에 사는 독자들에게는 별로 와닿지 않을 거라면서, 포고 스틱 대신 롤러스케이트를 펀치 라인으로 써보라고 조언했다. 리는 롤러스케이트라고 하면 만화의 재미가 반감된다고 생각했다. 하지만 상사의 비위를 맞추기 위해서 그 지시를 따랐다.

리는 결국 그렇게 바꿔서 불만족스러웠다. 이 경험으로 그는 소중한 교훈을 얻었다. 효율적이면서도 대담하게 진행하는 위임이 중요하다는 점이었다. 상사는 부하직원들에게 실질적인 책임을 부여해야 한다. 또한 뒤늦게 비판하고 수정하면서 그들 옆에 지키고 서서는 안 된다. 리는 "일을 맡길 예술가를 채용했다면, 그가 그 일을 하게 내버려둬라"라고 조언했다.[27] 마블 코믹스에서 리는 대체로 불간섭주의 원칙을 지킨다. 다른 슈퍼보스들처럼 그는 진취적인 젊은이들에게 주저 없이 실질적인 책임을 넘긴다. 작가 짐 슈터는 불과 스물일곱 살에 마블 코믹스의 편집장 자리에 올랐다.[28]

많은 평범한 리더라면 움츠러들 테지만 슈퍼보스들은 권한과 감독을 버릴 줄 아는 완벽한 위임자들이기 때문에 직원들은 지속적이고 신속하게 새로운 경지에 오른다. 진 로버츠는 어느 정도로 품질을 유지하는 한, 기자들과 편집자들에게 취재에 대해 절대적인 자유를 주었다. 1980년대 중반의 일을 예로 들어보자. 돈 드레이크 기자는 「에이즈: 세계적인 킬러와의 하루」라는 기사를 통해 날로 커지는 에이즈의 위험성을 다루고자 했다. 드레이크는 특정 시점에 에이즈가 무슨 일을 일으키는지 보여주고자 기자들을 전 세계(태국, 아프리카 마을, 제약 회사, 예방약 제조 공장)로 보내고 싶어했다. 로버츠가 어떻게 반응했을까? "그렇게 해라!"였다. 그는 열두 명의 기자와 여섯 명의 사진 기자들이 전 세계로 출장을 갈 수 있게 허락했다. 원고 마감 날, 기사들이 쏟아져들어왔고 드레이크와 동료 기자들은 예상치 못한 상황에 압도됐다. 하지만 로버츠의 지시 없이도 편집실 전체가 하던 일을 멈추고, 자발적으로 협력해 에이즈 기사는 아슬아슬하게 데드라인을 맞출 수 있었다. 이로써 팀 전체가 긴급한 문제를 해결하기 위해 협력할 때, 그리고 상부의 지시로 인해 협력이 어그러지지 않을 때, 조직을 관통하는 놀라운 문화가 조성된다는 사실을 알 수 있다.[29]

슈퍼보스들은 효과적 위임에 꼭 필요한 깊고도 근본적인 신뢰감을 갖췄다. 한 전직 고위 간부는 "노먼 브링커는 우리에게 믿기 힘들 정도로 자율성을 주었습니다"라면서 "우리는 실패해도 괜찮았어요"라고 말했다.[30] 1980년대 후반과 1990년대에 루커스필름 게임사업부에서 일했던 론 길버트도 같은 생각이었다. "조지 루커스는 무엇보다도 우리를 그냥 내버려둬서 좋았습니다. 그는 우리에게 마음대로 창조하고 생각해낼 수 있는 재원만 제공해줬죠."[31] 모든 슈퍼보스들은 직원들이 스스로 해결책을 찾을 수 있고, 또 그런 경험이 그들의 발전에 밑거름이 된다고 믿는다. 요르마 파눌라는 "모든 지휘자들은 자기만의 해결책을 갖고 있으며, 그것을 찾아야만 한다. 그러느라 시간이 많이 걸리긴 하지만 그럴 만한 가치가 있다. 수영을 배우기 전에 물로 뛰어들 용기가 필요하다. 나는 누군가가 진짜 익사하기 전에는 구명 튜브를 던져주지 않는다"라고 말한 바 있다.[32]

아치스톤의 회장 겸 CEO 스콧 셀러스는 햇병아리 시절 빌 샌더스에게 받은 특별한 임무에 대해 말해줬다. 샌더스가 구상한 새로운 주거용 부동산 개발에 수억 달러를 쏟아부을지 말지 검토중인 주요 투자자들이 도시로 몰려오고 있었다. 샌더스는 셀러스에게 이틀 내로 개발지에 대한 설득력 있는 전략과 비전을 세우라고 지시했다. 셀러스와 동료들은 이제 막 콘셉트에 대해 구상중이었지만, 그에게 그런 건 중요하지 않은 듯했다. "샌더스는 자신이 진격 명령을 내리면, 자신이 상상했던 것과 충분히 유사한 결과물을 제가 가지고 돌아와 우리가 함께 그걸 팔 수 있으리라 믿었습니다."[33] 샌더스의 생각은 옳았다. 셀러스는 연구에 몰두한 끝에 다음날 오후 샌더스의 책상에 프레젠테이션 초안을 올려놓았다. 샌더스는 그저 몇 곳만 수정했고, 셀러스가 홍보했을 때 그 결과는 홈런이었다. 셀러스가 이런 승리를 거머쥐고, 첫 타석에서 홈런을 날렸을 때 얼마나 뿌듯했을지를 상상해보라.

슈퍼보스들은 배움의 기회를 주기 위해 직원들의 행동에 대해 엄격한 책임을 지운다. 슈퍼보스의 조직은 '죽기 아니면 살기'라는 규칙이 지배한다. 노먼 브링커의 지인 중에서 "브링커 주변에 있을 때는 그가 처신하는 방식으로 당신에게 기대와 책임감이 부여된다는 걸 그냥 알 수 있었습니다"라고 말한 이도 있었다.[34] 그렇다고 해서 슈퍼보스들이 냉정한 독재자라 할 수 없다. 그들은 한 번의 실패는 용인한다. 하지만 그런 실수를 통해 배우는 게 좋다. 마이클 마일스는 "잘못을 저지르지 않는 유일한 사람은, 아무것도 하지 않는 사람입니다"라면서 "그러니 우리가 행동을 원한다고 말할 때는 실수에도 관대해야 합니다"라고 설명했다.[35] 슈퍼보스들은 당신이 뭔가를 모른다고 인정하면 참아줄 것이다. 대답을 아주 빠르게 찾으려고 애쓰는 한 말이다.

슈퍼보스들의 믿음은 물론이거니와 그토록 많은 책임감과 분명한 의무를 어깨에 짊어진 직원들은, 스스로를 부하직원보다는 파트너라고 느끼면서 자신들이 가진 힘과 가치를 인식하게 된다. 살 체사라니는 "랠프 로런은 당신이 일의 중요한 일부라고 느끼게 해줬습니다"라고 말했다.[36] 빌 월시는 각 선수가 팀 전체의 성공에 어떻게 기여했는지를 강조하곤 했다. 그는 선수들에게 "언젠가 (자네는) 경기의 승패를 좌우할 위치에 설 것이다"라면서 "정신적으로나 육체적으로나 그런 역할을 맡을 준비를 해둬야 한다"라고 말했다.[37]

진정으로 경청하는 슈퍼보스들의 자세도 직원들의 파트너십 향상에 한몫을 했다. 많은 슈퍼보스들은 지식의 근원일 뿐 아니라 위대한 경청자로도 알려져 있었다. 끝내 동의하지는 않더라도, 슈퍼보스들은 직원들의 말을 진지하게 받아들였다. 밥 노이스는 상대방을 응시하면서 결코 눈을 깜빡이거나 침을 삼키지 않는 독특한 방식으로 경청했다. "그는 모든 말에 열중한 후, 바리톤 같은 부드러운 목소리에 이따금 미소를 곁들여서 아주 차분하게 대답했다."[38] 진 로버츠는 다른 사람의 이야기를 들을 때면 편집장 짐 노턴이 말한 '해리성 둔주'[39](과거나 정체성에 대한 기억을 상실하는 것—옮긴이) 상태가 되어 멍해지곤 했다. 적어도 그는 멍해진 듯 보였다. 하지만 로버츠는 이따금 예리한 질문을 던지며 대화에 끼어들었고, 그제야 사람들은 그가 계속 경청했다는 걸 깨달았다.

슈퍼보스들은 그냥 듣기만 하는 게 아니다. 그들은 직원들의 의견도 끈질기게 묻는다. 크고 작은 결정을 내릴 때, 랠프 로런은 심지어는 접수 담당자와 청소 직원들에게도 의견을 구했다. 『플레이보이』의 전 패션 에디터 로버트 그린은 "로런은 당신의 의견을 듣지 못하면 아무 결정을 못 내리는 양 의견을 구하곤 했다"라고 회상했다.[40] 블루밍데일스에서 바이어로 일했던 롤리 글래스버그는 이렇게 말한다. "당신은 로런의 사무실에서 여러 일을 함께 검토할 것이고, 그는 당신의 아이디어를 경청할 것이다. 파트너십을 한껏 느낄 수 있다. 당신이 그의 스타일에 영향을 주지는 못하겠지만, 타이밍이나 특정 디자인 면에서 어떤 제품이 잘 팔릴지, 어떤 게 안 그럴지 의견을 나눌 것이다. (…) 오후에 사전 준비를 하기 위해 일선에서 일하다보면, 업무상 가족 같은 깊은 유대관계를 맺은 듯 느껴진다."[41]

더 좋은 사례를 들자면, 농구감독 릭 피티노는 코치들에게 메모가 없는 스카우트 보고서를 요구했다고 한다. 코트 부근에 앉은 팬들은 경기 중 중요한 순간에 그가 "경기가 안 풀려! 뭔가 줘봐!"라고 소리치는 모습을 봐왔다.[42] 그들의 조언을 구한다는 단순한 사실은, 그가 그들의 능력을 얼마나 중시하는지를 그 자리의 모든 사람들에게 보여줬다.

우리는 앞서 목격했던 지점으로, 즉 슈퍼보스가 이끄는 조직의 비교적 평등한 모습으로 다시 돌아왔다. 대부분의 직원들은 자기 일이 정말로 중요하고 사람들이 관심을 기울이는 조직에서 일하는 게, 사기를 진작시켜준다는 사실을 깨달을 것이다. 이러한 환경에서 직원들은 커리어를 쌓으며 미래의 어느 시점에 실현될지 알 수 없는 추상적인 목표를 더 이상 좇지 않는다. 그들은 자기네 상사가 열망하듯이 바로 지금 뛰고 있다. 그들은 도전에 맞서거나 도전하지 않거나, 둘 중 하나를 할 뿐이다. 왜 슈퍼보스들과 일하는 직원들이 전통적인 조직에서 일하는 동료들보다 훨씬 더 빠르게 발전하는지 그 이유를 쉽게 알 수 있다. 그들이 진정 어떤 능력을 가졌는지를 깨닫게 해줄 만한 배짱을 갖춘 상사가 존재하기 때문이다.

'실천적 위임'과 '거대한 개성'의 역설

슈퍼보스는 그 유명한 악마의 리더십에

버금갈 정도로 마이크로매니징을 하면서 일의 본질에 깊이 관여하는 동시에, 어떻게 그토록 확고한 위임자가 될 수 있었을까? 슈퍼보스들은 직원들과 최전선에서 함께 일하면서 그 일에 몰두하며, 비교적 소소한 문제들에 대해서도 주저 없이 의견을 밝힌다. 저널리스트 스탠리 겔러스의 말대로 랠프 로런은 사소한 일까지 모두 챙기는 '마이크로매니저'였다. "그의 눈을 거치지 않고는 무엇도 사무실을 떠날 수 없습니다. 그는 주요 소매상에서 제품의 라인을 살피려고 하면 마네킹에 직접 옷을 입힙니다. 자기 매장들도 직접 살펴보죠. 그는 정말 디테일한 사람입니다."[43] 조지 루커스, 앨리스 워터스, 론 마이클스, 요르마 파눌라의 제자들은 자기네 상사가 마이크로매니저까지는 아니더라도 무작위로 보이는 아주 작은 부분까지 깊이 파고드는 사람이라고 했다.

어떻게 이게 가능할까? 즉 어떻게 극단적인 위임자이자 마이크로매니저 둘 다 될 수 있을까? 양립할 수 없을 듯한 두 가지 행동을 내면화할 수 있는 사람들(음, 최소한 몇몇 사람들)의 부단한 능력이 없다면 인생은 단순해질 것이다(좋은 의미로 단순해진다는 건 아니다). 지금 상황이 그렇다. 슈퍼보스들은 부하직원들을 신뢰하지 못해 위임을 두려워하는 마이크로매니저들과 게으르거나 무능하기에 통제하지 않고 무작정 위임하는 무임승차자들 사이에서 제3의 길을 찾아냈다. 이들을 '실천적 위임자'라고 부르자. 슈퍼보스들은 직원들에게 효과적으로 위임하고 기회를 창출해주면서 세부적인 사안에 대해 상당한 지휘권을 행사한다. 그들은 사업이 어떻게 돌아가고 있는지 정확히 꿰뚫고 있다. 누가 잘하고, 누가 못하는지도 알고 있다. 부하직원들의 강점과 약점도 파악하고 있다. 시장에 영향을 미치는 최신 동향도 파악하고 있다. 이 모든 노하우 때문에 슈퍼보스들은 위임할 수 있는 자신감과 함께, 언제, 어떻게, 누구에게 위임할지를 실질적으로 통제할 수 있다. 그러는 동안 그들의 명확한 비전과 조직 전반에 걸친 비전이 확산돼 구성원들을 지속적으로 감독하지 않아도 기본을 제대로 파악할 수 있다는 게 더욱 확실해진다.

직원들에 따르면 슈퍼보스들은 쓸데없이 간섭하지 않으면서도 능숙하게 감독하고 통제한다. 그들은 확고한 비전에 대해 분명히 설명하고 구체적인 업무 목표를 설정한 다음, 뒤로 물러나서 무슨 일이 벌어지는지를 지켜본다. 모든 일이 술술 풀리면 계속해서 세심하게 주의를 기울이되 그냥 그렇게 흘러가도록 내버려둔다. 돌아가는 상황이 마음에 안 들면 주저 없이 개입해서 수정한다. 코미디언 앤디 샘버그가 말해줬듯이, 론 마이클스는 무엇이 필요한지를 판단해 어떤 날에는 더 많이 개입하고, 또 어떤 날에는 덜 개입한다. "몇 주 동안 그에게 아무 지적도 듣지 않은 장면이 있으면, 그 장면은 그대로 진행됩니다. 그렇게 몇 주가 지나면 그가 아주 강한 관심을 보이고, 많은 고민을 하는 장면이 나올 겁니다."[44]

슈퍼보스들은 예상치 못한 위기에 빠진 직원들을 돕기 위해 기꺼이 뛰어든다(순전히 위임만 하는 상사라면 아마 이렇게 못할 것이다). 요리사 마이클 설리번은 몇몇 셰파니스 동문들과 오후 내내 중요한 식사 메뉴를 준비하던 때를 회상했다. 돼지구이가 속까지 제대로 익지 않았다. 워터스는 객실에서 옷도 멋지게 차려입고 일하던 중이었지만, 팀원들의 일을 돕기 위해 주방에 들어왔다. "우리는 모두 서로를 바라보면서, 앨리스가 긴급 복구가 필요한 모든 상황을 지휘하는 모습을 지켜봤습니다. 그녀는 다른 누구보다 그 일을 잘할 수 있었습니다. 위기의 순간, 세세한 부분까지 신경쓰는 모습은 주시할 만했습니다."[45] 우리는 위임을 양자택일의 문제라고 생각해왔다. 하지만 꼭 그럴 필요는 없다. 그것은 양자채택의 문제일 수도 있다.

'실천적 위임'의 역설과 함께 내가 '거대한 자아'의 역설이라고 부르는 요소가 등장한다. 다른 모든 사람들을 음지에 남겨놓고 세상의 이목을 독차지하는 상사들을 쉽게 찾을 수 있다. 반면 어떤 상사들은 뒤에 위축돼 있는 걸 편안해하고, 때로는 다른 누구보다 수동적으로 군다. 슈퍼보스들은 이중 어디에도 속하지 않는다. 그들은 실제보다 과장된 거대한 자아를 가질 수 있다. 그들은 고집이 세고, 자신의 신념에 열성적이며, 공격적이고, 경쟁적이다. 그들은 종종 이기는 걸 좋아하는 A형 행동양식을 가진 사람들이다. 젊은 인재들이 주목받게끔 물러서 있을 거라고 기대할 만한 사람들이 전혀 아니다. 하지만 그들은 정확히 그렇게 행동한다. 마일스 데이비스는 콘서트에 헤드라이너로 참가하더라도, 각 연주자들이 '스포트라이트'를 받을 만하다고 믿었다. 노먼 브링커도 비슷한 원칙에 따라 행동했다. 버거킹의 전 CEO 제프 캠벨은 "노먼은 많은 걸 이뤘고, 지금처럼 성공했지만 절대 방에서 유일한 사람이 되려고 하지 않았습니다"라고 말했다.[46] 어떤 슈퍼보스들은 다음 프로젝트나 사업 이슈로 재빨리 넘어가는 식으로 팀원들이 각자 맡은 일을 분명하게 이행하도록 만든다. 많은 직원들은 자기네 슈퍼보스들이 다른 사람들에게 리더 역할을 맡기기 위해서 일부러 자리를 떠났다고 이야기했다.

대다수 리더들과는 달리 슈퍼보스들은 자신감이 충만하기 때문에 계속해서 다른 사람들을 지배할 필요가 없다. 따라서 그들은 거대한 자아를 가진 다른 사람을 즐기고, 심지어 젊은 동료들이 성공해서 거대한 자아를 갖추도록 돕는다. 오랜 기간 코치 겸 감독을 맡았던 테드 릴런드는 자신의 슈퍼보스 빌 월시가 "'관리자로서 너의 역할 중 하나는 아랫사람들이 성공할 수 있도록 이끄는 것이다'라고 말하곤 했습니다"라고 기억했다.[47] 래리 엘리슨도 다르지 않았다. 그는 "오라클에는 CEO가 되기 위해 노력해온 직원들이 항상 가득하기 때문에 굉장한 승계 계획을 갖고 있다"라고 말한 적이 있다.[48] 크래프트에서 마이클 마일스는 매년 모든 부서의 고위 관리자가 모든 구성원들과 그들의 이후 경력을 쌓는 데 무엇이 필요한지 논의하는 개발과정을 정례화했다. "그 과정은 매우 엄격했으며, 모두가 주목했습니다. 사람들을 발전시키는 능력이 뛰어나다는 걸 입증해야 했기 때문에, 거기에 많은 시간과 노력을 투자해야 했습니다."[49] 흔히 권위와 위엄을 가진 사람들은 타인을 성장시키는 방향으로는 행동할 수 없다고 여긴다. 슈퍼보스들은 거칠지 모르지만, 누구보다 거대한 자아를 지닌 사람들 중 일부가 의도적으로 사람들을 발전시킨다니 신선하지 않은가?

"당신의 목표가 뭔지 볼 수 있을까요?"
직원들에게 던지는 깊은 도전

토미 프리스트와 그의 가족의 주치의였던 칼 반데벤더 박사는, 프리스트가 비행기를 조종하고 자신은 부조종사 역할을 맡았던 일에 대해 들려줬다.[50] 하늘은 맑고 아름다운 날이었다. 반데벤더 박사는 프리스트에게 (흥미로운) 질문을 하나 던졌다. "토미, 당신은 국가장학금이나 그 비슷한 걸 받았던 수재는 아니지만, 살면서 정말로 많은 걸 이뤘잖아요. 어떻게 그럴 수 있었죠?"

프리스트는 셔츠 왼쪽 주머니를 더듬더니 연필로 쓴 글귀가 적힌, 사진크기만한 메모지를 꺼냈다. "칼, 이게 보이나요?" "네." 반데벤더가 대답했다. "저는 매일 단기, 중기, 장기 목표를 살핍니다. 건강과 도덕과 경제의 관점에서 이를 점검하죠. 매일 이 목표들을 다듬습니다. 대부분의 사람들은 목표를 적어두지 않는다는 얘기를 듣고 놀랐습니다. 당신의 목표를 볼 수 있을까요?"

프리스트가 쓴 메모는 이 책의 주요 주제를 환기시킨다. 우리가 커리어를 쌓아가고 살아가면서 겪는 일은 무작위적으로 일어나지 않는다. 프리스트가 던진 "당신의 목표를 볼 수 있을까요?"라는 질문은 슈퍼보스들이 전 직원에게 던지는 더 깊은 도전을 의미한다. 그렇다, 슈퍼보스들은 직원들이 준비되어 있다고 생각하지 않을 때에도 그들을 발전시키려고 애쓴다. 그렇다, 슈퍼보스들은 자기네 직원들이 빛날 수 있게 일부러 뒤로 물러날 것이다. 그렇다, 슈퍼보스들은 비공식적인 도제교육 스타일로 학습이 진행될 수 있도록 기업 전체 시스템을 개편할 것이다. 하지만 궁극적으로 직원들이 매일 학습과 성장에 집중하는 습관을 기르게 하여 스스로 자기 발전을 책임질 수 있게 밀어붙일 것이다.

슈퍼보스들은 가만히 앉아만 있는 것이 아니라 직원들이 간접적으로 접하고 감탄할 만한 지혜를 발휘한다. 그들은 질문을 던지고, 지식을 구하고, 발전을 도모하고, 경력을 쌓으며 다음 단계로 적극적으로 도약하는 직원들의 모습을 기대한다. 많은 리더들이 '순응하고, 평지풍파를 일으키지 말고, 내가 하는 대로 하면 출세할 것'이라는 암묵적인 규칙을 갖고 있다. 슈퍼보스들은 순응하는 직원을 절대 원하지 않는다. 반대로 그들은 일을 맡는 걸 좋아하고 조심하지 않는 직원들, 특히 밀어붙일 배짱을 가진 직원들을 중시한다. 제이 치아트의 작가들과 예술가들은 그의 노골적인 비평을 흔들림 없이 견뎌야 했다. 그들은 그런 비판이 개인이 아니라 일에 대한 비평이었노라고 기억했다. 고든 무어는 로버트 노이스가 정말로 매우 엄하게 일을 시키는 사람일 수 있다며 "이는 개인적인 게 아니라 모두 일적인 문제였습니다. 그 도전에 응한다면 크게 성공할 겁니다"라고 회상했다.[51]

보다 확실하게 말해서, 슈퍼보스들은 직원들이 완전히 앞으로 나아가길, 즉 그들에게 책임이 따라붙을 때까지 기다리기보다는 자신 있게 책임지고 행동하기를 기대한다. 슈퍼보스들은 100퍼센트 헌신하고 항상 앞으로 나아가기에 직원들도 그래야 한다. 당신이 특별한 결정을 내려야 하는 상황에서 어떻게 해야 할지 래리 엘리슨에게 묻고자 기다린다면, 너무 오래 기다린 것이다. 오라클의 고위 임원이었던 게리 블룸은 허락을 구하는 사람들을 '포도나무에서 죽어버린 포도'에 비유했다.[52] 이런 식의 비유를 이어가자면, 어떤 직원들은 '물을 주지 않으면 나는 성장하지 못한다'는 태도를 보이지만 어떤 직원들은 '포도나무에서 최대한 물을 빨아들여 계속 성장하려는' 듯했다.[53] 후자가 오라클에서 뛰어난 성과를 거둔 사람들이다. 엘리슨은 소심하거나 머뭇거리거나 확고한 견해를 갖지 못한 사람들에게 흥미를 잃었다.

슈퍼보스들은 직원들이 앞으로 나서주길 기대하는 이기적인 동기를 갖고 있다. 즉, 그들에게 한두 가지를 가르쳐줄 만한 직원들을 원한다. 젊은 에너지와 통찰에 둘러싸이는 것을 대단히 좋아했기에(물론 돈도 많이 벌고 싶어했다!) 줄리언 로버트슨이 '호랑이 종자들'에게 자금을 지원했다는 사실을 기억하라. 마일스 데이비스는 자신의 밴드 세컨드 그레이트 퀸텟에 대해 "멤버들은 모두 젊었고 그들이 나에게 배우긴 했지만 나 역시 그들에게 배우고 있었다"라고 추억했다.[54] 랄프 로런의 옛 동료는 "랄프는 위대한 사람이지만 그 또한 다른 사람들에게 위대함을 얻었습니다"라고 말했다.[55] 슈퍼보스들은 항상 학습하고 성장하기 때문에 직원들과의 상호작용을 새롭게 자신의 시각을 가다듬는 기회이자 계속해서 혁신할 수 있는 대체 불가능한 기회로 여긴다. 앞에서 소개한 도제관계는 결국에는 양방향적인 관계였다. 즉 직원들이 잊을 수 없는 경력을 쌓는 동안 혼자서는 자신의 비전을 성취할 수 없다는 걸 깨달은 슈퍼보스들은 직원들을 통해 자신의 평생의 과업을 좀더 발전시킨다. 결국 이는 모두에게 상당히 좋은 거래인 셈이다.

광적이고, 강렬하고, 아름다운 압력솥

자신의 경력을 되돌아보면서 체이스 콜먼은 "로버트슨은 사람들에게 주인의식과 기회에 대해 느끼게 만들고, 첫번째 과제를 빼어나게 처리한 사람들에게 많은 걸 학습할 만한 기회를 제공하는 데 능했습니다"라고 말했다.[56] 이러한 학습 분위기는 정말 혹독한 업무 환경으로도 이어졌다. 콜먼이 자기 펀드를 시작해 초기 몇 년 동안은 물론이거니와, 대학 졸업 직후 로버트슨을 위해서 얼마나 맹렬히 일했는지 그리고 얼마나 많이 배웠는지를 생각해보라.

모든 슈퍼보스들이 학습하고 성장할 수 있게 직원들을 밀어주기 때문에 몇몇 직원들은 슈퍼보스들 밑에서 경력을 변화시키기 위해 아주 오래 일하지 않아도 된다. 게일 오리츠는 파티시에로 커리어를 쌓아나가던 1976년 여름, 불과 두 달 동안만 셰파니스에서 일했다. 앨리스 워터스와 짧은 시간 동안 일하면서 뭘 배웠느냐고 묻자 그녀는 "그때 일은 제가 경영하는 방식 전체에 정말이지 큰 영향을 주었어요"라고 설명했다. 특히 오리츠는 자기 비전이나 음식의 질을 결코 타협해선 안 된다는 원칙을 워터스에게 배웠다고 한다. "요리법뿐 아니라 접대방식과 식당 내외부에 대해서도 세심하게 주의를 기울이고, 완벽함을 요하는 법을 배웠습니다. 그런 점에 중점을 두고 제 사업을 바라봤습니다."[57]

맬컴 글래드웰은 『아웃라이어』를 통해 성공한 사람들은 총 1만 시간 동안 훈련했기 때문에 성공한다는 흥미로운 개념을 제시했다. 하지만 1만 시간을 쏟아부어도 성공하지 못하는 사람이 많다. 중요한 건 그 1만 시간의 질이다. 대부분의 회사에서는 업무에 일정 시간을 투자하고 적응이 되면 다소 풀어진다. 슈퍼보스가 이끄는 조직에서는 안주할 수가 없다. 어떤 자리에서 성공을 거두면 더 많은 책임을 부여받기 때문이다. 오라클 출신인 한 유명 직원은 오라클에서 보낸 시간을 동료들과 '도그 이어dog year'에 비유했다고 기억했다. 즉 오라클에서의 1년은 다른 곳에서 7년이나 마찬가지였다.[58]

누가 그런 기회를 원하지 않겠는가?
슈퍼보스처럼 문을 열어주기

당신의 업무는 어떤가? 계속해서 한계로 몰아붙이는가? 당신이 날개를 펼 기회를 당신의 상사가 찾고 있는가? 그는 당신에게 뭐가 필요한지 간파하는 육감을 가졌는가? 당신이 맡은 책임을 최대한 완수할 수 있도록 지도해주면서 동시에 자유를 주는가? 가장 유망한 동료들은 실제로 얼마나 빨리 승진하고 있는가? 어떤 사람들은 특정한 길로 방치되지만 어떤 사람들은 안 그러지 않은가? 오늘날 많은 일류 조직들은 위대한 발전 기회들을 강조하면서 '경력 개발의 종착지'라고 자기네를 광고하지만, 그런 기회들이 당신 그리고 당신의 진짜 능력에 맞지 않을 경우 이는 그렇게 매력적이지 않을 것이다. 성공에 대한 재능과 야심과 에너지를 갖췄다면 평범한 일에 안주해선 안 된다. 같이 일할 당신만의 슈퍼보스를 찾아라. 그런 슈퍼보스 중 하나를 찾았을 때(그런 슈퍼보스들이 저 밖에, 생각보다 훨씬 더 많다는 걸 명심하라) 위험을 무릅쓰고 아주 힘든 자리라도 맡을 준비를 하라.

만약 당신이 항상 전통적인 '경력의 사다리' 안에서 활동했던 리더라면, 그러니까 기술과 과거 경력을 토대로 직원들을 승진시키는 '안전한' 방식을 써온 리더라면 앞으로 할 수 있는 일이 아무것도 없다고 섣불리 판단하지 마라. 전도유망하고 성장을 갈구하는 젊은 직원에게 기회를 줘봐라. 혹은 실험 삼아 자리에 맞지 않는 이례적인 배경을 가진, 놀라울 정도로 재능이 뛰어난 사람을 나이와 상관없이 승진시키는 방안도 고려해보라. 직속 부하들과 그들 각자에게 뭐가 필요한지를 생각해보고 조직 내에서 그들이 다음 단계로 나아갈 수 있게 어떻게 도울지 고려해보라. 이런 분석을 정기적으로, 즉 최소 1년에 한 번 내지는 그보다 좀 더 자주 실시하라. 이를 적용할 만한 부하직원들에게 그들의 부하직원들을 위해서 이런 분석을 해보라고 요청하라. 상사와 원만한 관계를 유지함으로써 적어도 얼마간은 상사가 당신 눈높이에서 상황을 인식하게 이끄는 게 도전임을 우리는 모두 안다. 또한 이것이 종종 회사 내에서 전진하는 데 필요한 핵심 요소라는 사실도 안다. 그렇다면, 관리자로서 당신의 성공이 부하직원들을 성공하게 만드는 능력에 상당 부분 달려 있다고 받아들여 부하직원들과 원만한 관계를 유지해보면 어떨까?

당신이 어떻게 책임을 위임하는지도 살펴보자. 나는 고위 임원들에게 중요한 리더십 과제들을 어떻게 하면 누구보다 잘 해결할 수 있는지에 대해 정기적으로 코칭한다. 그들의 문제를 들어보면 효과적인 위임이 이뤄지지 않아 발생하는 문제가 얼마나 잦은지 놀라울 따름이다. 사람들이 중대한 아이디어를 내는 데 참여하지 않았다면, 그 생각을 같이 추진하도록 이끌기가 힘들다. 팀을 위해 '적격인 사람들'을 못 찾을 경우, 직원들보다 당신이 문제일 수도 있다. 결과적으로 보스가 모든 답을 내놓는다면 그 주변에 적격인 사람들이 머물지 않는다. 당신이 무슨 일을 하든 직원들의 능력을 믿지 못해서 직접 해버리는, 일부 관리자들이 자초하는 악순환에 빠지지 않기를 바란다. 관리자가 팀원들의 일을 대신 할수록 팀원들의 능력은 그만큼 더 떨어진다. 당신은 하루 24시간씩 일하면서도, 왜 그런 건지 이해하지 못한다. 당신이 지나치게, 그리고 잘못된 방식으로 간섭하지는 않는지 자문해보라. 당신의 부하직원들은 이런 질문들에 어떻게 대답할까? 팀원들을 신뢰하는 법을 배워라. 그리고 만약 잘되지 않는다면 '왜 그들을 신뢰할 수 없지? 그들을 채용한 건 나잖아!'라고 자문해보라.

당신은 경력을 쌓기에 최고의 장소로 만들기 위해 체계적인 방법을 강구할지도 모른다. 어떤 기업들은 핵심인재 육성계획 수립에 특히 뛰어나다. GE와 구글이 각각 구세계와 신세계를 대표하는 주요 사례들이다. 제약 회사 백스터에서 오랫동안 전설적인 CEO를 지낸 빌 그레이엄은, 젊은 관리자들에게 빠르고 지속적으로 점점 더 막중한 책임을 맡기는 인재 배출 시스템을 구축했다. 그 결과 백스터는 당시 업계에서 가장 많은 인재들을 배출했고, 그의 회사 출신 직원들은 코비디엔과 젠자임 등 수많은 생명공학 기업의 CEO가 되었다.[59] 당신이 경영하는 조직이 여러 사업부 또는 여러 지역에 퍼진다면, 이러한 시스템을 이용해서 직원들의 성장 환경을 조성할 수도 있다.

제프 캠벨은 1980년대 초, 노먼 브링커와 긴밀히 일하면서 두 차례 승진했던 14개월 동안을 회상했다. 일단 그는 버거킹의 전 세계 사업 총괄 사장이 되었다. 그로부터 약 반년 뒤 브링커가 찾아와서 소위 '폭탄 선언을 했다'. 몇몇 사업이 잘됐다고 공로를 칭찬하면서 캠벨을 버거킹의 새 회장이자 CEO로 임명한 것이다. "산산조각나는 것 같았습니다. 지역 매니저에서 CEO가 되는 게 대수롭지 않은 승진일 수도 있지만, 불과 14개월 동안 일어난 일이었습니다. 정말 겁이 났어요."[60] 당신이 캠벨이었다면 기분이 어땠을까? 해본 적은 없지만 평생 원해왔던 중요한 일을 맡게 됐다는 사실을 알았을 때, 긴장감에 장이 꼬이는 기분일 수도 있다. 당신에게 그런 중요한 일이 있는가? 그 일을 이룰 수 있는가? 슈퍼보스들은 당신에게 그런 일을 할, 성공할 기회를 제공한다. 그들은 기회의 문을 열어준다. 누가 그걸 원하지 않겠는가?

7장

새로운 생각과 특별한 성과가 끓어오르는 가마솥

: 슈퍼보스 전술 #6. 협력과 경쟁이 공존하는 팀 빌딩의 비밀

"나는 아무 일도 하지 않는다. 그들이 잘하는 일을 하게 내버려둘 뿐" | 슈퍼보스의 조직에서 '팀'은 공허한 슬로건이 아니다 | 경쟁하는 동시에 협력한다, 동년배 효과 | 성과와 발전을 도모하는 최고의 방법, 슈퍼보스처럼 팀 빌딩 하기

우리 중 다수는 어린 시절의 꿈을 이룰 기회를 얻지 못하지만, 배우 겸 코미디언 레이철 드래치는 그럴 기회를 잡은 행운아다. 1970년대 후반부터 1980년대 초반까지 매사추세츠주 렉싱턴에서 성장한 그녀는 〈SNL〉을 시청하느라 일주일에 한 번씩 취침 시간을 넘기며 깨어 있었다. 그녀는 친구 질의 집에 자러 갔다가 〈SNL〉을 처음 알게 되었다. 질의 오빠가 〈SNL〉을 보길래 드래치도 TV 앞에 앉았던 것이다. 드래치는 2012년 펴낸 회고록 『걸 워크 인투 어 바』에서 "〈SNL〉을 보자마자 매료됐다"면서 "방금 접한 이 비밀스러운 세계는 뭐지? TV를 보고 처음 느껴본 감정이었다"라고 밝혔다.[1]

〈SNL〉은 가장 인기가 높은 TV 프로그램으로 꼽혔다. 코미디와 버라이어티쇼와 라이브 공연을 독특하게 버무린 이 프로그램은 수십 차례

에미상을 받았고,[2] 문화적 현상으로 자리잡았다. 제작 책임자 론 마이클스는 빌 머리, 길다 라드너, 존 벨루시뿐 아니라 데이나 카비, 마이크 마이어스, 크리스 록, 에이미 폴러, 티나 페이, 세스 메이어스, 지미 팰런 등 이름만 대면 알 법한 코미디계 슈퍼스타들이 초창기 활동을 시작하게 해준 것으로 유명했다. 〈SNL〉은 1990년대와 2000년대에 걸쳐 엔터테인먼트 산업에서 사실상 타의 추종을 불허할 만큼 기록적인 수의 인재들을 거듭 배출해냈다. 드래치도 영원히 우울할 것 같은 표정을 한 데비 다우너와 고등학생 셸던 같은 캐릭터로 알려지면서 이 유명인 명단에 이름을 올렸다.[3]

드래치는 1999년 〈SNL〉에서 일을 시작했다. 내가 만났던 다른 출연자들과 마찬가지로, 그녀는 〈SNL〉이 엄청나게 부담됐다. 지금도 그렇지만 당시에도 출연진과 제작진은 불과 엿새 만에 수백만 명의 시청자들에게 생방송으로 나갈 쇼를 아예 새로 만들어내야 했다. 월요일에는 마이클스의 사무실에서 브레인스토밍 회의가 열렸다. 화요일에는 출연자들과 작가들이 함께 대본 초고를 짰고, 이를 완성하기 위해 밤을 새우기도 했다. 수요일에는 출연자들이 초고를 읽으면서 수정을 진행했고, 제작팀은 세트와 의상 및 음향 제작 작업에 착수했다. 목요일과 금요일에는 출연진과 제작진이 리허설을 하면서 대본을 수정하며 마무리 작업을 했고, 뉴스 형식으로 여러 소식에 대해 논평하는 '위켄드 업데이트' 코너의 대본을 썼다. 토요일 오후에는 내부 리허설을 진행했고, 이어 저녁 여덟시에는 스튜디오를 찾은 방청객 앞에서 전체 리허설을 했다. 쇼의 촬영분이 방송 시간보다 보통 이십 분 정도 초과됐기 때문에 이후 한 시간 동안 마이클스가 최종 편집을 진행했다. 제작진은 미국 전역의 TV에서 "뉴욕 생방송, 〈새러데이 나이트〉 출발합니다!"라는 유명한 말이 울려퍼지는 밤 열한시 삼십분까지, 아니 심지어 그후에도 수정을 위해 분주히 움직였다.

드래치는 〈SNL〉의 활기찬 분위기 때문에 자신이 최고의 기량을 발휘하도록 자극받는다는 걸 알았다. 마이클스와 다른 프로듀서들은 그녀를 약하게 키우지 않았다. 요르마 파눌라도 말한 적 있지만 그들은 그 유명한 수영장에 그녀를 집어던진 후 자기 힘으로 살아남게 했다. 이 일로 드래치의 집필 능력이 향상됐다. 간단했다. 재미있는 캐릭터로 좋은 대본을 쓰거나 옆에서 매주 쇼를 지켜보게 되거나 둘 중 하나였다. 그녀는 동료에게도 많은 걸 배웠다. 드래치는 쇼를 두고 "경쟁이 정말로 치열할 수 있다"는 말을 들었다.[4] 하지만 마이클스의 말처럼 "쇼가 그 누구보다도 중요한 환경에는 특별한 무언가가 있었습니다. 월요일이면 우리는 백지를 마주합니다. 엿새 뒤 생방송을 해야 하죠. 이는 정말로 힘든 일이기에 사람들의 능력치를 최대한 뽑아내야 합니다"라고 볼 수도 있는 상황이었다.[5]

방송 준비를 끝내기 위해서 출연자들과 작가들은 긴밀히 협조한다. 어떤 경우 다른 사람들이 써놓은 대본 수정을 도우면서 인정받기도 하는데, 사심 없이 그렇게 한다.[6] 제작과정중 벌어지는 온갖 혼란 속에서 깊은 감정적 유대감이 형성된다. 작가 데이비드 맨들은 이렇게 말한다.

"우리는 뭐랄까, 쇼에 갇혀 있었다. 벙커 심리 같은 게 있었다. 사실, 매주 완전 포위된 채 쇼를 올리는 것 같았다. 궁극적으로는 같은 처지에 속한 사람들과 함께 먹고 마시고, 어떤 경우에는 잠도 같이 자고, 욕실도 같이 가며, 그들의 최상의 모습과 최악의 모습을 겪었다."[7] 베테랑 출연진들은 〈SNL〉에서 일하면서 동지애를 느낄 수 있어 무엇보다 좋았다고 회상한다. 윌 페럴은 "당신이 결코 보지 못할, 목요일과 금요일에 대본이 막혀서 시간을 허비하던 순간이 가장 그립다. 일주일 중 그 순간이 가장 재미있었다. 모두가 코미디를 준비한다는 점을 제외하고는 그 17층 생활은 기숙사 생활과 똑같이 느껴졌다. 그런 게 좋았다"라고 했다.[8]

맥락과 이해관계는 근본적으로 다르지만 운동선수, 스타트업을 경영하는 기업가, 식당 주방에서 일하는 직원들, 비행기 승무원들, 응급 구조대원들, 군인들, 그리고 응급실 팀원들 등 고도로 경쟁적인 환경에서 일하는 사람들의 집단에서 종종 초월적인 팀워크가 목격된다. 이들은 매 순간이 중요하고, 최고의 성과를 내야 하며 공동의 목표를 달성하기 위해서 협심해야 하는 긴박한 상황에 놓여 있다는 것을 안다. 그런데 안타깝게도 기업에서는 팀원들 사이의 깊은 동료애를 늘 찾을 수는 없다. 가장 혁신적인 조직들은 팀 빌딩에 상당히 많은 시간과 돈을 투자하면서, 컨설턴트와 코치들로 구성된 온전한 별관을 짓는다. 그럼에도 불구하고 대부분의 직장에서는 가끔이나마 거의 매끈하고 강렬한 팀워크를 경험하기만 해도 다행이다. 많은 조직에서 허술한 팀워크는 고질적으로 나타난다.

슈퍼보스가 있는 기업에서 동료들은 최상의 성과를 내기 위해 서로 경쟁하면서도 〈SNL〉 출연진들처럼 매일 원활하고 효과적으로 협업한다. 물론 슈퍼보스들은 자신과 직원들 사이에 '수직적' 유대를 쌓는 데 뛰어나지만, 어떻게 이기는 팀을 만드는지에 대해서도 전통적 리더들보다 훨씬 잘 알고 있다. 직원들은 일반적으로 자기 동료들에게 깊은 존경심과 애정을 갖고 있어서(그들이 슈퍼보스들에게 느끼는 감정과 유사하다) 모두가 협력하고 배우며, 혼자 일할 때보다 더 좋은 성과를 거둔다.

슈퍼보스들이 경영하는 조직에서는 슈퍼보스가 개별 직원들의 동기, 창의성, 학습욕구를 불러일으키기 위해서 다른 조치들을 추진하다가 협력과 팀 정신이 간접적으로 생기기도 한다. 하지만 슈퍼보스들은 개인보다 팀이 더 많은 승리를 거두며, 엄청난 재능을 가진 개인으로 이루어진 집단의 잠재력은 각 개인의 잠재력을 합친 것보다 더 크다는 사실을 이해한다. 그들은 팀 내에 강력한 경쟁심을 불러일으키더라도, 팀원들끼리는 협력하도록 장려한다. 슈퍼보스들에게 극심한 협력과 의미 있는 경쟁은, 서로 반대되지 않는다. 이는 함께 가는 것이다. 하나의 존재가 다른 이를 강화시켜 마술 같은 결과를 낳는다. 그것은 감정을 고양하고, 환영받을 만하면서 성취감을 주는 고도의 성과를 창출하는 환경이다.

"나는 아무 일도 하지 않는다.
그들이 잘하는 일을 하게 내버려둘 뿐"

얼핏 보기에는 슈퍼보스들의 회사가 얼마나 특별한지 알기 힘들 수도 있다. 많은 직장에서 최소한 어느 정도는 공동체 정신을 찾을 수 있지 않은가? 동료들은 서로 생일을 축하해준다. 그들은 연말연시 파티를 열고, 가상의 축구 리그에 참여하며, 소셜미디어를 통해 연결된다. 그리고 도전 과제를 해결하기 위해 서로 돕는다. 우리는 대부분 텔레비전 쇼의 세트장이 아니라 전문 사무실이나 소매업장, 생산공장이나 학교 등지에서 일한다. 이러한 맥락에서 존재하는 팀워크와 동료애는 종종 꽤 좋게 보인다.

차이점을 말하자면 슈퍼보스들이 모은 팀들은 그냥 아주 좋은 수준이 아니다. 이례적일 정도다. 가장 좋은 직장이라 해도 직원들이 팀을 '또다른 가족'이라고는 부를 수는 있어도 '숭배 집단'으로 표현할 정도로 나아가는 경우는 드물다. 하지만 슈퍼보스의 직원들과 이야기를 나누며 이런 단어를 거듭 접했다. 예를 들어 3장에서 디자이너 조지프 아부드가 랠프 로런을 위해서 일했을 때를 어떻게 묘사했는지 떠올려보라. "로런을 위해 일한다는 건 종교 집단에 있는 것과 아주 흡사했다. 사람들은 거기 끼고 싶어했다. 로런은 우리의 영웅이었다. 우리는 신화를 믿었고, 신화를 꾸몄다. 우리는 하나의 군단이었다."[9]

재원뿐 아니라 어느 정도의 특별한 에너지와 집중, 헌신을 요구하는 슈퍼보스들이 마음에서 우러난 '숭배적' 경험을 만들기가 힘들지 않을까 싶을 수도 있다. 그렇다면 통상적으로 팀을 무력화시키는 그 모든 사소한 정치와 분노와 의사불통을 어떻게 극복할 수 있을까? 팀 빌딩에서 손을 떼고 집중 코칭을 하려면 수백만 달러가 들지 않는가? 사실, 슈퍼보스들 입장에서 우상화 작업은 그렇게 어렵지 않다. 아부드의 말이 시사해주듯이 팀원들 사이의 강력한 유대감은 슈퍼보스 전략의 핵심적 요소로 인해 발생하는 행복한 부작용이다. 무엇보다도 아부드는 그의 슈퍼보스가 가진 독특한 비전(예를 들어 로런 '신화')을 우상적 정체성을 낳는 초석으로 간주한다. 모두가 한마음으로 독특한 비전을 추구하자고 합의할 경우, 제자들은 그러한 비전을 얻지 못하거나 비전 없는 리더를 위해 일할 정도로 정말 불운한 다른 사람들과 자신들이 자연스럽게 차별화된다고 느낀다.

슈퍼보스들은 직원들에게 그들이 다른 누구와 비교할 수 없는 독특한 재능을 가진 사람들이라고 거듭 인지시켜 일종의 내부자 감성이 자리잡게 했다. 랠프 로런은 직원들에게 그들이 평범한 디자이너나 머천다이저가 아니라 '선택받은' 엘리트라고 말해주며 동기부여를 했다. 그의 한 직원은 "그는 우리 모두를 이처럼 믿을 수 없을 정도로 띄워줬다. 그리고 자신이 아니라 우리가 멋진 존재라고, 세계에서 가장 재능 있는 사람들이 이 방에 모여 있다고 말했다"라고 떠올렸다.[10] 슈퍼보스들에게 '선택받은 사람'의 자격을 가장 잘 정의해주는 요소는 업계의 다른 사람들을 위한 표준을 세울 수 있느냐였다. 직원들은 추종자가 아니라 리더였다. 그들은 단순히 시장에 보조를 맞추는 수준이 아니라 시장을 통제하고 변화시키고 지배하는 데 필요한 요소를 갖췄고, 그로 인해 특별한 사람이 되었다. 한 직원에 따르면 "랠프 로런은 항상 우리가 표준이라고 했다. 모든 사람이 항상 우리 일을 모방하며, 모든 사람이 우리처럼 되고 싶어한다고 말했다"라고 한다.[11]

슈퍼보스들은 마음만 먹으면 뭐든 할 수 있다는 생각을 직원들에게 끊임없이 상기시키면서 '선택받은 사람'이라는 인식을 강화한다. 다른 사람들은 역경에 쉽게 굴복했지만 직원들은 훨씬 더 강인한 뭔가로 만들어졌다고 슈퍼보스들은 주장한다. 장애물과 도전은 팀의 실패 가능성을 보여주는 증거가 아니라 팀이 함께 일어나서 타고난 위대함을 재확인할 기회라고 그들은 이야기한다. 빌 월시는 악조건을 호조건으로 바꾸기 위해서 자기 팀과 분명히 협력했다. 그 덕분에 장거리 자동차 여행(일반적으로 축구팀에는 상당히 불리한 일이다)은 도전을 즐기고, 승리를 향한 강력한 감정을 북돋울 기회가 되었다. 그는 『하버드 비즈니스 리뷰』와의 인터뷰에서 이렇게 말했다. "저는 포티나이너스를 역경에 적응시켰습니다. 우리는 적진으로 날아가는 기분에 대해 이야기하곤 했습니다. (…) 팀원들에게 제2차세계대전 초반의 사례들을 우리가 본받을 만한 필사적이고 영웅적인 싸움의 예로 들어줬습니다."[12] 슈퍼보스가 이끄는 팀에 속한 사람들은 굳세게 맞서 승리를 거두면서 자신들을 다른 조직의 팀들보다 단연 빼어난 인재이자 영웅이라고 생각하게 되었다.

오늘날 기업에서 일하는 대부분의 사람들에게 그러한 역경에 대한 프레임의 재설정이 특별해 보인다고 해도 전혀 과장이 아닐 것이다. 동료들이 회의실에 앉아서 다른 사람들이 제시하는 해결책을 의심만 하는 모습이 얼마나 흔한가? 이 반대론자들은 "우리에겐 이 일을 할 만한 재원이 없다"거나 "우리는 이미 엄청나게 일할 뿐 아니라 인원도 부족하다"거나 "우리가 과거에 해본 적 없는 일이다"라고 주장한다. 슈퍼보스들에게 그러한 의견은 비록 어느 정도는 사실이라 하더라도 반역이나 다름없다. 슈퍼보스들은 변화를 가로막는 요소에 집중하는 경우 팀이나 기업에서 결코 새로운 뭔가를 시도하지 못한다는 걸 알고 있다. 또한 직원들이 팀과 진심으로 한몸이 되어서 그런 장애물을 극복하는 데 전념하는 걸 그런 태도가 방해한다.

슈퍼보스들의 삶을 더 깊이 파고들면서, 나는 그들이 직원들에게 차별화된 숭배심을 심어주기 위해 무엇이든 한다는 걸 알게 됐다. 그들은 자신의 기여를 최소화하면서까지 공개적으로 직원들을 위해 전도사 역할을 했다. 앨리스 워터스는 "나는 정말 아무것도 하지 않는다. 나는 요리사가 아니다. 그저 그들이 정말로 잘하는 일을 하게 내버려둘 뿐이다. 알다시피, 그들은 최고다"라고 말했다.[13] 슈퍼보스들은 직원들의 독특한 기술과 자질을 알리기 위한 창의적인 방안도 찾아낸다. 지난 수십 년 동안 만화책 작가들은 익명으로 활동했다. 마블 코믹스의 기획자이자 작가인 스탠 리는 자신의 만화책에 제작 참여자들을 소개하는 페이지를 넣어 예술가들에게 최초로 '브랜드'를 부여했다. 이 페이지에는 "스탠 리가 열정적으로 각본을 썼고, 잭 커비가 긍지를 갖고 그림을 그렸다. 조시네트가 완벽하게 채색을 했다. 그리고 아티 시메크가 직직 긁히는 소리가 나는 펜으로 글씨를 썼다"처럼 적혀 있을 것이다.[14] 리는 월간 뉴스레터인 '불펜 불릿'에서도 직원들을 칭찬했다. 이러한 칭찬은 종종 직원들의 경력에 영향을 미쳤다. 예를 들어 스탠 리는 당시 중견 예술가였던 잭 커비를 여전히 지금도 유효한 호칭인 '만화계의 왕'이라고 선포했다.[15] 물론 리의 생각과 상관없이 커비가 '만화계의 왕'이었다고 주장하는 사람들도 많을 것이다. 하지만 리가 대관식을 거행해줘 분명 대중의 머릿속에 커비의 위상이 각인되긴 했다.

직원들의 독특함을 정립시켜주는 이런 모든 기술만으로 충분하지 않다는 듯이 한 가지 요소를 더 생각해봐야 한다. 업계 내에서 존경받는 슈퍼보스의 지위다. 슈퍼보스의 직원이라면, 인재를 끌어모으는 자석이자 혁신가로서 슈퍼보스의 평판이 확고하다는 걸 안다. 또한 이 위대한 인물이 당신을 선택했다는 것도 안다. 이보다 더 의미 있는 일(그러면서도 무서운 일)이 또 있을까? 세스 메이어스의 말대로 〈SNL〉 스튜디오는 그곳을 거쳐갔던 모든 위대한 사람들 때문에 '신전'처럼 느껴졌다.[16] 슈퍼보스의 모든 직원들은 신전에서 일할 자격을 갖췄다는 사실을 증명해야 한다는 부담을 스스로 짊어져야 한다. 그렇게 했을 때, 그들은 자신의 소속을 한층 영광스러워한다. 슈퍼보스는 직원들이 자기 자신을 믿도록 동기부여를 했을 뿐 아니라, 슈퍼보스가 보내는 어떤 형태의 지지도 그의 명성 때문에 신뢰감이 더해졌다. 힘든 일을 맡기거나 직원들이 이룬 업적을 지목할 때, 슈퍼보스는 자신이 무엇에 대해 말하는지를 안다. 그것은 단순한 립서비스가 아니다. 진심이다.

우상 정체성을 창조하는 일에 대해 생각할 때, 슈퍼보스들은 모든 걸 쏟아부을 수 있는 열의를 가졌는지를 기준으로 직원들을 적극적으로 선택한다는 걸 기억해둬야 한다. 슈퍼보스들은 자신의 비전을 이해하거나, 적어도 이에 공감하는 듯한 독특한 인재를 고용한다. 랠프 로런과 일했던 로버트 버크는 이렇게 말한 바 있다. "랠프는 그의 취향을 이해하는 사람들에게 둘러싸여 있다. 그가 '프레드 아스테어 1930년'이라고 말하면 사람들은 전체적인 상황을 떠올린다. 그가 '몬턱에서의 주말'이라고 하면 모두가 같은 광경을 그린다."[17] 슈퍼보스의 직원들은 각자 다른 배경을 가졌음에도 불구하고, 직원들이 사업 전략을 분명히 '이해하게' 슈퍼보스들이 규정해놓았기 때문에 조직에 들어가자마자 서로 연결됐다고 느낀다. 로런의 직원들은 자기네를 그저 평범한 직원들으로 생각하지 않았다. 그들은 정복한 마을을 가로질러 행진할 때 잘 맞춘 제복을 입고 당당하게 서 있는 군인이나 마찬가지였다. 마크스 앤드 스펜서의 전 회장 루크 반데벨데는 크래프트에서 마이클 마일스를 위해 일했던 시절을 회상하며 "우리는 젊은 세대였었고, 만약 우리가 회사의 인재를 키워내면 해낼 거라고 확신했었습니다"라고 말했다.[18]

슈퍼보스의 조직에서 높은 성과를 지향하는 분위기는 자연스럽게 집단의 정체성을 강화해준다. 〈SNL〉 출연진들처럼 일이 사생활의 일부가 된 듯할 때까지 직원들은 장시간 함께 일한다. 치아트데이에서 크리에이티브 디렉터로 일했던 밥 다이언은 "일과 사생활은 불가분관계였습니

다"라며 "가장 친한 친구들은 회사 동료와 직원들이었습니다"라고 말했다.[19]

앞에서 언급했던 위계질서에 대한 슈퍼보스의 거부감은 여기서도 작동한다. 마이클 밀컨이 말했듯이 "사람들은 자신이 팀의 일부라고 느낄 때 훨씬 생산성이 좋아진다". 밀컨은 "공동의 힘으로 모여야 한다"면서 "누구도 다른 누군가의 위에 군림해서는 안 된다"고 덧붙였다.[20] 대부분의 전통적 조직에서 위계질서는 팀워크를 가로막는 엄청난 장애물로 작용한다. 당신이 동료들과 똑같지 않다는 사실을 계속해서 떠올린다면, 집단에 동화되기가 힘들다. 많은 슈퍼보스의 업무 공간에서 볼 수 있는 개방된 배치와 평등주의 정책 덕분에, 팀원들은 서로 쉽게 다가갈 뿐 아니라 지속적으로 단결력을 확인한다. 존 스튜어트의 〈더 데일리 쇼〉에서 출연진들은 친근하고 서로 지원해주며 격식 없는 상호작용을 유지했고, '대학 기숙사 휴게실에서 볼 수 있는 퉁명스러움'[21] 같은 식으로 묘사됐었던 사무실에서 시간을 내어 서로를 코칭해주었다. 철학적으로나 구조적으로나 팀이 가장 중요한 자리에 군림한다.

일부 슈퍼보스들은 한걸음 더 나아가 개방적 업무 공간을 외딴곳에 두어 집단의 결속을 크게 높이는 그들만의 공간을 만들기도 한다. 밀컨은 사무실을 업계의 중심지인 월스트리트에서 로스앤젤레스로 옮겼다. 1980년대 초, 조지 루커스는 〈스타워즈〉 첫 편으로 벌어들인 돈으로 할리우드에서 멀리 떨어진 북부 캘리포니아에 창조의 메카인 '스카이워커 랜치'를 세웠다. 그는 "이 아이디어는 영화 학교에서 시작됐다. 영화

학교는 멋진 환경이었다. 영화에 아주 관심이 많은 사람들이 아이디어를 교환하고, 영화를 보고, 서로를 도왔다. 우리도 그런 전문적인 환경을 가질 수 없을까 싶었다. 영화를 만들 때면 하루에 열다섯 시간씩 일해야 하기 때문에 다른 일을 할 시간이 없다. 사람들이 일에 열광하게 이끄는 환경이 필요한데, 할리우드는 그렇지 않다"[22]라고 설명했다.

슈퍼보스의 본사가 물리적으로 떨어져 있는지 아닌지와 별개로 위계질서의 부재, 장시간 근무, 슈퍼보스의 비전에 대한 공통된 추구와 신뢰는 모두 집단 문화에 기여한다. 직원들은 추억 공유하기, 업무 습관, 소통방식에 대해 묘사했다. 감독이자 시각효과 전문가이면서 오스카상 수상자인 필 티페트는 루커스의 직원들 사이에서 사용된 직관적 '언어'에 대해 떠올렸다. "영화사나 레퍼런스를 이해하거나 과거 당신에게 영감을 불어넣어주었던 일종의 시금석이 되는 요소들을 텔레파시처럼 작용하는 언어로 표현하게 됩니다. 토론을 하다가 '음, 그건 〈와일드 번치〉에 나오는 세번째 싸움 같은 느낌이어야 해'라고 말하면 시간을 들여 설명하지 않아도 다른 사람들은 즉시 무슨 말인지 이해합니다."[23] 동료들을 너무나 잘 이해하고, 그들과 밀접하게 지내 '거의 텔레파시' 수준으로 의사소통을 한다고 상상해보라. 어떤 부부들은 그런 친밀감을 못 느끼지만, 슈퍼보스가 경영하는 회사에서 근무하는 직원들 사이에서 이런 일은 드물지 않다.

슈퍼보스의 조직에서 '팀'은 공허한 슬로건이 아니다

2015년 당시, 샌안토니오 스퍼스는 지난 17년 동안 전미농구협회NBA에서 가장 성공한 프로 농구팀이었다. 이 팀은 1997~1998년부터 매 시즌 플레이오프에 진출했고, 2014년에는 그 기간 동안 다섯번째 우승을 거머쥐었다.[24] 그들은 경기장 안에서만 연승 가도를 달린 게 아니었다. 샌안토니오 스퍼스는 리그 내 다른 팀들을 위한 인재 배출 공장 역할도 했다. 여기서 코치를 맡았던 사람들은 이후 애틀랜타 호크스, 뉴올리언스 펠리컨스, 오클라호마 시티 선더, 올랜도 매직, 필라델피아 세븐티식서스, 유타 재즈에서 감독 또는 단장이 되었다.[25]

이러한 인재들은 당시 샌안토니오 스퍼스의 중심에 있던 두 명의 슈퍼보스 그러니까 그레그 포포비치 감독과 R. C. 뷰퍼드 단장의 경영방식 때문에 배출될 수 있었다. 두 사람은 특히 의사결정을 내릴 때 경영진 간의 강력한 팀워크를 강조했다. 다른 팀들은 코치나 경영진을 소외시키기도 했지만, 포포비치와 뷰퍼드는 그들을 의사결정에 참여시키고 좋은 아이디어가 나오길 기대하면서 그들을 리더십 팀의 핵심으로 대우했다.[26]

빌 월시 감독도 자기 팀에 이와 유사한 방법을 썼다. 그는 자기 사람들 사이에 '소속감'이 생겨야 한다고 믿었고, 그와 선수들, 코치들이 개인주의를 버리고 열린 대화와 토론의 분위기를 조성해야 한다고 강조했다. 지난주 경기를 분석하면서 막내 코치가 월시가 놓친 뭔가를 봤다면, 편하게 아이디어를 공유해줬으면 했다.[27] 월시는 경기중 작전 시간에도 이런 개방적 분위기를 적극 장려했다. 일요일마다 코치들과 선수들은 선발 출전 선수와 작전을 적절하게 바꾸기 위해 의견과 피드백을 제공해야 했다. 월시는 잠재적인 신인 선수들을 분석할 때도 스카우트 담당자들을 개별적으로 만난 다음 그들을 모두 불러모아 결론을 냈다. "우리는 스카우터나 코치가 자기 의견을 100퍼센트 드러낼 수 있는 회의 분위기를 조성했다. 만약 그가 어떤 범주에서 과장하거나 축소했을 경우 비난받지 않고 의견을 나중에 수정할 수 있었다. (…) 모든 사람들이 이에 참여해야 했다."[28]

특히 협업 능력을 높이기 위한 채용은, 슈퍼보스들이 팀 정신을 키우기 위해서 쓰는 또다른 핵심 기술이다. 마이클 마일스는 "우리는 어떤 멍청한 놈도 뽑지 않는다는 걸 기본 규칙으로 삼았습니다"라며 말을 이어갔다. "세상에는 똑똑한 사람들이 아주 많습니다. 그러니 똑똑하지만 멋지지 않은 사람들을 뽑는 일만큼이나 똑똑하면서도 멋진 사람들을 뽑는 일이 쉽다고 판단했습니다. 우리는 그런 사람들을 뽑아 크래프트를 사람들이 일하고 싶어하는 직장으로 만들었습니다."[29] 마일스는 '멍청한 놈들' 때문에 '서로 잡아먹고 잡아먹히는 환경'이 조성될 위험이 있다는 게 큰 문제라며 직원들이 성공하기 위해서 동료들을 희생시키거나 언제나 뒤를 조심할 수밖에 없는 상황은 원치 않는다고 했다.[30]

슈퍼보스들은 팀 정신을 불어넣기 위해 세심하게 설계를 진행하기도 했다. 마일스 데이비스와 스탠 리는 제자들의 기여를 공개적으로 인정하며 그들에게 감사를 표하는 것으로 유명하다. 마일스 데이비스는 말했다. "내가 영감이고 지혜이자 우리 밴드의 연결고리라면 토니 윌리엄스는 창조적 불꽃이었고, 웨인 쇼터는 우리의 모든 음악적 아이디어를 체계화한 아이디어맨이었고, 론 카터와 허비 행콕은 정신적 지주였다. 나는 모두를 함께 모은 리더였을 뿐이다."[31]

빌 월시는 높은 성과를 내는 팀 그리고 팀원들에 대한 충성심을 다른 무엇보다 중요시했다. 그는 "당신이라면 충성심을 저버리는 조직에 들어가고 싶겠는가?"라고 물었다.[32] 다른 슈퍼보스들도 충성심에 마찬가지로 높은 가치를 두었는데, 특히 팀원들이 곤란을 겪거나 보호가 필요한 상황에서 더욱 그랬다. 셰파니스에서는 비공식적인 방식으로 직원들을 개인적으로나 직업적으로 도왔다. 매니저 길버트 필그림은 "직원으로서 당신은 보살핌을 받을 거라고 느끼게 된다"면서 "당신에게 개인적 문제가 생기면 식당 내 모두가 물론 당신의 사생활도 주시하면서 당신을 돕기 위해 나설 것이다"라고 말했다.[33] 슈퍼보스의 조직들에서 '팀'은 공허한 슬로건이 아니다. 조직의 리더가 이를 강조하기 때문에 중요한 요소가 된다.

인터뷰를 통해서 드러났듯이 슈퍼보스의 팀 중심적인 행동은 직원들에게 상당한 영향을 미쳤다. 한때 프리스트의 사장이었고 HCA에서 COO를 지낸 뒤 헬스트러스트를 세운 클레이턴 맥호터는 이렇게 말했다. "저와 동료들은 좋은 서비스를 제공하고, 환자를 우선시하고, 같이 일할 좋은 사람들을 끌어들인다면 지역사회에서 훌륭한 시민으로서 지지받을 것이라고 진심으로 믿었습니다. 직원들은 항상 최고였습니다."[34] 빌 샌더스 밑에서 고위 간부로 일했던 돈 수터는 샌더스의 팀워크 윤리가 너무나 인상 깊어 이를 자신의 조직에 접목하고자 했다고 말했다. 수터는 "한 사람의 슈퍼스타가 할 수 있는 것보다 우리가 함께 더 많은 걸 이루려면 사람들을 존중해주는 것"이 이 모델의 핵심이라고 말했다.[35]

슈퍼보스들을 살펴보면 실제로 '단순히' 사람들을 존중하거나 충성심을 보여주는 차원 이상으로 그들만의 모델이 있다는 사실이 분명해진다. 전문적 사고방식을 가진 훌륭한 관리자들도 항상 그렇게 한다. 하지만 슈퍼보스들은 더 나아가서 팀원들 사이에 감정적 유대감을 조성하기 위해 창의적으로 개입한다. 예를 들어 슈퍼보스들은 직원들 사이에 의도적으로 독특한 문화를 조성해 팀의 정체성을 끌어올린다. 화장품 회사 메리 케이를 세운 슈퍼보스 메리 케이 애쉬 밑에서 일해봤다면, 최고의 성과자로 뽑힌 사람의 옷깃에 달린 호박벌 핀을 본 적 있을 것이다.[36] 또한 (예를 들어, '책임자가 되려면 완벽해야 한다'처럼) 회사의 원칙이나 격언들을 홍보하며 회사에 울려퍼지는 수십 곡의 노래를 들어본 적 있을 것이다.[37] 보너스로 뷰익 리걸 자동차를 받은 영업사원과 캐딜락을 받은 영업사원 간의 차이를 알 것이며, 뷰익 리걸 범퍼에 "나는 성장해서 캐딜락 같은 사람이 되겠다"라는 스티커가 왜 붙어 있는지 그 의미를 이해할 것이다.[38] "리더의 속도가 무리의 속도다"처럼 회사 내에서 쓰이는 온갖 종류의 표현에 대해서도 알 것이다.[39] 이 모든 의식과 관행이 팀 정체성을 형성하는 데 밑거름이 되면서 이를 의미 있고 실질적인 것으로 만들었다.

대부분의 훌륭한 전문경영인들과 달리 슈퍼보스들은 업무 외 사교 활동을, 그러니까 보통 슈퍼보스를 중심으로 한 사교 활동을 강조해 팀의 문화를 조성한다. 하루 수업이 끝나면 요르마 파눌라는 제자들과 즐거운 시간을 보내면서 그들이 서로에 대해 알아가도록 격려했다. 한 제자는 "그는 학생들을 형제처럼 돌봅니다"라면서 "학생들은 식사를 함께 하고 같이 살고 전시회도 같이 가죠. 그리고 그분 역시 항상 그 자리에 있고요"라고 설명했다.[40] 줄리언 로버트슨은 비공식적으로 '야외 활동'을 하는 주말을 정해서, 휴식 및 유대감 강화라는 특별한 목적을 위해 팀원들과 함께 등산을 했다.[41] HCA에서 오랫동안 일했던 빅터 캠벨은 퇴근 후 동료들과 함께 농구를 했던 기억을 떠올렸다. "우리는 농구에 빠져 있었고, 토미도 수요일 저녁이면 시빅 센터에서 우리와 함께 농구를 했습니다. 그의 아이들은 우리 아이들과 같이 관중석에서 경기를 지켜봤죠."[42] 제이 치아트는 동료들과 아주 스스럼없고 정기적으로 친목 활동을 진행해 개인생활과 직장생활의 구분이 모호해지는 환경을 조성했다. 치아트데이에서 크리에티브 디렉터로 일했던 밥 다이언은 이를 두고 "익숙해지는 데 시간이 좀 걸렸지만, 제이는 사무실에서 나온 다음에 직원들과 저녁식사를 함께하고 싶어했어요. 주말에도 직원들에게 연락해 그들과 소호 시내를 같이 돌아다니기도 하고, 직원들 부인이나 가족

과 함께 브런치 모임을 하기도 했죠"라고 말했다.[43]

경쟁하는 동시에 협력한다, 동년배 효과

1959년, 작사가 겸 작곡가이자 프로듀서인 베리 고디는 가족들에게 800달러를 빌려 소규모 독립 음반 회사를 차렸다. 그가 초기에 계약한 가수로는 아름다운 목소리를 가진 거리 예술가 윌리엄 로빈슨이 있었다. 스모키라는 애칭으로 더 유명한 로빈슨과 그의 밴드 미러클스는 1960년에 리듬앤드블루스 장르에서 최고 히트곡으로 꼽히는 〈숍 어라운드〉를 발표했다. 음악 역사상 손꼽히는 음반사인 모타운 레코드사가 이룬 많은 성공작의 시작이었다. 고디가 계약한 다른 전설적인 예술가들로는 슈프림스, 마빈 게이, 템테이션스, 포 탑스, 글래디스 나이트 앤드 더 핍스, 마사 앤드 더 밴덜러스, 젊은 스티비 원더, 그리고 (어린 마이클 잭슨이 속해 있던) 잭슨 파이브 등이 있다. 모두 재능 있는 이들이었지만 고디의 지도 덕에 이들은 슈퍼스타로 부상할 수 있었다.[44]

다른 슈퍼보스들과 마찬가지로 고디는 다듬어지지 않은 인재를 키우고 발전시키기 위해 특별한 환경을 만들었다. 모타운 레코드에 소속된 모든 사람들은 일주일마다 '품질 관리와 제품 평가' 회의에 참석해야 했다.[45] 기준은 엄격했지만 히츠빌(모타운은 이런 이름으로도 유명하다)의 분위기는 "사람들이 창의적으로 실험할 수 있게 이끌어주었고, 실수를 두려워하지 않을 용기를 주었다".[46] 모타운에 소속된 젊은 예술가들 중 상당수가 사회성과 공연 기술이 부족했기 때문에, 고디는 식사 예절, 옷차림, 자세, 화장, 그리고 태도까지 가르치는 사내 교양 함양 학교를 세웠다. 당시 인종갈등이 고조되자(시민권 시대의 투쟁이 이미 벌어지고 있었다) 고디는 주관객층을 위해 안무와 무대 연출 전문가를 고용하여 소속 가수들을 '포장'했다.[47]

모타운 소속 아티스트들은 기량을 갈고닦고 경력을 쌓기 위해 열심히 노력하면서, 다른 슈퍼보스의 제자들이 경험했던 것처럼 서로 연대감을 쌓았다. 포 탑스의 멤버 듀크 패키르는 『배니티 페어』와의 인터뷰에서 이렇게 말했다. "우리는 친구였습니다. 함께 농구를 하고, 함께 카드게임을 하고, 함께 밥을 먹었죠. 제가 히트작을 만들었다고 해서, 다른 누군가가 히트작을 못 낼 것 같지는 않았어요. 하나씩 차례로 히트하는 식으로 계속해서 더 많은 히트작이 나왔으니까요. 그곳은 음악을 제작하기에 훌륭한 장소였습니다. 하루도 빠짐없이 24시간 내내 연주가 펼쳐졌고, 연주에 대한 기준은 점점 높아져만 갔죠."[48]

하지만 아티스트들끼리 이렇게 재미와 따스함을 나눴다고 해서 고디의 인재들이 서로 경쟁하지 않았다는 의미는 아니다. 작사가 겸 작곡가이자 음반 제작자인 러몬트 도지어는 시간이 흐를수록 "경쟁이 치열해졌으며, 정상에 계속 있으려면 최고의 기량을 발휘해야만 했어요"라고 회상했다.[49] 인기, 관심, 경제적 성공을 얻으려는 욕심이 과도하거나 파괴적이지는 않았지만 실제로 존재했다. 스티비 원더는 당시 상황을 이렇게 회상한 바 있다. "모타운에서의 경쟁은 '나는 당신을 좋아하지 않아'라고 말하는 식이 아니었습니다. 그것은 브릴 빌딩[50]과 더 흡사했어요. 위대한 음악, 위대한 노래를 만드는 건 도전이었습니다. 그리고 저에게는 멋진 일이었죠. 베리가 정말 좋아요. 베리 고디는 제 인생의 축복이었어요."[51]

우리는 슈퍼보스들이 쉽게 사람들을 범주화하지 않는다는 걸 이미 살펴봤다. 그들은 단호하면서 개방적이다. 그들은 사실상 마이크로매니저이면서 극단적 위임자다. 이러한 역설에 한 가지를 덧붙이고자 한다. 슈퍼보스들은 팀워크를 권장하면서 강력하게 통합된 팀에서 치열한 경쟁이 이뤄지게 의도적으로 유도한다. 협력collaboration과 경쟁competition의 이 가연성 높은 조합을 나는 2-C 원칙이라고 부르는데 이로써 각 팀원들의 성과는 극적으로 향상된다. 정상급 전통적 리더들 사이에서도 이는 좀처럼 보기 힘든 현상이다.

래리 엘리슨은 협력에 대해서는 항상 제대로 이해하지는 않았지만 경쟁에 대해서는 전혀 문제없었다. 어떤 옛 직원은 "그는 사람들을 경쟁적으로 발전시키는 프로젝트를 진행하곤 했습니다"라면서 "그는 내부 경쟁을 흥미로운 아이디어로 여겼습니다"라고 말했다.[52] 하지만 다른 많은 슈퍼보스들은 진정한 2-C 작업 환경을 조성하고자 했다. 론 마이클스는 〈SNL〉에 가족 같은 분위기가 퍼지기를 원했지만, 고정 출연진보다 더 많은 사람을 채용해 경쟁을 장려했다. 그 결과, 자신이 각본을 쓴 장면들을 실제로 연출하려는 사람들이 매주 격렬하면서도 감지하기 힘든 충돌을 일으켰다. 마찬가지로 타이거 매니지먼트에서는 점심시간 동안 야심 찬 애널리스트들이 동료들 앞에서 줄리언 로버트슨을 황홀하게 만드는 '방송 시간'이 제한적으로 주어졌다. 따라서 애널리스트들은 경쟁했다. 체이스 콜먼은 이렇게 설명했다. "테이블 주위에 쉰 명 정도 모이는 경우가 여러 차례 있었습니다. 돈을 벌기 위한 싸움, 관심을 얻기 위한 싸움, 회사 내 최고 중에서 최고가 되기 위한 싸움, 같은 연령대에서 가장 높은 수익을 올리는 인재가 되기 위한 싸움을 벌이며 서로 경쟁했습니다. 이렇게 내부 경쟁이 일어나지만, 우리 모두 더 큰 목표를 이루고 싶어했습니다. 그러는 게 우리 모두에게 가장 이익이 되기 때문이었죠."[53]

계속 협력하면서도 경쟁을 잘 활용한 슈퍼보스는 진 로버츠였다. 그는 그들만의 집단을 구성할 수 있도록 '올스타들'을 종종 떼어놓았다. 이를 통해 그들의 발목을 잡는 저성과자들 없이 올스타들을 빛나게 만들어 집단 내 경쟁을 유발하면서도 뛰어난 성과를 내는 게 가능하다는 메시지를 조직 전체에 전달할 수 있었다. 팀워크는 이러한 조합의 일부였다. 로버츠는 "소수의 사람들만으로는 위대한 신문뿐 아니라 다른 어떤 위대한 것도 만들 수 없다는 사실을 모두가 인식하게끔 협동의식을 조성했죠. 사람들은 한편으로는 서로 경쟁하면서 다른 한편으로는 서로의 일을 인지하고 있었어요"라고 직원 관리에 대해 이야기했다.[54]

건강하고 균형잡힌 경쟁이 존재해야 '동년배 효과'가 발생하기 때문에 이는 조직에 있어 중요하다. 즉 당신이 사람들을 더 잘되게 도울수록 그들은 서로 더 잘되게 돕는다. 폴 매카트니는 존 레넌에 대해서 "내가 어떤 일을 잘하면 그는 그 일을 더 잘하고 싶어했다. 우리는 그런 식으로 일했다"라고 말했다.[55] 닉 볼리티에리 테니스 아카데미에서 무엇을 배웠느냐고 묻자 테니스 챔피언 짐 쿠리어는 "닉은 우리에게 볼과 라켓, 그리고 빌어먹을 훌륭한 선수들을 제공했다. 우리는 백코트로 가서 끝장날 때까지 겨뤘다"라고 대답했다.[56] 볼리티에리는 전 세계의 재능 있는 젊은이들을 위해서 만든 테니스 아카데미에 대해 이렇게 말했다. "우리는 한 장소에 좋은 선수들을 많이 데리고 있다. 잘하는 선수들끼리 붙여놓으면 훌륭한 선수를 얻을 수 있고, 결과적으로 그는 최고의 선수가 된다."[57] 건강한 경쟁은 일정 수준 이상의 기업들이 모여 있고, 인재가 다른 인재를 밀어주면서 새로운 아이디어가 퍼지게 만드는 소위 기술 클러스터나 실리콘밸리 같은 지리적 허브에서도 탁월한 성과를 창출한다.

어떻게 그토록 많은 슈퍼보스들이 직원들을 하나의 집단으로 여기는지를 2-C 원칙이 핵심적으로 보여주지만, 완벽한 시각 자료를 위해 코미디의 세계로 돌아가보자. 윌리엄 노에델세더는 로스앤젤레스의 코미디 현장에 대해 쓴 흥미로운 책에서 "어떻게 코미디언들이 술집(뉴욕 44번가와 9번가에 자리한 유명 술집 임프로브)에 모여서 대사를 연습하고, 비판을 가하고, 서로 정보를 얻고, 칵테일 냅킨에 아이디어를 적는지"

묘사했다.[58] 1970년대에 활동하던 제이 레노, 리처드 루이스, 일레인 부슬러, 앤디 코프먼, 지미 워커, 리처드 벨저 같은 코미디언들은 무대에 오를 기회를 얻는 데 무엇보다 주력했지만, 창의성의 소용돌이 속에서 서로 더 나아질 수 있도록 돕기도 했다. 노에델세더는 마찬가지로 심야 코미디의 두 거물인 제이 레노와 데이비드 레터맨이 로스앤젤레스에서 초창기를 보내며 어떻게 꼭 붙어다녔는지를 연대순으로 기록했다. "그들은 서로 보고 배우면서 서로 존경하며 교제했다. 코미디 스토어 무대에 오르지 않을 때는 밤마다 함께 무대 뒤에서 분위기를 파악하며 모든 걸 공부했다."[59] 이는 일터에서의 협력과 경쟁을 보여주는 또하나의 전형적인 사례다.

슈퍼보스들은 2-C 원칙을 써서 지적이고도 사회적인 자극을 불러일으키는 그들만의 '인재 허브'를 만든다. 시각효과 전문가이자 감독인 마크 디페 등 어떤 제자들은 자기네 경험을 경쟁이 치열한 대학원에 다니는 일에 명쾌하게 비유했다. 디페는 "루커스의 ILM은 제게 최고의 영화학교였습니다"라고 말했다.[60] 의식적이든 무의식적이든 슈퍼보스들은 아이디어들의 충돌과정에서 새로운 아이디어가 생겨나는 일종의 도가니를 만든다. 이 도가니는 결국 엔진이 되어 우수한 성과를 촉진시킨다. 동년배 효과 때문에 슈퍼보스들은 각 개인에게 동기를 부여하고 힘을 북돋우는 데 사용하는 모든 기술들을 취하게 된다. 이 강력한 공식 때문에 개별 직원들은 꿈에도 생각지 못한 성장을 할 수 있게 되고, 팀과 조직은 그들의 합을 훨씬 뛰어넘는 부가가치를 창출할 수 있게 된다.

성장과 발전을 도모하는 최고의 방법, 슈퍼보스처럼 팀 빌딩 하기

슈퍼보스들은 전통적인 타입의 훌륭한 상사들보다 덜 체계적이면서 더 직관적이고 더 강력한 방식으로 팀 빌딩에 접근한다. 그들이 하는 일 중에는 의도적인 부분도 있지만, 전략의 다른 부분과 함께 체계적으로 전개되는 일이 더 많다. 팀 빌딩이 조직의 일상과 동떨어진 5성급 휴식처에서 생길 필요는 없다. 그것은 내부에서 만들어 점진적으로 키울 수 있다. 반대로, 멀리 떨어져 있거나 소외된 공간에서 이뤄질 필요도 없다. 즉, 인생에서 가장 의미 있는 관계가 만들어지는 공간에서 팀 빌딩이 뿌리를 내리고 꽃을 피울 수 있다.

높은 성과를 내는 팀이 존재하는 것보다 슈퍼보스들이 취하는 전략을 통해서 조직은 더 많은 혜택을 누릴 수 있다. 동년배 효과는 인재를 개발하기 위한 가장 강력한 수단으로 슈퍼보스들이 미래의 인재를 끌어모으는 자석이 되게 해준다. 최고의 인재라면, 다른 최고의 인재들을 만나 그들에게 배울 수 있는 조직에서 일하고 싶지 않겠는가? 동년배 효과는 기업을 보다 기업가 정신에 맞는 장소로 만들기도 한다. 페어차일드에서 밥 노이스와 같이 일한 후 텔레다인을 세웠던 제이 라스트는 페어차일드에서의 창의적 융합을 떠올렸다. "금요일 밤마다 모두가 몰려가는 듯한 특별한 술집이 하나 있었습니다. 거기서 사람들은 일주일 동안 함께 일할 사람들과 대화를 나눴고, 그다음 주면 그들은 비즈니스 경쟁자들이 됐습니다."[61] 고든 무어나 밥 노이스와 함께 어울리는 게 어땠을지 상상해보라. 최고의 인재들을 모아서 그들이 서로 협력하고 경쟁하게 만들면, 역동적인 스타트업에서 볼 수 있는 창의적 에너지가 생산된다. 이로써 혁신과 성장이 촉진될 수밖에 없다.

따라서 슈퍼보스의 전략은 인재 발굴, 동기부여, 창의성, 그리고 관리 개발을 위해서뿐 아니라 개인들의 집단이 강력한 에너지로 가득한 단호한 팀으로 변화하도록 돕는다는 점에서도 중요하다. 인재를 어떻게 조직할지 재고해봄으로써 조직에서 동년배 효과의 시동을 걸어볼 수 있다. 진 로버츠가 '올스타들'을 한데 모으는 걸 좋아한다면, 당신 조직이나 부서에서 안 그럴 이유가 뭐 있겠는가? 다트머스대의 경제학자 브루스 새서도트는 초등 및 중등 교육에 대한 연구를 통해 그런 군집화가 상당히 효과적이라는 걸 확인해줬다. 새서도트가 알아냈듯이 아이들의 성장과 발전을 도모하려면 스타들끼리 모아놓고, 느림보끼리 모아놓는 것이 최선이다.[62] 회사에서 이렇게 했다가 계급 시스템이 만들어질까봐 걱정하는 관리자가 있을지 모르지만 사실상 성과가 낮은 사람들도 유능한 동료들 때문에 더이상 좌절하지 않아도 되므로 업무 성과가 더 좋아진다. 이렇게 생각해보자. 1.5킬로미터를 십 분 안에 뛰려고 애쓰는 선수가 올림픽에 출전하는 마라톤 선수와 함께 훈련을 해야 한다면 재미있을까? 반대로 올림픽에 출전하는 출전 선수에게는 그런 훈련이 얼마나 도움이 될까? 인재 시스템은 모두 무리를 기반으로 한다. 프로 야구팀에서는 기량이 다른 사람들을 한곳에 모아놓지 않는다. 그래서 싱

글A, 더블A, 트리플A로 이루어진 마이너리그팀들이 있고, 메이저리그 팀들이 따로 있다. 삶의 대부분의 영역에서 비슷한 능력을 가진 사람들은 자연스럽게 서로의 능력을 끌어올린다. 슈퍼보스들은 직관적으로 이러한 원리를 잘 이용한다. 그리고 관리자로서 당신은 의식적으로 그럴 수 있다.

오늘날 조직에서 사용하는 많은 팀 빌딩 기술은 자칫 분산될 수 있는 동료들을 재결합할 목적으로 고안됐다. 애초에 이런 분산이 생기지 않게 막으면 어떨까? 메리 케이 코즈메틱스가 팀의 결집력을 높이기 위해서 쓰는 특정 기술이 당신 회사의 전반적인 문화에는 부적합할 수도 있다. 하지만 일터에서 자연스럽게 생기는 (기발한 어휘나 자기들끼리만 아는 농담 같은) 특정 의식들을 왜 알리고 찬양하지 않는가? 왜 더 많이 위임하고, 칭찬을 나누고, 팀에 대한 헌신과 전념을 모델화해 팀의 정체성과 협업 체계를 구축하지 않는가? 경쟁을 유발하는 업무구조를 만들면 왜 안 되는가? 상사와 직원들이 아이디어를 공유하고, 최고 성과자들을 공개적으로 인정하는 자리를 만들면 왜 안 되는가? 물론 경쟁 그리고 협력은 반드시 동일하게 강조해야 한다. 그리고 지리적인 부분이 장애물로 느껴진다면 기술적 방법을 동원해 물리적 거리를 좁혀서 유의미한 협력과 경쟁이 일어나고 강력한 팀의 정체성이 굳어질 정도로 충분히 접촉하게 만들어준다.

슈퍼보스가 팀 그리고 팀 빌딩에 어떻게 접근하느냐를 이해하면 그 수혜를 관리자만 보는 게 아니다. 당신이 슈퍼보스 밑에서 일하고 있다면, 동료와의 관계가 중요하다는 걸 깨닫고 이를 위해 뭔가 해야 한다. 조직의 서열에 따른 수직적 관리도 중요하지만 슈퍼보스의 직원이라면 '수평적 관리방식'도 포용해야 한다. 당신의 동료들은 헤아릴 수 없는 배움의 원천이니 이러한 관계를 최대한 활용해야 한다. 최고의 경영대학원들은 학생들을 서로 밀어줄 뿐 아니라 학생들끼리 교류하며 배우는 매우 상호적인 문화를 만든다. 이러한 환경에서 그들은 역동적인 인재 집단에 던져졌을 때 더 나아질 수밖에 없다.

생각해봐야 할 중요한 교훈이 하나 더 있다. 협업과 경쟁을 통해 슈퍼보스들이 모순을 포용한다는 걸 다시 한번 확인했다. 슈퍼보스들은 서로 반대되는 목표들의 균형과 통합에 성공이 달렸다는 사실을 직관적으로 이해한다. 그렇기에 좋은 게 있으면 그것을 최대한 많이 갖고 싶어 한다고 전제하는 직선적 사고를 버린다. 대부분의 리더들은 비합리적으로 보이는 긴장상태에 움츠러들지만, 슈퍼보스들은 용기 있게 거기에 마음을 열어 엄청난 가치를 뽑아낸다. 그들은 우리에게 가장 쉽다거나 가장 편하다고 생각하는 특정한 측면뿐 아니라 인생의 모든 걸 한번에 맞이하라고 은연중에 말해준다. 우리는 반대되는 것들 사이에서 긴장감을 계속해서 유지해야 한다. 그럴수록 시간이 지남에 따라 양측과의 관계가 심화될 수 있으며, 사람, 시장, 조직의 실제 행동방식에 좀더 맞춰갈 수 있다.

직원들끼리 공유하는 정체성과 강렬한 유대감을 고려한다면, 그들이 슈퍼보스 조직에 눌러앉지 않을까 할 수도 있다. 이미 '선택받은 사람'

중 하나로 신뢰하는 동료들과 거듭 겨룬다면 어떻게 다른 데 갈 수 있겠는가? 견줄 데 없는 학습 기회와 발전 기회를 포함해 슈퍼보스를 위해 일하면서 얻는 다른 많은 혜택들을 두루 고려해봤을 때, 연구를 진행하면서 만난 많은 직원들이 몇 년, 심지어 몇십 년 동안 슈퍼보스 곁을 지키는 일도 놀랍지 않다. 자기 사업을 시작하거나 다른 곳에서 큰 기회를 잡기 위해서 떠난 사람들도 있다. 하지만 대부분은 슈퍼보스의 전문 네트워크에 적극적으로 참여해 충성심과 동지애를 유지했다. 옛 직원들과의 관계를 지속하기 위해 많은 노력을 기울이는 리더와 조직을 오늘날에는 보기 힘들지만 슈퍼보스들은 그러한 관계를 개인적으로도 조직적으로도 성공의 필수 요소로 여기기 때문에 그렇게 한다. 이어질 장에서 살펴보겠지만 슈퍼보스 네트워크는 항상 성장중이며, 슈퍼보스를 포함해 네트워크에 속한 모두가 거머쥘 기회를 확장시키고 있다. 이로써 당신은 슈퍼보스를 떠날 수 있지만, 슈퍼보스는 결코 당신을 떠나지 않는다는 걸 볼 수 있다.

8장

최고의 인재들은 결국 떠날 수밖에 없다, 하지만?

: 슈퍼보스 전술 #7. 진짜 '내 사람'을 만드는 동문 네트워크 구축법

'브링커 소년들'과 '새끼 호랑이들', 동료는 어떻게 형제가 되는가 | '힐러리랜드'에 속한다는 것의 진짜 가치 | "우리가 셀 수 있는 것보다 더 많은 '놀라움'의 순간들" | '공식'과 '비공식'이 뒤죽박죽된, 네트워크 구축과정 | 그들을 잃을 수밖에 없다는 것, 정말 뛰어난 사람과 일했기에 치르는 대가 | 성공적 경력을 쌓아주는 '황금 티켓'과 젊음을 되찾아주는 '청춘의 샘' | 떠나는 순간, 홍보가 시작된다! 슈퍼보스처럼 네트워크 만들기

지난 몇 년 동안 당신은 조직에서 소중한 직원이었다. 당신은 가치 있는 경험을 했고, 친구들을 사귀었으며, 심지어 재미를 느꼈고, 가능하리라고 생각했던 것보다 더 많이 배웠다. 하지만 이제 움직일 때가 된 것 같다. 당신은 존경하고 존중했던 상사에게 다가간다. 그가 어떻게 반응할지 확신할 수 없기에 약간 긴장된다. 죄책감을 심어주고 보너스로 유혹하며 회사에 남으라고 설득할까? 그토록 많은 걸 베풀어준 조직을 배신한다며 비난하고 화를 낼까? 남든 떠나든 말든 상관없다는 듯이 그냥 무시할까? 아니면 당신의 요구를 받아들이고 존중하며, 잘되기를 빌어주면서 성공을 돕기 위해 발 벗고 나서줄까?

1990년, 셰파니스에서 요리사로 근 5년 동안 일한 조앤 위어는 이제 변화를 모색할 때가 됐다고 판단했다. "떠날 준비는 됐지만 떠나고 싶지 않았다. 하지만 그때 떠나지 않는다면 결코 못 떠날 거라는 걸 알았다. 10년, 아니 심지어 15년 동안 일한 요리사들도 있었다. 나는 '종신 직원'으로 불리고 싶지는 않았다!"[1] 위어가 앨리스 워터스에게 자기 계획을 밝히자 워터스는 놀랍게도 와인이나 한잔하자며 자기 집으로 그녀를 초대했다. 워터스와 대화를 나누며 위어는 셰파니스를 떠날 필요는 있는 듯하나 아예 다리를 태워버리고 싶지는 않다고, 실제로 어느 정도는 셰파니스와 연결되면 좋겠다고 설명했다. 워터스는 완벽한 해결책을 제시했다. 워터스가 공동소유한 카페 패니에서 음식을 맛보는, 새로우면서도 어느 정도 변화를 줄 수 있는 일이었다. 훌륭한 음식을 맛보고 요리사들과 이야기하면서 돈을 벌 수 있다니 너무 유혹적이어서 거절하기 힘든 제안이라 위어는 이를 받아들였고 카페 패니에 잠시 머물렀다. 이후 그녀는 작가, 텔레비전 출연자, 식당 경영자로 거침없이 성공가도를 달렸다.

이 에피소드를 회상하면서 위어는 워터스처럼 유명하고 바쁜 사람이 굳이 시간을 내서 자기 커리어에 대해 고민해줬다는 사실에 감명을 받았다. 어쨌든 위어는 셰파니스 주방에서 일했던 많은 사람들 중 하나일 뿐이었다. 하지만 이는 워터스가 선사할 더 큰 지원과 격려의 시작에 불과했다. 위어는 수많은 요리책과 잡지 기사들을 썼고, 〈조앤 위어의 요리교실〉과 〈조앤 위어의 요리 자신감〉 같은 PBS 프로그램에 출연했다.[2] 그녀는 (당연히!) 제임스 비어드상을 받았고, 힐러리 클린턴이 음식을 통해 문화적 유대관계를 구축하는 일을 미국 셰프 군단에게 맡겼을 때 포함되기도 했다.[3] 일부 상사들은 옛 직원들이 엄청나게 성공하면 이를 질투하거나 기껏해야 먼발치에서 바라만 볼 테지만 워터스는 달랐다. 위어의 첫 책이 출판되자마자 워터스는 그녀를 셰파니스의 객원 요리사로 초빙했고, 위어의 TV쇼에도 출연했다. 또한 위어가 2012년에 『조앤 위어의 요리 자신감』을 펴낼 때 호소력 담긴 추천사를 써주기도 했다. "요리사이자 강사이자 작가로서 조앤 위어는, 요리는 순수하고 단순해야 하며 재료는 깨끗하고 신선해야 한다는 강인하고 견고한 신념에서 물러선 적이 없다."[4] 이 추천사는 사실상 좋은 음식이란 무엇인지에 대한 워터스 자신의 타협하지 않는 비전을 향한 지지나 다름없었다. 이는 슈퍼보스와 직원 모두에게 혜택을 주는 슈퍼보스 전술로 인한 시너지 효과를 보여주는 또다른 사례다. 위어는 책을 통해 워터스에게 누차 감사를 표현했고 시간이 날 때마다 셰파니스를 방문해 인연을 이어가고 있다. "저는 저녁만 먹고 나오더라도 거기 가서 인연의 끈을 유지해야 합니다."[5]

조앤 위어만 셰파니스를 떠난 후에도 워터스와 관계를 유지한 게 아니다. 샐리 클라크가 런던에서 운영중인 클라크 레스토랑의 30주년 기념행사를 열자 워터스는 나흘 동안 거기서 메뉴를 준비했다. 셰파니스에서 일했던 데이비드 린지와 클레어 프택도 주방에서 일을 거들었다.[6] 미국으로 돌아온 워터스는 객원 요리사로 마이클 터스크가 운영하는 미슐랭 2성급 레스토랑 퀸스에서 10주년 행사 준비를 도왔다.[7] 위어는

"워터스는 유별날 정도로 사람들을 도와주며, 그녀와 같이 일했던 사람들을 영원히 지원할 겁니다"라고 말했다.[8]

워터스가 직접적인 도움을 제공하기도 하나 셰파니스 브랜드는 퇴사한 직원들을 서로 연결해주고 그들의 성공을 도와준다. 직장을 찾는 졸업생들에게 힘이 되어주는 아이비리그 학위와 흡사한 역할을 하는 셈이다. 위어는 셰파니스를 '요식업계의 하버드'라고 불렀는데, 동료들의 실력과 열정에 대한 언급이었으나 평판이라는 관점에서도 그 별명은 딱 들어맞는다.[9] 리퍼트는 이렇게 말했다. "어딜 가든 누군가는 셰파니스에서 일했던 사람을 알거나 앨리스에 대해서 혹은 그녀의 요리책에 대해서 들어본 적이 있을 겁니다. 다른 지역에서 요리하고 싶다면 이로써 기회의 문이 열리는 거죠."[10]

연구를 진행하며 만난 다른 슈퍼보스들의 직원들도 떠날 때 매우 유사한 경험을 했다. 그들은 슈퍼보스와는 전혀 별개의 여러 이유와 다양한 방식으로 떠났다. 분명 많은 직원들이 경력을 쌓으며 오랜 기간 동안 슈퍼보스 곁에 머물렀다. 하지만 나는 대부분의 직원들에게 적용될 만한 인상적인 패턴에 주목했다. 그들은 슈퍼보스를 떠났지만 진짜로 떠난 게 아니었다. 그들은 슈퍼보스 클럽, 즉 옛 직원들뿐 아니라 고객들, 거래처들, 그 밖의 측근들로 이루어진 '대가족'의 영구 회원이 된다. 시간이 지날수록 클럽 회원들은 슈퍼보스 외에 자기들끼리도 친밀해진다. 그들은 연락을 주고받는다. 그들은 열성적으로 충성한다. 그들은 업계 내부자가 되는 걸 한껏 즐긴다. 그리고 다른 클럽 회원들이 제공하는 엄청난 재원을 이용해 업계에서 널리 알려지고, 슈퍼보스가 그랬던 것처럼 자기네 분야에서 핵심인사가 된다.

슈퍼보스 네트워크가 경력을 쌓는 데 얼마나 중요할까? 켄터키대의 대니얼 할긴 교수는 정확히 이 문제를 주제로 박사논문을 썼다. 그는 2001년부터 2007년까지 대학 1부 리그 농구팀에서 일어났던 총 282회의 감독진 개편에 관련한 자료를 수집해 감독이 좀더 유명한 대학에서 새로운 감독 자리를 제안받는 확률이 얼마나 되는지 통계적으로 분석했다. 대니얼은 '재임 기간 동안 각 감독의 누적 승률(감독으로서든 코치로서든)'과 '각 감독의 전미대학경기협회NCAA 포스트시즌 토너먼트 진출 누적 횟수(이 역시 감독으로서든 코치로서든)', 그리고 '이적하기 전 그해 NCAA 토너먼트에 진출했던 팀의 감독이나 코치였는지' 같은 부분을 조사했다. 이러한 모든 지표들은 감독의 과거 전력을 파악하는 확실한 방법이지만, 그 어떤 것도 "감독이 슈퍼보스 유형의 인물이 이끄는 유명한 '코치 계보'에 속해 있는가?"라는 단순한 질문만큼 중요하지는 않았다.[11] 적절한 네트워크에 속해 있는지가 과거 경력보다 누가 일을 맡게 될지 예측하는 데 더 유용한 것으로 나타났다.

당신은 어떤가? 당신은 특정 보스 밑에서 일했던 경험 덕에 엘리트 클럽 같은 동문 네트워크의 일원이 되어 혜택을 얻고 있는가? 같은 스승에게 배운 동문들끼리 네트워크를 만든다는 개념은 새롭지는 않다. 하지만 자세히 살펴보면, 기업들과 리더들 중에 경력을 통틀어 떠나간 인재들과의 연결에서 얻는 이점을 100퍼센트 활용한 경우는 거의 없다는 걸 알 수 있다. 반면 내가 연구한 사실상 거의 모든 슈퍼보스들은 직원들과의 관계 유지를 근본적으로 다르게 생각했고 이를 반영하듯 그렇게 하는 걸 최우선순위로 삼았다. 최고의 직원들이 떠나는 걸 좋아하는 사람은 아무도 없겠지만, 앞서 살펴봤듯이 슈퍼보스들은 그들을 잃는 걸 두려워하지 않는다. 반면 대부분의 사람들은 최고의 인재가 떠나는 일을 진정 따뜻하게 포용하지는 못하더라도, 그 인재의 자연스러운 성장 단계이자 받아들여야 하는 일이라고 간주한다. 직원들과 만든 동문 네트워크를 슈퍼보스들은 자신과 조직 모두를 위한 기회이자 자산으로 본다고 해도 과언이 아니다.

'브링커 소년들'과 '새끼 호랑이들', 동료는 어떻게 형제가 되는가

당신은 일을 시작한 지 이틀 됐다. 여기서 말하는 '일'이란 진짜 처음 해본 일을 말한다. 당신이 남자라면 소변기 앞에 서서 볼일을 보는 동안 옆 사람과 대화를 나눈다. 그는 자신을 창업자라고 소개하지만, 고맙게도 악수를 청하지는 않는다.

치아트데이의 18년차 베테랑 스티브 앨버티는 1977년 자신의 슈퍼보스 제이 치아트와의 첫 만남을 이렇게 기억한다. "첫 만남에서 제이의 모순적인 성격이 함축적으로 드러났다. 그는 당신을 환영한다고 느끼게 하면서도 어색하게 만들 수 있다. 제이를 만날 때마다 그가 칭찬을 할지 들볶을지 전혀 알 수 없었다." 앨버티는 치아트와 그가 이끄는 조직의 거대한 문화를 '냉온, 음양, 애증의 혼란스러운 결합물'로 묘사했다. 앨버티에게 치아트는 "죄책감과 호의를 똑같이 나눠주는 전형적인 유대인 엄마"였다.[12]

조앤 위어와 앨리스 워터스의 경우와 달리 앨버티와 치아트는 좋게 헤어지지 않았다. 두 사람의 관계가 거의 끝나갈 무렵, 치아트는 당시 CFO인 애들레이드 호턴에게 이유는 말할 수 없지만 앨버티를 해고하라고 지시했다. 호턴은 치아트에게 앨버티가 치아트데이의 최장기근속 직원이라는 점을 상기시켜주며 그의 요구를 거절했다. 하지만 호턴은 앨버티의 직무를 변경하는 데는 동의했다. 이 사실을 알게 된 앨버티는 치아트에게 '지옥에서 온 편지'를 썼다. 치아트는 분노했고, 앨버티는 회사를 그만뒀다. "다시 돌아오라는 부탁을 받았지만, 받아들일 수 없었어요. 치아트데이는 더이상 제가 사랑하던 곳이 아니었어요. 그가 분노할 걸 알면서 그를 만났습니다. 그는 화를 냈고, 저는 코트를 들고 걸어 나와 다시는 돌아가지 않았습니다. 아버지에게 배신당한 기분이었어요."[13]

이 모든 일은 거의 20년 전에 일어났다. 내가 앨버티였다면 그러한 대우를 최소한 분하게 여기거나 그 일을 잊으려 했을지도 모른다. 하지만 놀랍게도 그렇지 않다. 오늘날 앨버티는 치아트를 애정어리게 추억할 뿐 아니라 그에게 경의를 표하는 웹사이트(http://jayday.org)를 운영하고 있다. 사이트 상단에는 "제이 치아트의 비전, 에너지, 감수성, 그리고 그와

일할 수 있는 행운과 인내를 가진 모든 직원에게 이 사이트를 바칩니다"라고 적혀 있다.[14]

앨버티를 인터뷰했을 때, 그는 웹사이트에 대해 설명하면서 애를 먹는 것 같았다. 다른 직원들과 이야기를 나눈 끝에, 슈퍼보스와 직원 사이를 둘러싼 그러한 미스터리와 애정이 바로 핵심임을 깨달았다. 직원들이 슈퍼보스를 떠나고 몇 년, 심지어 몇십 년 동안 슈퍼보스에게 품은 깊은 감정적 유대감이 슈퍼보스 네트워크의 토대가 된다. 옛 직원들이 슈퍼보스들과 함께하며 항상 전적으로 긍정적인 경험을 쌓은 것은 아니지만, 어쨌든 그들 사이에선 네트워크에 대한 충성심과 참여도를 높이는 연대감이 유지된다. 직원들은 슈퍼보스를 대부 또는 대모로, 그러니까 자신의 커리어와 정신적 발전을 이끌면서 제2의 부모 역할을 해준 사람으로 존경한다. 우리가 살펴봤듯이 슈퍼보스들이 정확히 그런 역할을 하기 때문에 이런 태도는 이해가 간다.

슈퍼보스에 대한 옛 직원들의 애정은 슈퍼보스들에 대해서 이야기하려고 적극적으로 나서는 모습을 통해 분명히 살필 수 있었다. 바쁜 전문가들을 상대로 조사를 진행할 때면 참여를 유도하기가 쉽지 않다. 그들은 좀처럼 시간을 내주지 않는다. 그렇기에 내가 그들의 슈퍼보스들에 대해 이야기를 나누고 싶다고 요청했을 때 압도적으로 많은 옛 직원들이 신속히 회신해와서 기뻤다. 앉아서 이야기를 시작하자 그들은 자기 경험을 열정적으로 설명해주면서, 슈퍼보스들이 그들에게 얼마나 큰 의미인지를 표현했다. 대화를 나눈 직원들 중 몇몇은 심지어 슈퍼보스를 '사랑'하며, 그들이 '영감의 원천'이라고도 했다. 다시 말하지만, 슈퍼보스의 조직을 수십 년 전에 떠난 사람들도 그랬다. 랠프 로런의 디자인 보조로 일을 시작해 수상 경력을 쌓은 남성복 디자이너 제프리 뱅크스는 전형적인 감정을 공유했다. 그는 "랠프 로런은 흡사 두번째 아버지 같았습니다. 그는 저를 보살펴줬고, 한 인간으로서 제가 발전할 수 있게 관심을 쏟았죠"라고 말했다.[15]

옛 직원들은 각기 다른 방식으로 지속적인 애정을 표현한다. 영화 제작자 조너선 드미는 영화를 찍을 때마다 자신의 슈퍼보스 로저 코먼을 카메오로 출연시켰다. (코먼은 드미가 만든 〈양들의 침묵〉에는 FBI 국장으로, 〈맨츄리안 캔디데이트〉에는 장관 역으로, 〈필라델피아〉에는 레어드 역으로 출연했다.) 드미만 그런 게 아니었다. 프랜시스 포드 코폴라 감독은 〈대부 2〉에 코먼을 미국 상원의원으로 캐스팅했다. 론 하워드는 〈아폴로 13〉에 코먼을 하원의원으로 카메오 출연시켰다.[16] 코먼이 명예상을 받을 때(그는 2009년 아카데미 평생공로상을 받았고, 할리우드 명예의거리에 그의 이름이 들어간 '별'이 새겨졌다) 한때 그를 위해 일했던 전문가들은 자기네 영웅을 축하하기 위해 기꺼이 모습을 드러냈다.[17]

양육형 보스의 직원들이나 전통 파괴형 보스의 직원들이라면 슈퍼보스와 헤어지고 몇 년 후에도 왜 친밀감을 느끼는지 이해가 된다. 하지만 어째서 최고 지향형 보스의 직원들도 유대감을 느끼는 것일까? 모든 슈퍼보스들이 직원들의 삶에 영향을 미치기 때문이다. 그들 모두가 대부모 역할을 한다. 마이크 시숀스는 래리 엘리슨과 "더이상 잘 지낼 수 없어서" 오라클을 떠났다면서 "저는 우리가 친구라고 생각하지 않습니다"라고 말했다.[18] 하지만 시쵸스는 여전히 엘리슨에게 끌린다면서 "그와 함께하고 싶습니다. 우리가 함께 겪은 모든 삶과 길을 회상하면서 추억을 나누면 재미있을 것 같아요"라고 덧붙였다.[19] 앨버티는 "치아트는 저희 부모님보다 제 인생과 가치관에 더 중대한 영향을 미쳤어요"라면서 "그는 엄청나게 영향력 있는 사람이었고, 그와 같이 일할 수 있어서 행운이었어요"라고 설명했다.[20] 오랫동안 셰파니스에서 일하다가 앨리스 워터스에게 해고됐던 장피에르 뮐레(그는 이후 보르도에서 요리교실을 열었고, 책을 출간했다)는 이렇게 말했다. "앨리스의 직원들은 그녀를 위해서 뭐든 줄 테고 어떤 일이든 할 겁니다. 하지만 가끔 짜증이 나긴 해요. 엄마가 청소 좀 하라는 잔소리를 하고 또 할 때처럼요. 그런데 엄마 말은 늘 옳습니다. 바로 그런 거죠."[21]

슈퍼보스와 직원들 간의 정서적 유대감은 이들의 관계가 호혜적이기 때문에 어느 정도 강하게 유지된다. 앨리스 워터스는 자신의 걸출한 제자를 거론하며 이렇게 말했다. "스티브 설리번(애크미 브레드 컴퍼니) 같은 사람이 버클리에서 유기농 빵을 굽고, 전국의 제빵사들에게 동기를 부여하고, 전통방식으로 제빵하게끔 사람들을 교육하는 제빵사 길드의 일원이 된 모습을 보는 것처럼 뿌듯한 일은 없습니다."[22] 최고 지향형 보스의 완결체인 래리 엘리슨은 다수의 직원들과 긴장관계를 유지했지만 그 역시도 앨리스와 비슷한 감정을 드러냈다. 그는 "그들과 싸울 때조차도 나는 그들이 자랑스럽다"라고 말했다.[23]

슈퍼보스들은 종종 직원들이 떠나고 몇 년 후에도 만남의 끈을 유지하고자 노력한다. 수상 경력이 있는 디자이너 존 바바토스가 첫번째 컬렉션을 끝마쳤을 때, 그의 슈퍼보스 랠프 로런은 축하편지를 보내왔다. 애플의 크리에이티브 디렉터였던 켄 시걸은 1990년대 중반에 제이 치아트와 불과 1년 반 동안 일했지만 이후 수년간 이직할 때마다 치아트에게 연락했다. "제이에게 전화를 걸면, 보통 두세 시간 내로 전화가 걸려왔습니다. 그는 제게 상담과 조언을 해주었어요. 그는 그런 사람이었습니다."[24]

슈퍼보스들은 직원들의 최신 동향을 파악할 수 있는 행사에 기꺼이 참여하거나 이를 후원한다. 앨리스 워터스는 5년마다 셰파니스 출신들을 위해 정성껏 파티를 개최한다. 진 로버츠는 2008년 기억에 남을 만한 동창회 파티를 위해 필라델피아 인콰이어러의 전현직 직원들을 모두 초대했다. 빌 샌더스와 옛 직원들은 2003년 라스베이거스에서 많은 사람들이 참석한 동창회를 열었고, 론 마이클스는 〈SNL〉 출신들을 위해 많은 기념행사와 파티를 개최했다. 슈퍼보스들은 평상시에도 직원들과 연락을 주고받는다. 릭 버먼은 (노먼 브링커가 아직 살아 있던) 2006년 여전히 브링커와 좋은 친구로 지낸다고 했다. "어제도 그와 얘기를 나눴고, 방금도 통화했어요. 음, 그가 먼저 전화로 안부를 물어왔죠."[25] 토미 프리스트의 동문 네트워크는 특정 지역(테네시주 내슈빌)을 기반으로 하기 때문에 그들은 이례적일 정도로 일상적으로 어울린다. "이 지역 주변의 사회적 공동체와 예술 활동, 그리고 복지단체들을 지원하기 위한 다양한 일들을 모두 같은 장소에서 하고, 서로 친분을 쌓아갑니다."[26] 상사가 단지 안부를 묻기 위해서 옛 직원에게 연락하다니 확실히 일반적이지 않은 일이다. 예전 동료들끼리 계속 교류하는 일도 흔하지는 않다. 하지만 슈퍼보스와 직원들은 그런 경험을 상당히 많이 겪었고, 관계가 소원해지도록 방치하기보다는 서로 관계를 강화하는 데 익숙하다.

토미 프리스트의 또다른 직원은 이렇게 말했다. "끈끈한 형제애가 존재합니다. 일단 이 가족의 일원이 됐다면 평생 떨어질 수 없죠. 가족이 된 모두가 서로 연락을 주고받습니다. 이는 가족 철학의 일부일 뿐입니다."[27] 허시의 전 CEO 리처드 레니는 마이클 마일스의 동문 네트워크의 영향과 기능을 이런 식으로 묘사했다. "우리가 비밀 모임을 진행하는 건 아니지만 주변에 충분히 사람이 많으면 네트워크를 조성하고 교류하는 데 도움이 됩니다."[28] 코미디언 빌 머리는 그와 〈SNL〉 출신 동료들은 "평생 함께할 친구들"이며, "항상 교류할 것이고, 평생 같이 일할 것"이라고 말했다.[29] 이는 올스타로 구성된 네트워크였다.

이는 마치 셰익스피어의 희곡 『헨리 5세』에 나오는, 훨씬 수가 많았던 프랑스군을 영국군이 격퇴한 일을 기념하는 성 크리스핀 축일에 헨리 5세가 했던 "우리는 소수, 행복한 소수이자 형제 군단이오. 오늘 나와 함께 피를 흘리는 자는 나의 형제가 될지니"라는 연설을 떠올리게 하는 강한 유대감이다.[30] 슈퍼보스들이 직원들을 열세한 군대의 일원으로 만들지는 않을지라도, 슈퍼보스가 이끄는 팀에 결성된 유대감은 적지 않게 마음을 뒤흔든다. 직원들은 (론 마이클스 제자들의 경우에는 〈SNL〉 주제곡처럼) 정말 사소한 요인이래도 따뜻한 기억들을 밀려들게 만드는 요소들이 있다면서, 그토록 많은 시간이 흘렀음에도 자신들이 느꼈던 절절한 감정을 떠올렸다. 그리고 인터뷰를 진행하면서 그리 오래 걸리지 않아 슈퍼보스의 직원들이 동문 네트워크를 정의하는 온갖 종류의 이름과 슬로건들을 접하게 됐다. '브링커 소년들', 마이클 마일스의 '치즈 위즈 키즈', 그리고 '새끼 호랑이들'이 있었고 '브링커대'와 '드렉셀 디아스포라'에 대해 말한 사람들도 있었다.

일터에서 그토록 강력한 유대감이 생기는 경우는 드물다. 우리는 한 직장에서 일하다가 다른 곳으로 옮긴 다음, 과거 함께했던 동료들과 재회하거나 이야기를 나누지 않는다. 진정한 형제자매 집단의 일원이 된다니 얼마나 고무적인 일일지 생각해보라. 당신을 아끼고 당신이 성공하는 모습을 보고 싶어하는 국내외 사람들로 이루어진 네트워크를 갖는 것이다. 한 슈퍼보스 네트워크인 오라크 알럼나이에는 사천 명 이상이 속해 있으며, 이들은 최소한 백 곳의 벤처기업 창업을 도왔다. 로즈 어소시에이츠의 도미니크 카스트리오타는 드렉셀 디아스포라를 이렇게 설명했다. "드렉셀에서 일하는 건 아이비리그에서 학위를 받는 셈이다. 그 네트워크는 여생 동안 큰 도움을 준다."[31] 이것은 내가 여러 번 들었던 감상이었다. 당신이 슈퍼보스의 직원이라면 더이상 홀로 가라앉거나 표류하게 남겨지지 않는다. 뒤에서 당신을 응원해주는 대부 그리고 '형제자매들'이 있다. 이는 영원히 지속되는, 유효 기간이 없는 유대관계다.

'힐러리랜드'에 속한다는 것의 진짜 가치

슈퍼보스들이 애정을 보여주기 위해서 하는 일 중 가장 의미 있는 걸 꼽는다면, 직원의 경력을 적극적으로 홍보하기일지도 모른다. 내가 연구한 모든 슈퍼보스들은 자애로운 대부모들처럼 행동하면서[32] 옛 직원들에게 새로운 일자리를 추천해주거나, 심지어 취업 기회를 알아봐주려고 전화를 걸어주기도 했다. 빌 월시는 이런 일을 열심히 하기로 정평이 나 있다. 어느 대학에서 미식축구 감독을 구한다고 하면 그는 "전화 한 통으로 끝나지 않고 열 통, 아니 열다섯 통의 전화를 걸 겁니다. 많은 감독들이 이와 정반대로 행동하죠. 즉 그들은 아랫사람들에게 이익이 되는 일을 굳이 찾아 나서지 않는"다.[33]

옛 직원들에게 새로운 일자리를 찾아준 멋진 슈퍼보스의 대표적 사례가 빌 클린턴과 힐러리 로댐 클린턴이다. 클린턴 부부는 정계와 공직에 수십, 심지어 수백 명의 유명인사들을 배출했다고 알려져 있다. 많은 슈퍼보스 네트워크가 본래 비공식적인 성격이긴 하나 클린턴 부부의 네트워크는 2008년 힐러리의 대통령 선거운동중에 힐러리가 내세우는 명분의 지지자와 반대자를 구분해 엑셀 문서로 정리한 뒤 그 일부를 암호화했다.[34] 클린턴 부부는 제 발로 행정 관청이나 다른 자리들을 찾아간 다수의 옛 직원들을 포함해서 자신들을 지지한 정치인들이나 다른 사람들을 주저 없이 적극적으로 지원했다. 정치인이냐 아니냐 상관없이 이런 네트워크는 의심의 여지 없이 슈퍼보스와 직원들 모두에게 가치를 창출한다.

예를 들어 테리 매콜리프는 2008년 대통령 선거 때 힐러리 선거캠프의 선대본부장을 맡았다. 클린턴 부부의 후원금 모금을 책임졌던 그는 클린턴 부부가 뉴욕주 채퍼콰시의 주택을 구입할 수 있게 130만 달러의 개인융자를 받아줄 정도로 충성심이 강했다. 매콜리프가 나중에 버지니아 주지사에 출마하겠다고 빌 클린턴을 찾아가자 승리 가능성이 희박했음에도 빌은 그를 지지했다. 매콜리프는 그해 선거에서 패배했지만 2013년에는 승리했다.[35] 힐러리의 또다른 측근 셰릴 밀스는 빌 클린턴의 대통령 재임 시절 백악관 공보 비서관을 지냈고, 힐러리의 '합리적 목소리'로 평가됐다. 자문관들로 이루어진 힐러리의 핵심 네트워크인 '힐러리랜드'에서 맡은 자리 덕분에[36] 밀스는 훗날 오바마 대통령의 최고 의전 책임자가 될 수 있었다. 대통령의 해외 순방시 에어포스원에 별도의 좌석이 마련되는 이 자리에는[37] 일반적으로 대통령의 측근들이 임명되지만 이 경우에는 힐러리의 친구이자 동료가 임명됐다.

빌 클린턴과 같이 일했던 사람들 중 다수는 힐러리가 뉴욕주 상원의원과 미국 국무장관으로 일하던 시절에 그녀와 함께 일했다. 이어 그들은 클린턴 재단에서 리더들이 되었는데, 여기서 슈퍼보스의 중요한 관행을 살필 수 있다. 즉, 그들은 자기네 네트워크 밖에 있는 직원들에게 일자리를 구해줄 뿐 아니라, 네트워크를 떠났던 직원들을 재고용하는 경우도 잦다. 해고했던 직원들을 재채용하는 제이 치아트의 성질보다 더 놀라운 일은, 그 직원들이 기꺼이 다시 그의 밑에서 일하기로 결정한다는 점이다. 물론 론 마이클스는 예전 출연진들을 〈SNL〉의 공연자나 특별 진행자로 불러오곤 한다. 2008년 대통령 선거 때 세라 페일린을 풍자하기 위해서 돌아온 티나 페이를 누가 잊을 수 있겠는가?[38]

"우리가 셀 수 있는 것보다 더 많은 '놀라움'의 순간들"

일부 부유한 부모들이 자녀의 열여섯번째 생일에 새 차를 사주거나, 결혼선물로 새집을 장만해준다는 걸 알고 있는가? 마찬가지로 어떤 슈퍼보스들은 옛 직원들의 일자리를 알아봐주는 대신에 그들이 경영할 수 있는 완전히 새로운 회사를 차려준다. 슈퍼보스들은 이 회사들을 분사시킨 후, 운영방식에 대해 일부 통제까지는 아니더라도 접촉을 어느 정도 유지한다. 이런 이유로 시간이 흐르면서 단순히 개인들이 아닌 기업가 정신을 갖춘 벤처기업들로 이루어진 네트워크가 생겨난다.

이러한 사례들의 경우, 슈퍼보스들이 경력을 쌓아오면서 갈고닦았던 '플랫폼' 내지는 '운영 체제'를 활용하는 셈이다. 즉 슈퍼보스들이 발전시켜온 업계에 대한 시각 그리고 구축해온 사업 모델들을 활용하는 것이다. 애플의 iOS 운영 체제가 앱 개발자들에게 기회를 만들어주듯이 슈퍼보스를 떠나는 직원들은 플랫폼의 특정한 '애플리케이션' 또는 표현방식과 유사한 기업들을 차린다. 줄리언 로버트슨의 '호랑이 종자들'을 예로 들어보면, 각 씨앗에 해당하는 사람들은 독립적 사업체로서 자기 펀드를 운용했지만 로버트슨의 자본, 전문지식, 그리고 심지어 101 파크 애비뉴에 위치한 그의 사무실까지 효율적으로 이용했다. 어떤 면에서 〈SNL〉도 또다른 사례가 된다. 일단 오리지널 쇼가 확실히 자리잡자 〈SNL〉은 옛 출연자들이 등장하는 수많은 독립 프로젝트를 내놓았다. 이중 다수가 마이클스의 스튜디오에서 제작됐고 〈SNL〉과 연관됐다. 마이클스는 〈SNL〉의 베테랑들이 제작하는 NBC의 〈레이트 나이트 위드 세스 마이어스〉와 〈더 투나잇 쇼 스타링 지미 팰런〉의 제작 책임자이기도 하다. 〈SNL〉은 플랫폼을 직접 응용하지 않은 다른 엔터테인먼트 형식들도 만들었지만, 그럼에도 불구하고 일부 형식에서는 론 마이클스의 지원 내지 개입의 혜택을 봤다. 흥행을 거둔 〈30록〉이 그 사례다. 마이클스가 제작 책임을 맡았지만 이 시트콤은 사실상 〈SNL〉이 배출한 스타인 티나 페이의 단독 창작물이었다.

또다른 사례로 오프라 윈프리를 들 수 있다. 매우 영향력 있고 카리스마와 에너지가 넘치는 그녀는 텔레비전 방송사상 가장 성공한 토크쇼인 〈오프라 윈프리 쇼〉를 오랫동안 진행했다. 매우 가난한 환경에서 자란 그녀(소녀 시절에는 감자 포대로 만든 드레스를 입었던 것으로 유명하다)는 하버드대 명예박사 학위와 대통령 훈장을 포함해 수많은 상과 영예를 안았다.[39] 활동 초기에 그녀는 대담하게 움직여 수직적으로 통합된 엔터테인먼트 사업을 만들었다. 즉 그녀는 〈오프라 윈프리 쇼〉에 출연했을 뿐 아니라 궁극적으로 스튜디오 겸 제작사인 하포 프로덕션을 소유해 인재를 배출하기에 완벽한 위치에 섰다. 오프라는 쇼에 다양한 사람들을 출연시킬 수 있었고, 그들이 뛰어난 끼를 보일 경우 그들의 재능을 살리고 그들이 자기 스튜디오에서 자신만의 쇼를 제작할 만한 기회를 주었다. 이런 경로를 통해서 심리학자 필 맥그로, 요리사 레이철 레이, 재무설계사 수지 오먼, 사회학자 마사 벡, 심장외과 전문의 메멧 오즈 같은 스타들이 이름을 알렸고 상업적으로도 성공을 거뒀다.[40]

필 맥그로가 오프라의 눈에 들게 된 사연은 이렇다. 1996년 오프라는 텍사스주 애머릴로에서 언론이 '위험한 식품 소송'이라고 부른 소송에 휘말리게 되었다. 오프라가 방송중에 광우병을 언급하자 미국 축산업계가 그녀를 명예훼손으로 고소한 것이다. 오프라의 법무팀은 배심원단 선정에 대해 조언을 구하고자 맥그로를 고용했다. 임상심리학 박사인 맥그로는 자신의 파트너 델마 박스와 함께 일련의 셀프헬프 세미나들을 성공적으로 개최하면서, 그가 청중 앞에서 비상한 카리스마를 발휘하는 사람이라는 걸 입증했다. 하지만 오프라는 그가 누구인지 몰랐다. 텍사스에서 열린 오프라의 재판은 사실상 훗날 '필 박사'로 알려지는 한 남성에 대한 일종의 오디션이었다.[41]

그들의 관계는 초반에는 긴장감이 흘렀다. 2011년 인터뷰에서 맥그로는 오프라가 초반에는 상황을 충분히 심각하게 받아들이지 않는 듯했다고 회상했다.[42] 오프라가 십 분만 만나겠다고 시간을 제한하려고

하자 맥그로는 "내가 고소당한 게 아니잖소!"라고 소리지르며 필요한 만큼 시간을 내달라고 요구했단다.[43] 그녀는 그 말에 동의했다. 맥그로는 재판 준비를 하면서 자신과 오프라는 믿을 수 없을 정도로 중요한 유대 관계를 쌓을 수 있었다고 말했다. "재판이 진행되는 동안 몇몇 사람이 모여 두 달 정도를 시 외곽에 있는 민박집에서 같이 살았습니다. 그러니 그녀가 저의 옛 룸메이트이기도 합니다…… 저는 그녀를 정말 잘 알게 됐으며, 우리는 지금처럼 아주 친한 친구가 되었습니다."[44]

오프라는 결국 승소했고, 맥그로는 곧 '사실대로 말해줘, 필Tell It Like Is, Phil'이라는 코너를 맡아 쇼에 출연하게 됐다. 그는 오프라를 위해서 다양한 특집을 진행했다. 어떤 시리즈에선 생방송을 통해 참가자들의 다이어트, 관계 개선, 복학을 도왔다. 오프라는 "그는 우리에게 셀 수 없을 정도로 많은 놀라움의 순간을 안겨주었다"라고 말했다.[45]

오프라는 필 박사의 연설 투어를 홍보했으며, 그의 두번째 저서 『관계 회복*Relationship Rescue*』 속 내용을 중심으로 일련의 쇼를 구성하고, 청중에게 책을 나눠주는 식으로 지지했다.[46] 맥그로가 2002년 진행자 겸 제작자로 자기 쇼를 시작하자 이 쇼는 미국 내 시청률이 단번에 〈오프라 윈프리 쇼〉에 이어 2위에 올라섰다.[47] 오프라는 자신이 발간하는 잡지에 맥그로가 칼럼을 연재할 수 있게도 해줬다. 이런 모든 지원에 대해 맥그로는 자신의 대모를 향한 감사와 존경을 거침없이 표현하며 보답했다. 맥그로는 오프라에 대해 이렇게 말했다. "당신이 해야 할 말을 당신보다 더 열정적으로 지지하는 사람을 만난 적이 있나요? 그녀는 텔레비전 프로그램에 있어서 금본위제 같은 존재입니다."[48] 오프라는 2015년까지 계속 성장중이던 엔터테인먼트계에서 가장 중대한 플랫폼 스타일의 네트워크를 구축한 사람이기도 하다.[49]

'공식'과 '비공식'이 뒤죽박죽된, 네트워크 구축과정

모든 슈퍼보스들이 개별 직원들을 위해 특별히 신설 기업들을 분사하는 식으로 자기 조직을 플랫폼처럼 다루는 건 아니다. 그러는 슈퍼보스들 중에서도 일부는 자기네 네트워크 구축을 위해서 다른 조치를 취한다. 내가 연구한 다수의 슈퍼보스들은 옛 직원들이 다른 곳에서 기회를 찾게끔 도우며 그들과 협력하면서 보다 유동적인 관계를 유지하고 있었다. 이러한 관계들은 대체로 비공식적이며 끝없이(적어도 슈퍼보스가 죽을 때까지) 지속됐다. 슈퍼보스들은 많은 스타 성과자들의 중심이 되어줬고, 스타 성과자들은 모두 슈퍼보스의 주변에 머물렀다. 셰파니스 요리사들은 일정 기간을 보낸 다음 떠나곤 했다. 수십 년 동안 계속되어온 이러한 패턴 때문에 셰파니스는 요식업계에서 산지 조달 재료로 만든 유기농 음식의 성지가 되었다. 클린턴 부부, 마일스 데이비스, 로버트 노이스 같은 다른 슈퍼보스들도 이와 비슷하게 비공식적 네트워크를 구축했다.

네트워크 조성에 덜 전략적이거나 덜 의도적인 듯한 슈퍼보스들도 있었지만 그들은 대부모로서의 역할에 적지 않게 열정을 쏟았다. 노먼 브링커, 제이 치아트, 로저 코먼, 랠프 로런, 마이클 마일스, 요르마 파눌라 같은 인물들은 네트워크 조성을 적극적으로 검토했고, 이를 확장하는 데 관심을 가졌다. 하지만 그들은 특정 시점에 이르면 제자들이 다른 곳에서 잠재력을 발휘하게끔 자유롭게 해주면서, 그들을 스타로 키우기 위해 전술의 다른 부분에 기대는 듯했다. 공식적으로는 사업상 연대도 거의 하지 않았고 슈퍼보스 쪽에서 체계적인 노력도 그다지 기울이지 않았지만, 시간이 지나면서 슈퍼보스 주위에 자연스럽게 네트워크가 형성됐다. 하지만 슈퍼보스들과 옛 직원들 사이의 관계는 수십 년 동안 다양한 형태로 지속됐다.

많은 경우 슈퍼보스들이 주도하는 네트워크 구축과정은 특이하다고밖에 말할 수 없는, 공식적인 관계와 비공식적인 관계가 뒤죽박죽된 결과를 초래하는 듯하다. 조지 루커스는 스카이워커 사운드, THX, ILM 같은 회사들을 세운 다음 그 회사들을 경영할 인재들을 데려다놓거나 새로 채용을 했다('플랫폼' 접근방식). 하지만 그의 직원들은 자기만의 기회를 추구하기 위해 떠나곤 했다. 많은 사람들이 자기 회사(EdNET, 디지털 도메인, 티페트 스튜디오, 소닉 솔루션스 등)를 차렸는데, 이들은 종종 프로젝트 추진을 위해 루커스 출신 베테랑들을 고용했고, 루커스의 다른 분사 기업들과 거래했으며, 때때로 창업팀을 구성하기 위해서 다른 루커스 출신들에게 의존하기도 했다.

토미 프리스트는 투자하거나 조언하거나 상품이나 서비스를 구매할 사람들을 주선해주면서, 직원들이 자기 사업을 시작할 수 있게 도와줬다.[50] 일례로 프리스트는 조엘 고든이 스타트업 회사인 서지컬케어 어필리에이츠를 세우자 자금을 지원했다. 그러다 프리스트의 HCA는 서지컬케어의 지분 중에서 17퍼센트를 취득하기까지 했다. 서지컬케어가 1984년부터 1996년 사이 상장된 기업들 중 가장 주가가 많이 올랐다는 사실을 감안했을 때 손해보는 투자는 아니었다. 고든은 "프리스트가 서지컬케어 어필리에이츠에 보내준 개인적 응원과 강력한 재정 지원이 없었더라면 일어날 수 없는 일이었죠"라고 설명했다.[51] 테네시주 내슈빌에는 현재 수백만 개의 의료 서비스 기업들이 자리잡고 있는데 프리스트와 HCA는 그중 다수 기업에 영향력을 행사하거나 그들 내에서 직접적인 역할을 수행하고 있다.[52]

그들을 잃을 수밖에 없다는 것,
정말 뛰어난 사람과 일했기에 치르는 대가

그들의 행동을 통해 알 수 있듯이, 슈퍼보스들은 고용주와 고용인의 관계를 평범한 리더들처럼 여기지 않는다. 그들은 직원이 회사 문을 나서는 순간 관계가 끝난다고 생각하지 않으며, 설사 그런 일이 벌어진대도 불쾌해하거나 상처받지 않고 심지어는 그리 놀라지도 않는다. 거의 모든 슈퍼보스가 그렇다. 앞서 살펴봤듯이 치아트는 험악한 분위기 속에서 앨버티와 헤어졌다. 마찬가지로 아주 유명했던 오라클의 한 관리자는 자신과 래리 엘리슨은 원만하게 헤어졌지만 "사람들은 사이좋게 지내며 오라클을 떠나지 않으려 했습니다"라며 이렇게 덧붙였다. "'같이 있을 때는 우리 편이지만, 그렇지 않을 때는 적이다'라는 분위기였죠. 일단 그곳을 떠나면 나쁜 사람으로 간주됐어요."[53] 또다른 직원 존 루옹고는 오라클의 성장에 중요한 역할을 했지만, 그가 회사를 떠날 때 엘리슨은 거듭 "존, 나는 자네가 무슨 일을 하건 크게 성공하기를 진심으로 바라네. 하지만 내 뒤통수를 치면 자네 인생을 파탄내겠네"라고 말했다고 했다.[54] 하지만 엘리슨은 가장 이례적인 예외일 뿐이다. 대부분의 슈퍼보스들은 토미 프리스트에 더 가깝다. 그의 직원 한 명은 이렇게 말했다. "토미는 사람들이 새로운 모험을 시작해서 성공하는 모습을 보면 늘 행복해했습니다. 그는 결코 질투하지 않았어요. 그는 '자네가 떠난다면 우리는 다른 어떤 일도 같이하지 않을 것이다'라고 말하는 법이 결코 없었습니다. 그는 절대 그렇게 행동하지 않았죠."[55]

프리스트의 태도는 그의 전술로 볼 때 자연스러운 결과라고 이해된다. 프리스트 같은 슈퍼보스들이 직원들을 준비시키고 응원하기 위해 행하는 모든 일들을 고려해보면, 다른 장소에서 엄청난 기회가 주어졌을 때 최고의 인재들이 떠나야 한다고 느끼는 것은 당연하다. 가끔 내지는 심지어 빈번히 그런 일이 일어나지 않는다는 게 더 놀라울 정도다.

엄청나게 칭찬할 만하고 그들에게 이익이 되는 일이라 슈퍼보스들은 인재의 이탈을 인정하고, 수락하고, 받아들인다. 그들은 꿈을 좇으려는 최고 인재들의 욕구를 100퍼센트 '이해한다'. 그리고 그런 이해를 행동으로 옮긴다. 그들의 이해는 본질적으로 슈퍼보스의 전술 이상의 의미를 갖는다. 이는 대부모의 전술에 포함될 만하다.

일부 직원들이 떠날 수도 있다는 걸 예상한다고 공개적으로 밝히는 슈퍼보스도 있었다. 제이 치아트는 직원들에게 무궁무진한 잠재력을 발휘하고 열정을 추구하라고 격려했다. 그러느라 치아트데이를 떠나야 한대도 말이다. 줄리언 로버트슨은 어느 정도 시간이 지난 후 사람들이 자신의 이익과 흥미를 추구하고 싶어하는 건 "당연하다"고 말했다. "우리는 이런 사람들이 각자에게 이익이 되는 방향으로 행동하게 냅둡니다. 그리고 그들은 자랑스럽게, 그리고 우리에게 아주 좋은 감정을 가진 채 떠납니다. 그들을 그런 식으로 보내준 게 우리가 한 일 중에서 가장 성공한 일인 듯합니다."[56] 마이클 마일스도 비슷하게 이야기했다. "유능한 사람들을 억누를 수 없습니다. 당신이 줄 수 없는 정말로 좋은 기회가 그들에게 생겼다면 그들을 잃을 수밖에 없습니다. 하지만 그건 정말로 뛰어난 사람들과 함께했기 때문에 지불해야 할 대가일 뿐입니다."[57]

양육형 성격이 강한 슈퍼보스래도 늘 이타적인 건 아니다. 슈퍼보스들은 네트워크를 구축하는 게 개인적 이익에 부합하다고 판단해서 그렇게 한다. 슈퍼보스들은 분명히 사업 기회를 잡기 위해 직원들을 이용한다. 줄리언 로버트슨의 호랑이 종자들이나 론 마이클스의 〈30록〉, 프리스트의 서지컬케어 어필리에이츠 투자를 보라. 슈퍼보스들은 종종 직원들의 새로운 벤처기업에 직접 투자한다. 그들은 일종의 내부정보를 소유하고 있기 때문에(전적으로 합법적인 일이다!) 누구보다 직원들을 더 잘 안다. 이러한 정보 덕분에 슈퍼보스들은 가장 좋은 기회가 생길 때 이를 곧장 잡을 수 있는 이상적인 위치에 있다. 한편 직원들은 투자라는 혜택뿐 아니라 슈퍼보스가 가진 뛰어난 브랜드로 인한 혜택도 누린다. 슈퍼보스라는 브랜드는 벤처기업에 일종의 '승인' 역할을 해준다. 줄리언 로버트슨의 파트너 존 타운젠드는 "새끼 호랑이들 속에서 당신은 이러한 브랜드 이름을 접합니다. 당신이 애쓴대도 그런 브랜드는 만들어지지 않죠"라고 말했다.[58]

슈퍼보스들은 직원들과 지속적으로 상호관계를 유지하면서 그들의 네트워크에서 귀중한 정보뿐 아니라 특정 도전이나 프로젝트에 대한 도움을 얻는 식으로 또다른 이익을 얻기도 한다. 나와 대화를 나눈 많은 직원들은 슈퍼보스들에게서 부탁 전화가 걸려오기를 간절히 바라면서 말 그대로 휴대전화 옆에서 대기했다. 줄리언 로버트슨의 또다른 억만장자 제자인 헤지펀드 매니저 스티브 맨들은 로버트슨에게 잠재적인 인재들을 추천하고 로버트슨은 그의 말에 귀기울인다.[59] 또다른 직원은 "로버트슨은 정보를 찾기 위해 이 사람, 저 사람과 계속해서 통화를 했다"라면서 "그중에는 친구들도 있었고 옛 동료들도 있었다"라고 했다.[60] 마일스 데이비스는 밴드에 공석이 생겼을 때 제자들에게 전화를 걸곤 했다. 색소포니스트 빌 에번스는 "마일스는 그냥 '기타 연주자가 필요해'라고 부탁했어요"라고 설명했다.[61] 비슷한 요청 때문에 빼어난 실력을 갖춘 존 스코필드가 발탁됐고 그는 이후 오랫동안 마일스 데이비스의 음반뿐 아니라 수십 장의 다른 재즈 앨범 제작에 참여했다.[62]

보다 최근 사례를 보자면, 클린턴 부부는 2016년 힐러리의 대통령 선거 활동과정에서 자기네 네트워크를 광범위하게 활용했다. 클린턴 부부는 과거 대통령 비서실장으로 빌을 보좌했던 충성스러운 존 포데스타를 선거대책위원회 회장으로 임명했다. 선거대책위원회 본부장으로 임명된 로비 무크는 2008년 힐러리의 대통령 선거운동에도 기여했던 인물이다. 클린턴 부부는 오랫동안 빌의 언론 담당 비서로 일했던 닉 메릴에게 힐러리 캠프의 대변인을 맡겼으며, 빌의 재임 시절 백악관 공보 담당자였던 제니퍼 팔미에리는 힐러리 대선캠프의 홍보 전략가로 일했다. 2008년 대선운동 때 힐러리 캠프의 부정책실장이었던 제이크 설리번은 이번에는 외교·안보 정책 자문으로 활약했다. 이것은 단지 일례에 불과하며 다른 사례들을 얼마든지 더 언급할 수 있다. 클린턴 부부는 이미 증명된 충실한 인재들로 이루어진 광대한 인맥 네트워크를 갖췄으니 인재 풀이 취약한 다른 경쟁자들보다 힐러리가 얼마나 유리했을지 상상해보라. 그녀가 선거 자금을 모으면서 이 네트워크를 활용했다는 건 두말할 필요도 없다.[63]

네트워크는 슈퍼보스들에게(뿐만 아니라 그들에게 도움을 구하는 제자들에게도) 매우 유용하다. 네트워크 구성원들 사이에 신뢰가 존재할 뿐 아니라 그들이 공통된 배경, 사업관, 언어 등을 공유하기 때문이다. 〈더 데일리 쇼〉에서 특파원 역을 맡았던 코미디언 와이엇 세낙은 동료 특파원 에드 헬름스를 만났을 때 쇼에 함께 출연한 적은 없었지만 서로 곧장 통했다고 했다. "우리는 쇼에 대해서 이야기할 때 '아' 하면 '어' 할 정도로 잘 통했습니다."[64]

디자인 프로젝트 때문에 외부의 도움이 필요한 상황이라고 가정해보자. 세 곳의 회사를 알아보다가 그들의 정책과 철학이 기분 나쁠 정도로 당신과 유사하다고 느낀다. 고위 경영진을 만나보니, 당신의 옛 상사와 일했던 사람들이 각 회사를 경영한다는 사실을 알게 된다. 이 회사들 중 한 곳에 연락을 취하자 지체 없이 대표와 연결된다. 뭐가 필요한지 설명하기도 전에(적어둔 부분에 대해 상담을 시작하기도 전에) 이미 그쪽에서는 당신의 현상태를 간파하고 당신이 말하려고 하는 점에 대해 집중적으로 파고든다. 이미 몇 년 동안 함께 일해온 사람과 대화하는 듯하다. 같은 DNA를 공유하는 듯 그가 말해주는 전체 운영방식이 곧장 이해된다. 이것이 동문회 네트워크의 구성원들이 슈퍼보스와 동료들에게 제공하는 협력적 경험이다. 전형적인 공급자와 고객 간의 관계와는 꽤 신선한 차이가 있지 않은가?

성공적 경력을 쌓아주는 '황금 티켓'과 젊음을 되찾아주는 '청춘의 샘'

네트워크를 통해 슈퍼보스들은 위신과 영향력을 키우는 식으로 이익을 얻기도 한다. 서로 알아볼 정도로 유명인사들을 배출하는 슈퍼보스들이 많아질수록 슈퍼보스들의 지위도 덩달아 높아진다. 슈퍼보스들은 업계에서 혁신가로 알려질 뿐 아니라 차세대 슈퍼스타를 키울 줄 아는 사람, 즉 '인재 발굴의 브랜드'로 유명해진다. 그들은 대부모로 유명해진다. 이로 인해 똑똑하고 유망한 인재들이 기회를 찾기 위해 몰려들어 슈퍼보스들은 더 많은 인재를 끌어모은다.

이러한 역학의 좋은 사례로 요리계의 전설적 대모 줄리아 차일드를 꼽을 수 있다. 지난 수십 년간 미국에서 가장 유명한 요리사인 차일드는 짧게 교류한 사람들을 포함해서 많은 젊은 요리사들의 경력에 영향을 주었다. 고메의 전 조리장이자 푸드 네트워크가 배출한 첫 유명인사인 세라 몰턴은 TV쇼 〈줄리아 차일드와 친구들〉에서 차일드의 보조자로 출연했다. 이때의 일을 토대로 그녀는 "차일드는 취업을 도와주고 더 열심히 일할 수 있게 나를 채찍질한 천사 같은 사람이었다"라면서 그녀를 "나의 멘토"라고 불렀다.[65] 제임스 비어드상 수상자인 조디 애덤스는 1980년 무렵 차일드가 참가한 기금 모금행사에서 주방 보조로 일하다가 그녀를 만났다. 차일드는 애덤스에게 유명 요리사인 리디아 샤이어와 일할 기회를 제공해줬고, 애덤스는 샤이어에게 요리 기술을 배우기 시작했다.[66] 시간이 지나 그러한 제자들이 자리를 잡고 네트워크가 커지면서, 차일드는 식당 경영자들과 최고급 요식업계에서 인재 배출자로 유명해졌다. 그러자 차일드의 네트워크에 들어가길 원하는 신예 요리사들이 찾아오기 시작했다. 심지어 미슐랭 3성급 식당 두 곳을 운영한 최초의 미국 요리사 토머스 켈러조차 신참 시절 프랑스에서 수습 자리를 찾으면서 차일드에게 도움을 요청했다.[67] 위대한 요리사 자크 페팽은 "차일드는 젊은 요리사들을 돕는 걸 업으로 삼았다"라고 말했다.[68]

명성을 높이고 인재를 끌어모으는 슈퍼보스들의 능력은 그들에게 부차적인 이익이 아니라 엄청난 혜택을 준다. 로저 코먼의 전기작가는 "코먼은 자신을 거친 사람들의 영광이 자기에게도 돌아올 것이라 믿고, 그들이 다른 곳에서 빛나기를 간절히 원했다"라고 했다.[69] 영예만 중요한 게 아니다. 오랫동안 인재들을 공급하는 한편, 새로운 관점과 열정으로 사업에 활력을 불어넣는 능력을 갖춰야 한다. 루크 반데벨데는 크래프트가 고위 경영진을 잃더라도 자신은 걱정이 없다면서 "너무나 많은 인재들이 육성되고 있어서 사실 저희가 세계를 정복할 것 같습니다"라고 말했다.[70]

예일대의 최고투자책임자CIO 데이비드 스웬슨은 펜실베이니아대의 피터 애먼, 보든 칼리지의 폴라 보렌트, 웨슬리언대의 앤 마틴, MIT의 세스 알렉산더, 스탠퍼드대의 로버트 월리스, 프린스턴대의 앤드류 골든, 카네기재단의 엘런 슈먼, 록펠러재단의 도나 딘, 그리고 메트로폴리탄 미술관의 로런 메저브 등 비영리 기부 투자 분야에서 고위 인사를 다수 배출해냈다.[71] 이 분야에서 활동하는 누구와 대화하건 간에 오 분만에 스웬슨의 이름이 튀어나온다. 그는 제자들이 가장 높은 자리에 오르게끔 새로운 조직으로 옮기는 과정에 특별히 노력을 기울였다. 프린스턴대의 투자사 사장 앤드루 골든이 말해줬듯이, 스웬슨에게 이직은 "자연스러운 활력"을 불어넣는 일이자 "훌륭한 채용 수단"이었다. 이는 유망한 인재들에게 '여기 와서 언젠가 내 일을 하거나 나와 똑같은 일을 하라'라며 선언하는 게시판 같았다.[72]

모든 슈퍼스타들에게 번창하는 동문 네트워크의 존재는 인재 배출의 선순환 고리를 만드는 데 유용했다. 네트워크가 확장되면서 네트워크에 가입할 가치가 더 높아졌고, 그로 인해서 젊은 인재들은 더 열정적으로 슈퍼보스들을 찾아 나섰다. 크리스 록이 〈SNL〉을 두고 말한 내용은 모든 슈퍼보스들과 그들의 조직에 적용된다. 록은 "〈SNL〉은 당신에게 전문가 이미지를 심어준다. 오늘까지도 나에 대한 어떤 글을 봐도 〈SNL〉 이야기가 나온다. 모두가 그런 과정을 거쳤다"라고 했다.[73] 내가 연구한 모든 업계에서 슈퍼보스 네트워크에 가입한다는 것은 곧 성공적인 커리어를 위한 황금 티켓을 쥐었다는 의미였다. 예비 고용주들은 이를 세계적 수준의 훈련을 받은 인재라고 '인증'해주는 학위처럼 간주했다. 하지만 크고 인상적인 동문 네트워크 때문에 슈퍼보스는 업계 최고의 자리를 차지할 수 있었다. 이력서에 적힌 슈퍼보스의 이름은 끊임없이 선물을 안겨줬다. 슈퍼보스 조직에서 동문 네트워크는 젊음을 되찾게 해주는 '청춘의 샘'이나 마찬가지였다. 최고의 인재를 훈련시키는 일과 특정 네트워크에 강력히 동화되어 계속 충성심을 보이는 최고 성과자 세대를 훈련하는 일은 완전히 별개의 문제다. 번성하는 인재 네트워크는 네트워크를 몇 번이고 보강하며 상호 보상으로 이어져 스스로 추진력을 갖춘다.

떠나는 순간, 홍보가 시작된다! 슈퍼보스처럼 네트워크 만들기

많은 직원들에게 슈퍼보스를 떠나는 일은 슈퍼보스 밑에서 일할 기회를 얻었던 순간만큼이나 기억에 남는다. 그들 대부분은 어쩔 수 없이 그렇게 한다. 관리자와 리더라면 이런 불가피한 일을 슈퍼보스가 어떻게 처리하는지 구체적인 방법을 주목해야 한다. 첫번째 교훈은 2장에서 살펴본 바와 같이 직원의 이직이나 퇴사로 인한 피해가 생각만큼 크지 않다는 점이다. 슈퍼보스처럼 이를 기회로 삼아야 한다. 핵심인재들이 떠날 때, 곁에서 그들을 지켜볼지 아니면 그들이 만들 긍정적인 발전에 동참할지 선택해야 한다. 당신이라면 어떻게 하겠는가? 차세대 리더들이 언젠가 떠날 가능성이 있다는 걸 알더라도 그들의 역량 개발을 관리자의 주활동으로 삼아야 한다. 떠나는 직원들이 향후 얼마나 도움이 될지는 결코 알 수 없다. 화가 나서 관계를 끊는다면 돈을 버리는 것처럼 기회를 놓칠 수 있다.

직원들이 떠난대도 그들을 잊거나 배신자로 여겨서는 안 된다. 그 대신 영리해져야 한다. 대부모처럼 걱정해주면서 그들과 계속 연락을 취하라. 조직을 떠나거나 사내 다른 부서로 옮긴 직원들에 대해 계속 파악하고 있는가? 안부인사 차원에서 가끔 이메일을 보내거나 전화를 거는 일은 그리 힘들지 않다. 옛 직원들이 어디로 갔는지 알아보기 위해 주기적으로 구글에서 검색해보는 건 심지어 더 쉽다(그리고 그들이 어디로 이직했는지 당신에게 이야기할 필요성을 느낀다면, 당신은 슈퍼보스가 되는 중이라고 깨달을 것이다). 채용할 사람이나 특정 프로젝트 혹은 도전 때문에 조력자가 필요하다면, 모르는 사람이나 조직에 달려가지 마라. 잠시 숨을 고르며 옛 직원들이 어떤 자산과 재원을 가졌는지를 생각해보자. 그들이 당신의 네트워크에 참여하게끔 주도적으로 유도해야 한다. 옛 직원들과 함께 일하며 쌓은 유대감을 계속 유지하기 위해 최선을 다해야 한다.

직원들의 이직 가능성을 열어둔다면 확실한 후계 계획을 세워 스스로를 지켜야 한다. 대형 다국적 기업에서는 수백 명이나 되는 고위 임원들의 승계 계획에 대해서 생각하지만, 슈퍼보스의 논리는 조직 어디에서든 우리가 후계를 생각해보도록 이끈다. 내가 교편을 잡고 있는 다트머스대에선 아주 유능한 어느 학생이 학생들과 지역사회 일원들로 구성된 특별하면서도 널리 사랑받는 합창단을 창단시켰다. 졸업반이 되기 직전 그 학생에게 그가 졸업하면 합창단은 어떻게 되는지, 지금 후임자를 교육중인지 물었다. 그는 아직까지 그 문제에 대해 생각해보지 않았다고 답했다. 많은 관리자들이 처한 상황도 이와 유사하다. 지금 당장 후계 문제에 대해 고민해봐야 한다. 최고 직원들 중 다수가 떠날 거라고 전제해야 하기 때문에 특히 더 그렇다.

이 말인즉 관리자들은 현재 직원들이 결국에는 떠날 거라고 가정하고 그들을 평가해야 한다. 대부분의 대기업은 표준화된 인재 평가법을 사용한다. 그들은 주요 성과 지표에서 낮은 점수를 받은 직원들을 코칭하거나 해고하며, 일반적으로 점수가 높은 직원들에게 더 크고 더 중요한 일을 맡긴다. 이러한 관행이 유용하긴 하지만, 일부, 어쩌면 많은 고성과자들이 우리를 결국 떠날 거라는 사실을 깨달아야 한다. 따라서 현재 활용하는 성과 평가 체제(보통 부진하다, 만족스럽다/우수하다, 뛰어나다의 3등급으로 나뉜다)에 네번째 단계(떠날 시간)를 고려해야 할지도 모른다. 무의식적으로 최고의 인재들이 떠나는 모습을 보고 싶어서 그러는 게 아니다. 실제로 그들 중 다수가 남을 것이다. 하지만 떠나는 최고 성과자들과의 관계를 개선할 필요가 있고, 그러려면 그들의 엄청난 잠재력과 이를 추구하는 최선의 방법들에 대해서 진솔하게 대화해야 한다. 또한 일어날 수밖에 없고, 실제로 일어날 이별에 대해 가능한 한 빨리 조직에 알려야 한다.

최근 들어 일부 진보적인 임원들이 슈퍼보스 스타일의 네트워킹방식을 채택하고 있다. 넷플릭스의 CEO 리드 헤이스팅스는 2009년 '자유와 책임'이라는 문서를 슬라이드셰어에 공개했는데 여기서 "평생 넷플릭스를 위해 일할 필요는 없다. 그러니 우리가 줄 수 없었던 더 큰 일을 위해서 떠난다면 이를 축하해줘야 한다"라며 자기네 기업 문화를 밝혔다.[74] 링크드인의 CEO 리드 호프먼은 2014년 저서 『동맹*The Alliance*』에서 평생고용 모델은 오늘날처럼 불안정하고 불확실한 네트워크 시대에는 적합하지 않으며, 실제로 "전 세계적으로 다양한 혼란에 처해 있다"라고 주장했다.[75] 전통적인 평생고용 모델은 밀레니얼 세대 직원들의 사고방식과 어긋난다. 그들은 일을 통해서 자신의 성장과 목표를 추구하고 이를 얻고자 주저 없이 이직을 한다. 밀레니얼 세대가 한 회사에서 25년이나 30년을 일한 후 공로상으로 금시계를 받고 싶어한다고 생각하는가? 그런 생각을 말도 안 된다고 여기면서도 여전히 그런 일이 일어날 듯 조직을 운영한다. 밀레니얼 세대가 이전의 어떤 세대보다 자유 행동권을 받아들인다는 걸 안다면 직원 유지를 위한 시스템을 채택할 이유가 있을까?

호프먼은 이에 대한 대안으로 기업들이 직원들과 '연대'하여 같은 회사에서 오랫동안 머물 수도, 그러지 못할 수도 있는 더 짧은 '재직 기간'을 고려해서 고용 문제를 생각해봐야 한다고 주장한다. 호프먼은 재직 기간이 끝난 뒤에는 그 회사가 얼마나 좋은지 이미 아는 준비된 고객들을 만들어줄 동문 네트워크가 중요하다고도 강조한다. 하지만 호프먼이 확인해준 대로 이 분야의 많은 잠재력은 여전히 미개발상태다. 현재 링크드인 플랫폼에만 11만 8천 개가 넘는 동문 집단들이 있지만, 대부분은 그들 회사와 공식적으로는 아무런 관계가 없다. 또한 조사 결과, 대부분의 기업에서는 동문 네트워크에 투자하지 않는다.[76]

공식적 동문 네트워크나 링크드인이 알려지기 훨씬 전부터 슈퍼보스들은 이미 가공할 만한 네트워크를 구축하고 있었다. 슈퍼보스들은 전문적 성장을 돕고 조직이나 보스와 평생 동안 연결되는(반드시 고용되지 않더라도) 대안 모델이 가능하며, 그것이 회사와 직원 모두에 매우 유익하다는 사실을 입증했다. 당신이 만약 리더라면 수십 혹은 수백 명의 사람들이 당신의 전화를 기다리고, 누구보다 특출난 미래의 인재들이 당신을 찾아오는 게 얼마나 대단한 일일지 생각해보라. 당신이 만약 직원이라면 경력을 쌓아가면서 크고 헌신적인 '형제자매들의 집단'에 들어가고, 당신 보스도 이러한 형제애를 육성하고 인정하게 만들면 얼마나 풍요로워질지 상상해보라. 앨리스 워터스, 론 마이클스, 오프라 윈프리, 토미 프리스트, 랠프 로런 등 다양한 슈퍼보스들은 오랫동안 만족스러운 커리어를 쌓고, 지속 가능하면서 영구적으로 '젊은' 사업에 대한 비밀이 특별히 복잡하지 않다는 사실을 안다. 떠나보내지만 계속 연락하면서 도와주는, 언뜻 납득할 수 없지만 비옥한 결실을 맺는 조합이 있다. 회사, 부서 또는 팀에 대해서 생각할 때 조직을 성공적으로 구축하는 것에만 열을 올려서는 안 된다. 그보다 더 높은 목표를 잡아라. 광대하면서도 강력한 성공 네트워크를 만들어야 한다.

인재 문제와 관련해 당신은 선택할 수 있다. 즉, 자연스럽게 은퇴할 때까지 일할 사람들을 채용해 끝까지 그들을 데리고 가면서 개발시키거나, 당신을 능가할 새로운 세대의 인재들을 육성해 그들을 이끌어줄 수 있다. 이러한 슈퍼 성과자들은 단역에 만족하지 못한다. 그렇기에 직원들에게 부단히 새로운 기회를 열어주면서 회사를 성장시키지 못하면 그들을 놓친다. 다수의 CEO들은 "왜 우리가 최고 인재들을 잃을 계획을 짜겠는가?"라며 이를 "미친 짓"이라고 이야기했다. 스타 성과자들은 어쨌든 떠난다는 사실을 그들은 간과하고 있다. 최고의 인재들은 더 많은 기회와 더 많은 도전과 더 많은 성취를 부단히 갈구한다. 사업상 거래, 인재 확보, 투자 계약을 위한 새로운 기회들을 통해서 지속적으로 보상을 해주는 장기간의 연결 고리를 만들어 최고의 인재들을 적극 활용할 수 있느냐가 유일한 문제다. 밀레니얼 세대의 사회 진출 속도가 빨라질수록 이는 사실로 받아들여질 것이다.

이렇게 생각해보자. 수십 년 동안 머문, 성과가 괜찮은 직원들로 이루어진 조직이냐, 인재를 끌어모으는 자석이기 때문에 당신 밑에서 일했지만 떠난 후에도 네트워크에 남아 당신과 당신의 브랜드를 홍보해줄 최고의 인재들로 붐비는 조직이냐. 어느 쪽이 더 좋은가? 선택은 명확하다.

9장

마침내,
조직이 더 잘 굴러가게 만드는
암호가 풀렸다!

: 당신과 조직을 위한, 슈퍼보스 전술 활용법

슈퍼보스가 되려는 당신을 위한, 핵심 질문과 행동 사항 | 슈퍼보스를 찾으려는 당신을 위한 관리자 능력 평가법 | 당신의 조직에 슈퍼보스 문화를 퍼뜨리는 법 | 슈퍼보스 현상의 본질은 '성공의 전달'이다, 슈퍼스타 만들기 | 그는 사람을 만들었다, 경력을 만들었다, 그리고 전설이 되었다

슈퍼보스들이 직원과 조직에 미치는 강력한 영향을 파악하려면 직접 그들의 부재를 겪어보거나 가까운 사람이 그런 경험을 하는 모습을 지켜보면 된다. 이 책을 집필중이던 2014년, 후자의 상황을 마주할 기회가 있었다. 1년 반쯤 전에 내 딸 에리카는 대학을 졸업해 뉴욕에 위치한 중견 컨설팅 회사에 취업했다. 운좋게도 그녀가 만난 첫 상사는 이 책에서 이야기했던 많은 슈퍼보스들의 관행들을 직관적으로 보여준 좋은 보스였다. 그녀는 에리카를 이해하고 에리카에게 도전적인 과제들을 주는 데 시간을 투자했고, 에리카가 고객들 그리고 회사의 고위 경영진과 소통할 수 있게 각고의 노력을 기울여 기회를 열어줬다. 비즈니스의 여러 측면들에 대해서도 많이 가르쳐줬고, 개방적 정책을 펼쳐 에리카는 질문이 생길 때마다 부담 없이 그녀를 찾아갔다. 에리카가 업무를 주도하고 기대 이상으로 일을 처리하면 그녀는 진심으로 기뻐하면서 에리카가 자부심을 가지고 더 열심히 일하게끔 동기부여를 해줬다.

이 상사와 일하며 에리카는 단기간 동안 많은 걸 배웠고, '앞으로도 몇 년 동안 함께 일했으면' 하고 바랐다. 하지만 그럴 수 없었다. 에리카가 입사한 지 약 1년이 흘렀을 무렵, 그 상사는 더 큰 기회를 잡기 위해 갑자기 회사를 떠났다. 그리고 새로운 상사가 왔다. 그녀를 트레이시라고 하자. 트레이시는 에리카의 예전 상사와는 사뭇 달랐다. 그녀는 약하면서도 심지어 무능한 관리자였다. 그녀는 처음부터 에리카를 불신하는 듯했고, 일이 잘못될 때마다 에리카에게 책임을 돌렸다. 트레이시는 매일 아침 그날의 업무 계획을 시간별로 자세히 기록해 이메일을 보내라고 지시했고, 결코 곁에서 코칭해주지 않았다. 게다가 융통성이라고는 눈곱만큼도 없어서 에리카가 자기 능력을 입증할 기회를 주지 않으면서 업무만 극도로 자세하게 지시했다. 에리카가 업무 진행에 대해 이야기하자고 요청하면 트레이시는 '좋아, 그러자' 하고 대답은 했지만 그걸로 끝이었다. 몇 주가 흘렀지만 트레이시와 에리카 사이에는 오전에 주고받는 이메일과 혹독한 지시 외에는 아무런 교류가 없었다.

에리카는 이내 자기 일을 싫어하게 되었다. 처음에는 그 이유를 정확히 꼬집을 수 없었지만, 시간이 지나면서 회사 문화가 마음에 안 든다는 걸, 결정적으로 트레이시를 좋아하지 않는다는 걸 깨달았다. 에리카는 하루 열두 시간씩 일했지만 트레이시의 말이나 행동은 이런 노력에 의미를 부여해주지 못했다. 에리카는 많은 걸 배우고 있다고 느끼지도 못했고, 개인적인 발전 목표를 달성하기 위해 노력하고 있다고도 느끼지 못했다. 그녀는 인정받지 못하고, 혹사당하며, 누구의 관심도 받지 못한 채 회사를 오가는 자기 모습을 발견하게 되었다. 하지만 다른 똑똑한 밀레니얼 세대처럼 에리카는 이런 무의미한 일을 이어갈 생각이 없었다. 상사가 바뀌고 불과 몇 달 만에 그녀는 새로운 자리를 찾기 시작했고, 소규모 컨설팅 회사에서 같이 일해보자고 제안해오자 그녀는 주저 없이 트레이시에게 작별인사를 고했고 뒤도 돌아보지 않고 떠났다.

에리카가 이런 일을 겪는 과정을 지켜보면서 자연스럽게 슈퍼보스들에 대한 연구와 연결 짓게 됐다. 슈퍼보스 스타일의 관리자와 상당히 미숙한 옛날 방식의 상사는 그들이 에리카와 조직에 미친 영향력만큼이나 극명히 차이 났다. 슈퍼보스 스타일의 상사는 최선을 다해 일하고 성장할 수 있도록 에리카에게 활력을 불어넣어줬다. 반면 옛날 방식의 상사는 이런 일을 전혀 하지 않고 에리카가 어떤 헌신을 보여주든 이를 무의미하게 만들었다. 에리카의 첫번째 상사가 떠났을 때, 그 조직은 직원의 성장과 발전 때문에 이뤄진 '유익하다'고 칭할 만한 이직을 경험했다. 하지만 에리카가 떠났을 때, 그 조직은 불필요하게 좌절감을 느낀 유망한 젊은 직원을 잃는 '유해한' 이직을 경험했다. 나는 이직의 긍정적인 면과 이를 기꺼이 수용하려는 슈퍼보스들의 태도에 대해 이야기해왔지만, 에리카의 경험을 통해 슈퍼보스 스타일의 상사들 때문에 더 많은 최고의 인재들이 조직에 남는 게 아닐까 하고 생각하게 됐다. 에리카의 첫번째 상사 같은 관리자들로 가득한 조직은 점차 뛰어난 인재들로 채워질 것이고, 더 많은 인재들을 끌어들일 만큼 명성을 쌓을 것이다. 하지만 트레이시 같은 관리자들로 채워진 조직은 훌륭한 인재들이 계속해서 이탈될 것이다.

에리카의 경험을 통해 더 많은 관리자들이 슈퍼보스들에 대해 공부하고 배우는 일이 얼마나 시급한지, 그리고 더 많은 고위 리더들이 자기네 조직에서 슈퍼보스들을 찾아내 그들을 격려하고 그들의 관행을 퍼뜨릴 방법을 찾는 일이 얼마나 중요한지를 절감하게 됐다. 오늘날 재능 있고 헌신적인 보스들에 대해 자랑하는 조직은 많지만, 대부분의 리더들이 슈퍼보스인 조직은 실제로 존재는 하더라도 흔하지가 않다. 에리카처럼 전도유망한 직원이 취업 사이트를 보고 무작정 일자리를 찾는 식으로, 슈퍼보스들이 많은 조직에서 일할 기회를 얻을 것이라고 기대할 수는 없다. 슈퍼보스를 단 한 명이라도 찾거나 만나기가 충분히 어려울 수 있다.

당신의 회사 내 부서가 위에서부터 아래까지 슈퍼보스의 전략대로 살아가는 리더로만 채워진다면 어떨지 상상해보라. 조직이 얼마나 혁신적이고, 탄력적이고, 심지어 돋보일지 생각해보라. 직원 개개인이 얼마나 일을 즐길지, 얼마나 생산적으로 변할지, 그들이 회사의 울타리를 벗어나 심지어 몇 년이 지난 뒤에도 얼마나 강한 충성심을 보여줄지 생각해보라. 직원들이 얼마나 멀리, 그리고 빠르게 발전할지도 생각해보라. 슈퍼보스의 관행들을 적용하는 일이 항상 쉽지는 않으나 이를 적극적으로 퍼뜨린다면 반드시 필요하지만 너무 찾기 힘든 엄청난 의미와 활력을 일에 불어넣을 수 있다. 누구나 슈퍼보스가 될 만한 잠재력을 가지고 있다. 그리고 모든 조직은 이처럼 인재를 만들어내는 특별한 보스들로 상층부부터 하층부까지 채울 만한 잠재력을 갖췄다.

슈퍼보스가 되려는 당신을 위한, 핵심 질문과 행동 사항

당신이 슈퍼보스가 되려고 노력하는 중간 관리자라고 가정해보자. 당신은 이미 좋은 상사다. 당신은 '모범 사례'를 추진하고자 계속 노력중이고, 그러한 관행을 현장에 적용하기 위해 신경쓰고 있다. 그럼에도 불구하고 당신은 더 나아지기를 바란다. 어떻게 해야 할까? 먼저 이 책에 나온 슈퍼보스들의 전술을 연구하라. 거기서 배워라. 이를 기존의 관리방식에 적용해보라. 하지만 모든 일을 한번에 해야 한다고 생각해서는 안 된다. 두세 가지 요소만 골라서 시험해보라. 24시간 동안 모든 전략을 적용해보는 '슈퍼보스의 날'을 정해 실험해볼 수도 있다. 혹은 슈퍼보스처럼 소통하고 행동하는 '슈퍼보스 회의'나 '슈퍼보스 출장'을 기획해볼 수도 있다. 그게 어떻게 느껴지는지, 그게 당신에게 효과적인지 확인해보라. 그리고 주변에서 당신의 변화를 눈치채는지 살펴보라. 그들은 분명 알아챌 것이다.

이런 시도를 할 때 당신이 어떤 보스인지, 현재 보스로서 어떻게 관리를 하고 있는지 솔직히 따져보는 것도 좋은 생각이다. 이때 내가 '슈퍼보스 지수'라고 부르는 도구를 사용하면 좋다. 물론 당신이 슈퍼보스인지를 절대적으로 정확하게 측정할 수는 없다. 당신이 전통 파괴형 보스인지 최고 지향형 보스인지 양육형 보스인지를 판단할 방법은 더더욱 없다. 하지만 신중하게 고른 몇 가지 질문을 던져보고, 자신의 답에 주의를 기울이고, 점수를 계산해보면 슈퍼보스들의 관행에 얼마나 접근했는지 평가하고 스스로를 다른 보스들과 비교해볼 수 있을 것이다.

다음은 내가 사용해본 슈퍼보스들의 전술 중 핵심 요소들에 해당하는 샘플 질문들(혹은 질문 모음)이다. 각자의 스타일에 맞춰 자유롭게 문구를 바꿔도 좋지만 각각의 질문을 던지는 핵심 목적이 뭔지 최선을 다해 파악하라. 노련한 관리자들만 이런 질문들을 자문해봐야 하는 건 아니다. 갓 관리자가 된 젊은 사람들도 같은 질문들을 던져볼 수 있다.

1. 당신에게 활기를 불어넣는 명확한 업무 비전이 있는가? 이를 팀에 활력과 동기를 부여하기 위해 사용하는가?
2. 직원들이 더 좋은 제안을 받아 팀을 떠나는 경우가 얼마나 자주 있는가? 그런 일이 일어날 때 팀의 분위기는 어떤가?
3. 부하직원들에게 팀을 위해서 하나의 공식 목표만을 달성하라고 압박을 가하는가, 아니면 직원들이 성취하고자 하는 다른 목표들이 존재하는가?

4. 사업과 관련해 세운 전제들을 어떻게 계속 탐구해가는가? 어떻게 팀원들이 자신들의 전제에 대해 똑같이 탐구하게끔 이끄는가?
5. 팀원들에게 권한을 위임해야 할 필요성과 실천적 코칭을 제공해야 할 필요성 사이에서 어떻게 균형을 잡는가? 직원들을 코칭하는 데 보통 얼마나 시간을 투자하는가?
6. 직원들을 승진시킬 때 실패할 법한 도전적인 과제를 맡기는 경우가 있는가? 만일 그렇다면 잠재적인 위험을 어떻게 관리하는가? 직원들이 실패하면 무슨 일이 일어나는가?
7. 팀원들이 서로 애정이나 유대감을 얼마나 느끼는가? 그들은 사무실 밖에서도 서로 어울리는가? 팀에서 협력과 경쟁의 균형상태는 어떤가?
8. 다른 일터로 떠난 직원들과 계속 연락을 주고받는가?
9. 퇴사한 직원들 중 주변에서든 다른 곳에서든 특별히 두각을 나타내는 사람이 있는가? 있다면 얼마나 되는가? 예를 들어 어떤 사람들이 있는가?
10. 직원 육성이나 개발에 투자하는 에너지와 업무 완수를 위해 투자하는 에너지를 팀에서는 어떻게 받아들이는가?

이런 질문들에 대한 답을 생각해본 다음, 당신의 대답이 얼마나 '슈퍼보스 같았는지' 진지하게 고민해보라. 3점 만점으로 답을 평가해보자.

1점은 유사성이 낮고, 2점은 어느 정도 유사하며, 3점은 아주 유사하다. 점수를 결정할 때, 각 질문과 관련되지만 질문 자체가 직접 끌어내지는 못한 다른 요소에 대해서도 생각해보자. 다른 곳에서 엄청나게 성공한 옛 직원을 떠올려봤는가? 비전에 대해 말할 때 조직 전체의 비전만 언급했는가 아니면 그 비전을 당신의 목표를 위한 동기부여 수단으로 전환하거나 개인화했는가? 위임 대 코칭 질문을 어떻게 다뤘는가? 둘 중 하나를 골랐는가, 아니면 두 가지의 중요성을 모두 강조했는가? 솔직하게, 최대한 깊게 파고들어보자. 그리고 점수들을 합쳐보자. 아주 정확할 수는 없지만 25점 이상(슈퍼보스다!)과 10점 이하(슈퍼보스와는 거리가 있다) 사이에는 커다란 차이가 존재한다.

자기평가가 유용하지만, 많은 사람들이 이 부분을 읽으면서 '다른 관점에서 보는 건 어떨까?'라고 말할 것이다. 이러한 지적은 분명 타당할 것이다. 다른 관점에서 자신을 평가하는 일은 분명 약간의 용기를 필요로 하겠지만 이는 많은 관리자들이 이미 시행중인 360도 피드백과 다르지 않다. 슈퍼보스들은 피드백을 사랑한다. 당신의 슈퍼보스 지수를 평가할 때, 다양한 관점들뿐 아니라 당신과 마찬가지로 다른 사람들을 관리하는 부하직원들에게 의견을 구해보는 식으로 피드백을 모델화할 수 있다. 최고의 팀을 만들지 못하면 승리할 수 없다는 걸 인지한 고참 리더들은 더욱더 슈퍼보스 지수를 따져봐야 한다. 또한 인사 전문가들도 조직 내 인재 동향을 파악하기 위해서 슈퍼보스 지수를 정기적으로 모니터링해야 한다.

자기 자신을 평가하면서 직원들이 슈퍼보스를 위해 일할 때 맺는 기본적인 협약을 다시 살펴보면 도움이 된다. 직원들은 슈퍼보스와 운명을 함께하고, 놀랄 만큼 열심히 일하며, 슈퍼보스의 대성공을 돕고, 슈퍼보스의 형제자매 같은 사람들로 이뤄진 유쾌한 집단의 일부가 되라고 요구받는다. 이에 대한 보답으로 슈퍼보스는 귀중한 기술과 함께 더 큰 기회로 향하는 문을 열어줄 사회적 인맥과 평판 자본을 전해주며, '왕국으로 가는 열쇠'를 주겠다고 암묵적으로 약속한다. 또한 슈퍼보스는 직원들에게 더 크고 더 중요한 어떤 것의 일부가 되는, 즉 달라질 기회를 제공하겠다고 약속한다. 당신은 진정 직원들에게 이러한 거래를 제시하고 있는가? 직원들에게 지나치게 많은 성과를 요구하고 있을 수도 있지만, 그에 대한 대가를 충분히 제공하고 있는가?

슈퍼보스가 되는 일이 불가능하다는 생각의 함정에 빠지지 마라. 그렇지 않다. 우리 모두 직장생활을 좌우하는 핵심성과지표를 갖고 있지만, 슈퍼보스들의 전술에 시간을 투자한다면 성과는 향상될 것이다. 이 책에 등장하는 슈퍼보스들은 비범한 사람들(자연의 힘)이지만 우리도 그들처럼 못 될 이유는 없다. 슈퍼보스들의 전술은 많은 부분들로 이뤄지지만 모든 부분들을 한 번에 점검할 필요는 없다. 조직 문화는 종종 우리에게 불리하게 작용하는 거대한 힘처럼 보이지만, 당신은 여전히 진정한 변화를 도모할 정도로 당신의 팀에 상당한 영향력을 발휘한다.

변명은 때려치우고, 당신의 스타일에 맞으면서 조직이 전하는 맥락에서 무엇이 최고의 효과를 내는지 알아내는 데 집중하라. 다음은 슈퍼보스 전술을 실행하는 데 유용할 몇 가지 아이디어와 행동에 대해 정리해 놓은 것이다. 가장 마음에 드는 것들을 골라서 시도해보라. 인생의 많은 일들이 그렇듯이, 보통 첫 단계가 가장 힘들다.

- 전략을 중심으로 교육 및 개발 프로그램을 설계하라. (당신의 지위가 충분히 높지 않거나, 너무 복잡한 일이거나, 시간이 많이 소비되어서) 이 일을 혼자서 할 수 없다면 인사과나 교육 담당 부서의 핵심직원들과 이야기를 나눠보고, 당신이 해온 일을 동료들이나 호기심 많은 다른 직원들에게 넘겨라.
- 전술 덕분에 조직이 승리를 거둔다면 반드시 그것을 축하하라.
- 옛 직원들을 목록화하여 그들이 어디로 갔는지를 기록한 자신만의 '족보'를 만들어 추적하라. 옛 직원들 중에 슈퍼보스가 된 이가 있다면 그들이 키운 몇몇 스타들도 마찬가지로 추적해보라. 그렇게 만든 족보를 모두가 볼 수 있게 벽에 붙여두고서 정기적으로 업데이트하라.
- 자신만의 슈퍼보스 전략을 동료 및 상사와 공유하라. 당신이 왜 이를 공유하는지, 그것이 어떤 효과를 내는지 설명하라.
- 전술의 일부를 적용한 시나리오를 설명하는 '사례 연구'를 간단히 작성해보라. 이를 동료와 팀원들과 공유하라.
- 매일 십 분씩 자신이 슈퍼보스처럼 행동했는지, 그리고 전술에 더욱 생기를 불어넣기 위해서 그날 무엇을 할 수 있었는지를 곰

곰이 생각해보라.

- 전술을 팀원들에게 적용하면서 그러한 전술을 그들이 이끄는 팀에 어떻게 적용하면 될지 알려줘라.
- 보다 일반적으로, 스스로에게 슈퍼보스가 될 만한 시간을 줘라. 매주 슈퍼보스의 새로운 아이디어를 한두 가지 적용해봤는지 점검하라. 여기에 매진하지 않는다면 슈퍼보스가 되지 못한다.

무엇보다도 매일 슈퍼보스처럼 생각해보는 게 중요하다. 단순히 사고방식만 변해도 무엇을 이룰 수 있는지, 어떻게 그것이 소소한 방식으로 나타날 수 있는지에 놀랄 것이다. 일례로 나는 슈퍼보스를 연구하면서 나 자신이 실제로 보다 혁신적으로 변해가는 걸 느꼈다. 이제 나는 지금까지와는 다른 방식으로 문제를 해결할 수 있는 새로운 방법을 항상 고심하고 회의에서 사람들에게 정말이지 말도 안 되는 아이디어를 내달라고 부탁한다. 관리직 동료들에게는 새로운 도전에 나설 준비가 됐을 때 일을 맡길 만한 팀원을 키우고 있느냐고 정기적으로 묻는다. 연구 조교들과 같이 작업할 때(그들 중 다수가 이 책에서 다룬 연구에 참여했다)는 그들이 내 비전에 대해 이해하게 이끌면서도 비전의 실현에 그들도 영향을 미치고 있다고 느끼게 하는 데 시간을 투자한다. 또한 다른 사람들에게 영감을 불어넣는 일의 중요성에 대해 더 신경을 쏟는다. MBA 학생들에게는 첫 1년이 매우 고되다. 나는 이때 전략과 리더십에 대해 강의하면서 연구 과제를 산더미처럼 내주지만 그들이 위대한 리더가 될

게임에 참가할 자격이 충분한 '선택받은 사람들'이라고도 이야기해준다. 교수가 학생들을 북돋워주는 것이 당연해 보일 수도 있겠지만, 예전에는 한 번도 그런 적이 없었다. 그렇다. 나는 항상 기대치는 높았지만, 슈퍼보스들처럼 확실하게 동기부여를 해주지는 못했다. 고맙게도 슈퍼보스들과 접촉하면서 이제는 내가 가진 능력을 타인들의 발전을 돕는 데 조금 더 효율적으로 발휘하게 되었다.

슈퍼보스의 지혜를 내면화하도록 마음을 열어라. 업무과정에서 보통 소소한 일을 팀원에게 맡긴 후 그가 혼자서 처리하게 내버려뒀을지 모르지만, 이제는 실시간으로 코칭해주기 위해 팀원에게 가까이 다가가는 당신의 모습을 발견할지도 모른다. 당신은 가장 많은 성과를 내는 직원들이 맞닥뜨릴지 모를 새로운 기회를 주지하고 있을 것이다. 비공식적으로 부하직원들에 대해 더 자세히 파악하거나 그들과 동료애를 키우기 위해 더 많은 시간을 투자하는 자신을 발견할 수도 있다. 또한 새로운 사고방식과 실험을 환영하고, 직원들의 훌륭하고 새로운 아이디어들이 반드시 효과적이지 않더라도 좀더 관대해질 것이다. 회사를 위해서 강력한 비전을 보다 분명히 표현하는 자신을 발견할 수도 있다. 어떤 경우든 작은 변화만으로도 직원들이 당신과 자기 자신 그리고 일을 바라보는 시선에 뚜렷한 변화가 야기될 수 있다. 슈퍼보스가 되는 일은 단거리 경주가 아니라 마라톤 경주다. 그리고 약간만 슈퍼보스처럼 행동해도 정말 큰 효과를 거둘 수 있다.

슈퍼보스를 찾으려는 당신을 위한 관리자 능력 평가법

당신이 조직 전체를 슈퍼보스들로 채우려는 고위직 리더라면 어떨까? 당신은 일단 슈퍼보스의 전술대로 이미 행동하고 있는 리더들이 몇 명인지를 알아내고 그 리더들이 정확히 누구인지 알아내고 싶을 것이다. 이렇게 함으로써 그 슈퍼보스 타입의 사람들에게 배우고, 그들에게 보상을 해주고, 그들을 기릴 수 있다.

현재 조직에 슈퍼보스가 얼마나 있는지 알아보려고 관리자들을 인터뷰해 그들이 슈퍼보스 같은 관행을 보이는지 파악하거나, 거대 조직을 이끌고 있는 경우라면 HR 부서에게 인터뷰를 맡겨서 슈퍼보스 지수 질문지를 효율적으로 활용해볼 수 있겠다. 앞서 제시했던 질문들 외에 다른 질문들도 궁금할 수 있다. 결과적으로 당신이 슈퍼보스들을 찾고 있다면 적절한 실탄을 갖춰둬야 한다. 다음은 질문을 제기할 때 생각해봐야 할 문제들이다.

1. 팀의 '존재 이유'에 대한 질문에 대답해봤는가? 모든 팀원이 지금 바로 이 질문에 대답할 수 있을까?
2. 팀에 비전통적 방식으로 일하는 사람들이 있는가, 혹은 당신은 남들과 비슷하게 일하는 사람을 선호하는가?
3. 팀원들이 아침에 활기차게 출근하는가? 이에 대해 알고 있는가?

4. 부하직원들이 이달에 어떤 프로젝트를 추진하고 있는지 속속들이 파악하고 있는가? 팀원들을 적극적으로 코칭하면서 동시에 그들에게 어떻게 하면 효과적으로 위임할 수 있을지 고민하고 있는가?
5. 공식 회의를 진행하거나 사무실에서 혼자 일하는 데 하루 중 몇 퍼센트나 시간을 보내는가? 팀원들과 비공식적으로 일하면서 함께하는 시간과 비교해보면 어떤가?
6. 사람들이 다른 부서나 다른 회사에서 일하기 위해서 팀을 떠나는 경우가 얼마나 잦은가? '좋은' 이유(더 큰 책임을 맡을 준비가 됐기 때문에)와 '나쁜' 이유(그리 유능하지 않거나 무능한 보스에게 진절머리가 나서) 중 무엇 때문에 떠나는가?
7. 직원들이 떠나면 화가 나거나 마음에 상처를 입는가?
8. 구직자들이 채용하는지 묻고자 당신에게 직접 연락해오는 경우가 얼마나 잦은가?
9. 위대한 성과를 낼 수 있다고 믿도록 사람들에게 동기부여를 해주는가?
10. 의미 있는 소통과 일의 성취를 방해하는 관료주의적 장애물이나 위계질서를 없애고 있는가?
11. 사람들에게 무엇을 해야 한다고 말하기보다 어떻게 해야 하는지 적극적으로 가르쳐주는 경우가 얼마나 자주 있는가?
12. 옛 직원들이 경력을 쌓게끔 계속 돕고자 최선을 다하고 있는

가? 네트워크의 힘을 이용하고 있는가, 아니면 이를 무용지물이 되게 방치해버렸는가?

앞에 했던 식으로 뼈에 좀더 살을 붙여서 관리자들의 능력을 점수로 매겨보자. 그들이 약점에 집중하면서 이를 메울 계획을 세우게끔 하자. 반년이나 1년 혹은 2년 뒤에 이 테스트를 다시 실시해보라. 슈퍼보스 지수가 올랐는가? 특정한 점들이 다른 점들에 비해서 더 좋아졌는가, 아니면 반대로 나빠졌는가? 여러 관리자들을 상대로 이러한 평가를 실시해보면 아주 유용하다. 그들의 슈퍼보스 지수를 비교해보면 어떤가? 전체적으로 봤을 때 특정 부서들이 다른 부서들에 비해서 상대적으로 얼마나 뛰어난가? 특정 관리자나 부서의 점수가 훨씬 더 낮다면 왜 그렇고, 그들(혹은 당신)은 그 문제를 어떻게 해결해야 하는가? 실제로는 그렇지 않음에도 모든 사람들이 최고의 상사라고 맹목적으로 믿기보다는 그들의 슈퍼보스 지수가 어느 정도인지를 파악해보는 게 더 좋다.

조직 내에서 관리자들의 슈퍼보스 지수를 평가할 때 여성이 아니라 남성 슈퍼보스를 찾고 있다고 전제하는 덫에 빠져서는 안 된다. 여성 슈퍼보스의 수는 늘고 있으며, 더 많은 여성들이 조직에서 권력을 잡으면 이 숫자는 계속 증가할 것이다. 당신은 이미 많은 분야(예를 들어 정치 분야에서 전 텍사스 주지사인 앤 리처즈[1]는 정치계의 대모로서 힐러리 클린턴과 라이벌 관계였을지도 모른다)에서 영향력 있는 여성 슈퍼보스를 찾을 수 있다. 페이스북의 셰릴 샌드버그 같은 기업가는 이미 (구글과 페이스북을 거쳐 스냅챗의 COO가 된다) 에밀리 화이트 같은 구글과 페이스북의 모든 스타 임원들의 멘토 역할을 했다. 레이디 가가 역시 '팝음악계의 대모'가 되어 새로운 밴드를 키우고, 그들의 재능을 육성하고, 그들의 성장을 지켜보고 싶다는 뜻을 밝혔다.[2]

당신이 평가하는 리더들이 슈퍼보스 전술 중 일부 내용을 실천하는 듯해도, 확인 차원에서 반드시 젊은 동료들에게 질문해봐야 한다. 회사 내에서 누가 직원들의 빠른 성장을 돕기로 유명한가? 그런 사람이 있기는 한가? 많은 기업들이 직원들을 새로 충원한다. 어떤 팀의 관리자는 충원을 잘해서 공석이 거의 생기지 않지만, 다른 팀 관리자는 아무도 못 찾는 듯한 경우가 있는지 주시하라.

리더로서 당신은 관심을 기울여야 한다. 질문을 던져라. 회사의 광범위한 생태계에 걸쳐 리더들과 비공식적으로 대화할 만한 기회를 찾아라. 시간을 내서 실사를 진행하라. 중간 관리자나 고위 관리자로서 눈에 잘 띄게 활동하는 슈퍼보스를 훨씬 더 쉽게 찾아낼 것이다. 조기 조사도 시작하라. 새로운 회사나 부서, 사무실 또는 팀에 들어가자마자 그 즉시 조사를 시작하라. 당신의 상사들이 보통 처음부터 슈퍼보스 기질을 강하게 드러낸대도 그들이 그런 기질을 더 드러내거나 그들의 슈퍼보스 기질을 더 확산할 만한 기회가 존재한다는 걸 발견할지도 모른다. 특정한 슈퍼보스 관행이 부족한 상태로 흘러가는 모든 부서는 조직과 조직원들이 타고난 잠재력을 발휘하지 못한 부서인 셈이다.

당신의 조직에 슈퍼보스 문화를 퍼뜨리는 법

일단 슈퍼보스들에 대한 조사가 끝났다면, 더 많은 관리자들이 슈퍼보스의 일을 받아들이도록 권장하는 등 조직 전체에 그들의 영향력을 확산시키기 위해서 할 일들이 많다. 특정 부서나 직무나 지역이나 생산팀을 골라서 그곳 관리자들에게 전술을 전체적으로 가르치는 게 한 방법이다. 여러 전술 중에서 하나부터 시작해 그것을 조직 전체에 두루 퍼뜨릴 수 있다. 후자를 택했을 때는, 전술 중에서 어느 부분을 고를 것이냐가 문제다. 많은 조직의 경우, 인재를 발굴하고 채용하는 방법부터 바꾸는 게 다른 무엇보다 쉽거나 간단해 보일 수도 있다. 하지만 리더들은 비전부터 수립하게 만들고 싶을지도 모른다. "우리가 기업이나 조직으로 존재하는 이유는 무엇인가?"라는 질문에 대한 답이 명약관화할 것 같지만, 많은 리더들이 이에 대한 답을 얼버무린다. 관리자들이 맡고 있는 팀에도 이런 질문을 던져보는 게 중요하다. 조직이 채용에 그토록 많은 시간을 투자했던 그 모든 사람들에게 리더들이 동기부여를 하고 있는가? 이 문제를 진지하게 생각하고 이에 시간을 투자하는 것은 슈퍼보스의 마법을 당신의 조직에 전파하는 강력한 방법이다. 사람들이 전술에 이어질 부분들에 대해 추구하면서 실행을 촉진하도록 조직에 활력을 불어넣어야 한다(예를 들어, 분명하고 설득력 있는 비전을 찾아냈을 때 비범한 인재들을 채용하고 그들에게 동기를 부여하기가 훨씬 더 쉬워진다).

어떤 방향을 선택했든지 반드시 조직 내 슈퍼보스들을 긍정적인 롤 모델로 지목해야 한다. 내가 이 책에 나온 슈퍼보스들에게 했던 것처럼, 그들을 찾아내서 그들이 어떤 방법을 썼는지를 알려야 한다. 기업 홍보 차원에서 그들의 성과를 공개적으로 기려야 한다. (온라인 회의를 열고, 글을 쓰고, 가르칠 수 있는 기회를 주는 등) 그들에게 내부적으로 소통하는 플랫폼을 제공함으로써 다른 관리자들이 그들이 무엇을 하는지 이해하게 하라. 그리고 그들로 하여금 다른 사람들에게 영향을 줄 수 있는 폭넓은 자유를 선사하라. 어떤 직위이건 궁극적으로 모든 슈퍼보스들이 가장 신경쓰는 부분이 영향력임을 기억하기 바란다.

어떤 면에서는 슈퍼보스의 관행들을 구현하는 절차나 구조, 문화적 규범을 창조함으로써 조직을 보다 슈퍼보스 친화적으로 만들고 싶을지도 모른다. 초창기 페이팔은 많은 인재를 배출하는 회사로 유명했다. 이 회사의 성공 비밀을 연구하면서, 서열과 형식을 파괴하는 대신 도제교육 스타일로 상호작용이 이뤄지도록 공식적이고도 비공식적으로 여러 정책들을 마련해뒀다는 사실에 무엇보다 주목했다. 페이팔 임원들은 모든 직원에게 도전을 장려했다. 엔지니어링 사업부 부사장 제러미 스토플먼[3]은 이렇게 말했다. "나는 스물두 살의 건방진 애송이였다. 나는 당신들과는 생각이 다르다며 모든 임원에서 이메일을 쏜 적이 있다. 나는 해고되지 않았다. 오히려 격려를 받았다."[4] 페이팔의 전 COO 데이비드 색스[5] 또한 불필요한 회의를 열지 않는 정책을 실행했다. 그는 회의에 그저 몇 분 동안 참석

해서 일이 원만히 진행되지 않는다 싶으면 현장에서 종료시켰다.[6]

세계 최고의 컨설팅 회사 매킨지는 동문 네트워크를 구축하는 과정에서 전술을 어떻게 체계화할 수 있는지를 보여주는 전형적인 사례다. 매킨지에서 물러나게 된 사람들은 다른 일자리를 찾는 동안 간단한 업무만을 맡으면서 최대 3개월간 월급을 받는다. 매킨지에서는 이 과정의 일환으로 동문들과의 연결이라는 중요한 자산을 제공해준다. 파트너와 다른 동료들도 종종 떠나는 직원들을 자기네 네트워크에서 도움을 줄 만한 사람들과 연결해줄 것이다. 한 매킨지의 베테랑 사원은 "매킨지를 떠난다고 말했을 때 믿기 어려울 정도로 큰 사랑과 파트너십이 돌아왔습니다"라면서 "제가 파트너로 승진했을 때보다 회사를 떠난다고 했을 때 연락을 더 많이 받았어요"라고 이야기했다.[7] 매킨지 출신들은 또한 동문 관리를 전문으로 하는 매킨지 직원들과 커뮤니케이션 시스템의 도움을 받는다. 이 시스템은 "직원들이 향후 최고의 경력을 쌓게끔 거대한 인프라로 구성됩니다. 회사를 나가는 사람들은 모두 훗날 매킨지를 고용할 수도 있어요"라고 한다.[8] 정말 똑똑한 시스템 아닌가?

한 발 더 나아가서 슈퍼보스 전술을 기존에 사용중이던 리더십이나 역량 모델 혹은 프레임워크와 통합할 수도 있다. 특정 리더와 일한 직원들이 얼마나 많이 회사 안팎에서 더 높은 자리로 승진했는지를 측정해 보자. 당신의 KPI가 전술 실행을 방해하기보다 촉진하는지를 확인하라. KPI에서 사람들의 발전을 강조하면, 전사에 강력한 신호를 보낼 수 있으며 기존 슈퍼보스나 미래의 슈퍼보스를 떠나고 싶어지게 할 가능성이 줄어든다. 결론적으로 말해서, 전술을 평가하고 보상하는 지표를 만들지 못한다면 이를 조직 문화에 통합하는 데 어려움을 겪을 것이다.

물론 정책, 시스템, 구조로는 슈퍼보스 유형의 리더들로 영향력 있는 집단이 조직되어 생기는 효과를 대체하지 못한다. 따라서 관리자 중에서 슈퍼보스처럼 행동할 이를 육성할 수 있는지 그 방법을 찾는 데 집중해야 한다. 리더들이 슈퍼보스가 아닌 방식으로 행동하는 일을 막으려는 조치도 잊어서는 안 된다. 단지 실적이 좋은 고성과자라는 이유로 부하직원들을 함부로 대하는 이기적인 리더들을 묵인하는 기업들도 많다. 이러한 기업들은 좋은 직원들이 그런 상사들과의 마찰을 견디다 못해 조직을 떠나게 되어 발생하는 부차적인 피해를 제대로 고려하지 못한다. 사실 '고성과자'로 여겨지는 사람들이 승진을 하면 인재풀에 구멍이 뚫린다. 그때 옛날 방식의 상사가 이끌던 팀은 비틀거리다가 부진한 성과를 내는 팀으로 전락해 그동안 이룬 모든 걸 잃는다. 이러한 전개는 '고성과자'가 승진할 때마다 항상 되풀이된다. 좀더 광범위하게 보자면, 나쁜 상사들은 최고의 인재를 끌어모으기 어렵게 만들고, 그 집단에 들어온 사람들이 자기 능력을 발휘하지 못하게 막으면서, 조직의 인재 육성력을 약화시킨다. 이런 식으로 조직에 타격을 주는 나쁜 리더를 제거하려면 배짱이 필요하지만, 장기적으로 봤을 때 이는 항상 좋은 결과를 낳는다. 즉 그 조직은 이제 스포트라이트를 독차지하는 슈퍼스타 한 명에게만 의지하지 않고 성공에 필요한 차세대 리더들을 더욱더 잘 훈련시킬 수 있게 된다.

각각의 슈퍼보스들을 치하하고 그들의 행동에 대해 알릴 때마다 당신이 기대하는 바가 현실적인지를 확인해야 한다. 슈퍼보스 전술은 실행하는 데 시간이 걸리고, 모든 변화에는 진정성이 필요하다. 단순히 관리자에게 팀이나 국이나 부에 맞는 비전을 수용하라고 요구하는 데서 그쳐서는 안 된다. 관리자가 진정으로 그것을 믿고, 이를 중심 삼아 부하직원들을 조정할 의사가 있어야 한다. 또한 관리자들에게 최고의 인재, 즉 가장 창의적인 사람들을 끌어오는 데 필요한 재원을 지원해주고, 이후 인재들을 적절히 관리하게끔 충분한 여지를 줘야 한다. 뿐만 아니라 조직 내부 인력이 성장할 수 있는 기회도 필요하다. 슈퍼보스들은 직원들의 빠른 성공을 위한 길을 열어주지만 더 큰 조직이 그렇게 발전하는 인재를 받아들이지 못한다면 관리자들은 한순간에 올스타들을 모두 놓칠 것이다. 성장은 이러한 문제를 포함해서 많은 문제들을 해결해준다. 하지만 슈퍼보스가 이끄는 인재 사단은 조직 규모의 대대적인 성장을 주도하면서 조직과 직원들이 상생하는 선순환을 만들 것이다. 슈퍼보스들이 뛰어난 인재를 키워내면 그 위대한 인재는 성공적인 사업을, 심지어는 업계 주도적인 사업을 만들어낸다.

슈퍼보스들 그리고 그들의 관행을 퍼뜨릴 때 일선 직원들을 무시해선 안 된다. 그들 중 다수가 구식 타입의 상사 밑에서 일했을 터라 앞으로 더 많은 슈퍼보스들이나 그들의 관행이 조직에 스며들려면 그들이 그에 맞춰 변해야 한다. 그들이 슈퍼보스 밑에서 성공하려면 무엇을 해야 할까? 그들에게 전해주고 싶은 몇 가지 기본적인 조언들이다.

- 슈퍼보스 스타일의 상사가 진행하는 자잘한 일들에 몰두하고 집중하라. 그의 지혜를 공짜로 받아들여라.
- 슈퍼보스가 직무상 당신에게 바란다 싶은 일을 하라. 그런 다음에 더 많은 일을 하라.
- 준비되지 않았다면 아무것도 하지 마라. 일단 슈퍼보스의 신뢰를 잃으면 그것을 되찾을 수 없다. 엄청나게 많은 다른 직원들이 당신의 슈퍼보스가 한자리를 만들어주기를 학수고대하고 있다.
- 선제적이고 대담하게 행동하라. 슈퍼보스들은 당신이 직접 새로운 아이디어들을 제안해주기를 기대한다. 가끔은 일을 완수하기 위해 당신이 규칙을 깨주기를 바란다(불법적이거나 비윤리적인 일은 금물이지만, 독창적 방법으로 문제에 접근하는 걸 주저하지 마라).
- 들어본 적 없는 참신한 아이디어가 떠올랐을 때 두려워하지 말고 이를 밀어붙여라. '충분히 좋은 것'이라면 자신이 믿는 바를 옹호해야 한다.
- 기회가 오면 잡아라. 슈퍼보스들은 특히 위험을 감수하는 일에 익숙하기 때문에, 편안하게 위험을 무릅쓰는 사람들에게 자연스레 끌릴 것이다.
- 주인의식을 가지고 일하라. 슈퍼보스도 이런 식으로 생각하기 때문에 이는 두각을 나타낼 수 있는 최고의 방법이다.
- 상사의 마음을 읽는 법을 배워라. 파눌라의 불평에서부터 엘리슨의 장황한 말에 이르기까지, 모든 슈퍼보스들이 자기 나름대로의

소통방식을 갖고 있다는 걸 확인했다. 당신의 슈퍼보스가 다른 슈퍼보스와 똑같지는 않을 것이다. 그러니 그에 대해 파악하라.

군대를 다녀온 직원들이라면 그렇지 않은 직원들보다 이런 단계들을 더 쉽고 더 자연스럽게 받아들일지도 모른다. 대학원생들을 가르치면서 퇴역 군인들이 슈퍼보스의 개념에 더 익숙하다는 걸 알게 됐다. 그도 그럴 것이 슈퍼보스 전술에 나오는 많은 요소들이 군대에서도 효과적이기 때문이다. 슈퍼보스의 직원들과 마찬가지로 군인들도 압박감이 높은 상황에서 극도로 열심히 일한다. 그들은 지휘관들과는 꼭 그래야 하지는 않지만 어쨌든 동료들과는 깊은 유대감을 형성한다. 그들은 젊은 나이에 막중한 책임을 맡는데, 스물다섯 살이 되기 전에 전장에서 수십 명의 병력을 지휘하는 경우도 있다. 또한 네이비실 같은 정예부대에서 특정 임무를 달성하려면 슈퍼보스의 전형적 특징인 적응성, 개방성, 창의성을 갖춰야 한다. 군대에 다녀온 직원들에게 군대에서 따랐던 관행들 중 어느 정도를 슈퍼보스 밑에서 똑같이 따를 것 같으냐고 물어보라. 그들만 슈퍼보스 시스템을 직관적으로 이해할 수 있다거나 성공할 수 있다는 말이 아니다. 앞에서 설명한 단계들을 익힌다면 누구든 성공적으로 경력을 쌓고 조직 전체의 기능을 향상시킬 수 있을 것이다.

마지막으로 직원들에게 남겨줄 한 가지 지혜를 더 이야기하자. 자신이 얼마나 빠르게 발전하고 있는지, 슈퍼보스들에게 얼마나 관심을 받고 있는지를 예의주시해야 한다. 옛날 방식대로 일하는 상사라면 당신이 좋은 성과를 내지 못할 때 공식적인 피드백을 주거나 당신을 해고해 버릴 것이다. 슈퍼보스들은 모두 언제 어디서나 피드백을 준다. 직원들이 이를 이해하지 못한다면 그게 문제다. 바로 무소식이 희소식인 게 아닌 상황이다.

슈퍼보스 현상의 본질은 '성공의 전달'이다, 슈퍼스타 만들기

1984년 한 젊은 연극배우가 잔뜩 긴장한 채 시카고에 도착했다. 그는 버지니아에 위치한 대학에서 철학을 전공하다가 경력에 도움이 될 거라고 판단해 시카고의 노스웨스턴대로 편입했다. 돈이 필요해진 그는 미국에서 손꼽히는 코미디 극장인 세컨드 시티 매표소에서 일하기 시작했다. 직원들에게는 수업료가 공짜라 세컨드 시티의 코미디 수업도 듣기 시작했다. 결국 그는 오디션을 통과해 세컨드 시티 순회 극단에 합류했다. 그리고 2년 동안 순회공연을 다닌 후 시카고에 있는 본무대에 올랐다.[9]

우리의 젊은 코미디언은 시카고에서 뉴욕시로 옮겨가 거기서 세컨드 시티 동문들과 수많은 프로젝트를 같이 했다. 공연 관련 일들이 이어졌다. 그는 〈SNL〉의 프리랜서 작가로 일했고, 십 분 이내로 짧은 상황극이 전개되는 스케치 코미디 시리즈 〈데이나 카비 쇼〉에서 만화 캐릭터

목소리를 연기했고, 대본 컨설턴트로 일했으며, 뉴스 프로그램인 〈굿모닝 아메리카〉에 나오는 몇몇 웃긴 장면들을 찍었다.[10] 이 시점에서 경제적으로나 직업적으로나 크게 성공하지 못한 채 2년여가 지났다. 뉴욕시의 생활비를 고려해봤을 때 이 코미디언이 '제대로 된' 일을 구하겠다며 자기 꿈을 포기하고 뉴욕시를 떠난대도 누구라도 이해할 터였다. 하지만 그는 그 도시를 떠나지 않았고, 제대로 된 일을 찾았다. 코미디 방송국인 코미디 센트럴에서 존 스튜어트가 진행하는 〈더 데일리 쇼〉에서 초창기 특파원을 맡게 된 것이다. 그는 거기서 2005년까지 일하다가 폭스뉴스에서 〈오라일리 팩터〉를 패러디한 자신만의 쇼를 시작했다.[11] 보다 최근 들어서는 데이비드 레터맨의 뒤를 이어 CBS의 간판 심야 프로그램의 진행을 맡았다. 이 코미디언이 누구냐면 (눈치챘을지 모르지만) 〈콜베어 리포트〉의 기획자이자 진행자이며, 〈레이트 쇼 위드 스티븐 콜베어〉의 진행자이자 동시대 위대한 코미디언으로 손꼽히는 스티븐 콜베어다.

우리는 재능(게다가 특히 올스타의 재능)을 뭔가 신비롭고 범접하기 어려운 것으로 여기는 듯하다. 우리는 특별한 성공을 거두거나 창의적인 사람들을 거론하면서 그들이 우리와 그냥 '다르다'고 가정한다. 그들은 뭔가(그 '뭔가'가 무엇이든지)를 갖고 태어났다는 것이다. 그들은 '천재'이고, 그들의 성공은 필연적이고 마술 같은 일이다. 우리로선 이해 불가능한 일이며, 믿기에 따라서는 신이 주신 선물이라고까지 생각한다.

분명 그러한 천재들이 존재하긴 하지만, 올스타로서 경력을 쌓으려면 더 많은 요소들이 요구된다. 스티븐 콜베어 같은 사람들은 그냥 타고난 천재가 아니다. 만들어진 천재이기도 하다. 그리고 성공의 비밀에 누구든 접근 가능하다. 슈퍼보스(혹은 콜베어의 경우 슈퍼보스와 같은 조직)의 지원, 동기부여, 지도, 인식, 지혜, 전문적인 네트워크에 개인의 재능, 추진력, 헌신이 더해진다면 말이다.

억만장자 헤지펀드 투자자 체이스 콜먼이건, 마일스 데이비스 밑에서 일하며 배운 위대한 재즈 연주자들이건, 마이클 마일스 밑에서 성장한 식품계의 CEO와 사장들이건, 혹은 우리가 살펴본 다른 수백 명의 제자들이건 간에 거의 모든 업계에서 최고의 성과를 올리는 사람들은 타인들을 성장시키는 데 특별한 재주를 가진 리더들과 만났기에 위대한 업적을 이뤄냈다. 슈퍼보스들의 지도하에 직원들은 맡은 일을 더 잘하기 위해서 죽어라 노력했다. 그들은 빠르게 발전했다. 그들은 직업상 품을 수 있는 가장 높은 꿈을 이뤘거나 심지어는 이를 넘어섰다. 그리고 다음 세대를 위한 잠재적 슈퍼보스가 될 힘을 얻었다. 우리도 모두 그럴 수 있다.

나이든 세대로부터 젊은 세대로 지식, 지혜, 성공이 전달되는 게 슈퍼보스 현상의 본질이다. 이 과정에서 노하우뿐 아니라 사고방식, 심지어 생활방식도 모두 전달된다. 그 중심에는 슈퍼보스들의 강력한 동문 네트워크를 하나로 묶어서 이를 유지시켜주는 슈퍼보스에 대한 직원들의 깊고도 지속적인 존경심이 자리한다. 슈퍼보스들은 대부모 역할을 하며, 직원들은 이를 받아들이고 감사해한다. 슈퍼보스들의 세계로 들어가기 전부터 내 사무실에 몇 년 동안 걸려 있던 낡고 오래된 포스터가

이 모든 사실을 어떤 말보다도 더 잘 알려준다. 그 포스터에는 아이스하키계의 전설 고디 하우와 젊은 아이스하키 스타 웨인 그레츠키가 벤치에 앉아서 대화하는 장면이 담겨 있다. 하우는 오륙십대로 보이는 반면 그레츠키는 이십대 후반이나 삼십대 초반쯤 된 것 같다. 두 사람은 방금 운동을 마친 듯 땀에 젖은 운동복을 입고 스케이트를 신고, 보호 장구도 착용했다. 하우는 샤워장으로 가던 중이었는지 목에 흰 수건을 걸치고 있다. 한마디로 어느 날 자신을 능가하는 젊은 동료를 알게 돼 시간을 내서 그 젊은 동료(심지어 특별히 재능이 있는 동료)를 이끄는 나이 든 장인의 모습이다.

슈퍼보스들은 우리 중 어느 누구라도 타인을 더 잘 이끌고, 타인에게 영감을 주고, 타인을 육성할 수 있도록 알려주는 모델 역할을 한다. 그리고 오늘날의 조직들(대부분이 중대한 결함을 가지고 있다)이 적어도 조금은 더 나아지게 만들기 위한 프레임워크를 제시한다. 슈퍼보스들은 우리의 커리어나 팀, 그리고 회사에 있어서 우리가 평범함에 안주할 필요가 없음을 입증한다. 우리는 우리를 밀어내거나 우리의 천재성을 억누르지 않는 일터를 찾을 수 있다. 이미 리더 자리에 앉은 사람이라면 그러한 일터를 만들어갈 수 있다. 우리의 조직들은 훨씬 더 성공적으로 변할 뿐 아니라 보다 혁신적이고, 보다 지속 가능하고, 보다 강한 영향력을 행사하고 솔직히 말해서 보다 재미있어질 것이다. 조직에 활력이 돌게 만들려면 어쨌거나 끊임없이 인재를 재생산해야 한다. 슈퍼보스들은 모든 조직들이 직면한 가장 근본적인 도전 그러니까 매년 어떻게 생존하고 어떻게 번창하는가라는 과제의 해결을 도와준다.

우리의 커리어와 조직에 슈퍼보스의 지혜를 끌어오려면 노력도 해야 하지만 약간의 개방적 사고도 필요하다. 슈퍼보스들이 하는 일은 대부분 반직관적이기 때문에, 슈퍼보스가 되고 싶다면 지금과 다르게 행동하는 법을 배워야 할 것이다. 슈퍼보스 밑에서 일해보고 싶다면 좀더 적극적으로 그들을 찾아야 할 것이며, 일단 그들을 찾았다면 노력의 결실을 얻기 위해서 기꺼이 가진 모든 걸 투자해야 할 것이다. 즉 우리는 '올인'해야 한다. 당신은 그런 도전에 뛰어들 것인가?

그는 사람을 만들었다, 경력을 만들었다, 그리고 전설이 되었다

2007년 5월 16일, 나는 로버트 몬다비 와인부터 스베드카 보드카까지 수십 종의 브랜드를 소유한 세계적인 주류 회사인 컨스털레이션 브랜드가 주관한 전략 수립 행사의 진행을 도왔다. 캘리포니아주에 위치한 로버트 몬다비의 목장에서 열린 이 행사를 위해 육칠십 명 정도 되는 회사 중역들이 전 세계에서 날아왔다. 회사의 미래에 대해 열띤 논의를 진행한 긴 하루였다. 방에 모인 임원들은 회사에 대해 걱정했고, 다른 사람의 아이디어를 비판하고 자기 의견을 제시하는 데 열을 올렸다.

행사가 끝날 무렵, 우리 모두는 목장에서 열린 바비큐 만찬에 참석했다. 나는 몬다비와 그의 부인 마그릿과 마주보고 앉았다. 이후 1년쯤 지나 세상을 떠난 몬다비는 와인 산업의 선구자로 널리 알려져 있는, 미국 와인 산업의 전성기를 이끈 사람이었다. 그는 업계에서 가장 위대한 인재 육성자로도 기억된다. 로버트 몬다비 와이너리는 블라인드 테스트를 통해 와인의 순위를 가린 '파리의 심판'에서 1976년에 수상하며 캘리포니아 와인의 등장을 전 세계적으로 알린 사람을 비롯해 미국 최고의 와인 제조자들을 배출하며 '몬다비 대학교'로 알려졌다.[12]

같은 테이블에 앉아 있던 몬다비는 이미 쇠약한 모습이었다. 그는 휠체어에 앉아 있었으며, 말하려고 하지 않았고 말을 할 수도 없을 정도였다. 부인이 그의 식사를 도와야 했다. 그렇지만 여전히 미남이었고, 잘 재단된 양복을 차려입고 있었다. 나는 함께 식사하던 몇몇 사람들과 잡담을 나누면서 그의 눈에서 결코 잊을 수 없는 광채를 보았다. 그는 우리 대화에 집중하는 것 같았다.

만찬이 중반 정도 지나자 다른 테이블에 있던 사람들이 인사하러 몬다비를 찾아왔다. 감정을 잘 드러내지 않는 임원들 중 다수가 몬다비의 제자들이었다. 그의 밑에서 직접 일한 적은 없지만 그에게 강력한 영향을 받은 사람들도 있었다. 처음에는 한두 명씩 다가왔다. 그러다가 여기저기서 소곤거리더니 더 많은 사람들이 자리에서 일어나 몬다비와 이야기 나누고자 순서를 기다렸다. 그들은 꿇어앉아 존경과 사랑을 담아 그의 팔을 잡았다. "저와 와인계를 위해 해주신 모든 일에 진심으로 감사합니다. 여기서 당신을 만난 건 영광이자 명예입니다"라고 말하는 것 같았다.

나는 깜짝 놀랐다. 이는 사전에 계획된 일이 아니었다. 자연스럽게 진심에서 우러나온 행동이었다. 많은 사람들의 마음을 움직였기에 그토록 오랜 시간이 흘렀지만 여전히 엄청나게 많은 이에게 감사인사를 듣는 남자가 있었다. 로버트 몬다비는 와인만 만든 게 아니었다. 그는 사람들을 만들었다. 그는 커리어를 만들어줬다. 그리고 노년인 지금, 그런 수고가 결실을 맺었음을 보여줬다. 그는 전설이 되었다. 간단히 말해서, 그는 진정 중요한 누군가가 되었다.

곧바로 나 자신에 대해 생각해보게 됐다. 경력을 쌓으면서 나는 무엇을 성취해온 걸까? 내가 휠체어에 앉아 있을 때 내게 인사하겠다며 사람들이 줄을 설까?

우리 모두는 더 나은 세상을 만들 만한 기회를 쥐고 있다. 우리 모두는 조직에서 엄청나게 많은 시간을 보낸다. 직장뿐 아니라 사교 모임과 자원봉사 조직, 학교, 종교기관도 마찬가지다. 그것이 정말 어떤 의미인가? 이런 조직들이 정말로 잘 운영되고 있는가? 이런 조직들을 만들고 지속적으로 운영하기 위해 평생을 바친 엄청난 잠재력을 가진 사람들을 만날 수 있을까? 그리고 우리는 이를 위해 무엇을 하고 있는가?

슈퍼보스들은 사람들이 커리어를 쌓거나 인생에서 가능하다고 생각했던 것보다 더 많은 걸 성취하게 돕는 전술을 설계함으로써, 어떻게 하면 조직이 더 잘 굴러가게 만들지 그 암호를 해독했다. 슈퍼보스들에 대해서 그리고 그들이 하는 일에 대해서 연구함으로써, 이제 우리는 진정으로 비범한 인재들이 어떻게 조직에 머무는지를 알게 됐다. 사람들에게 동기와 영감을 불어넣는 방법을, 사람들에게 활기를 불어넣는 방법을, 그리고 사람들에게 성공할 수 있다고 자신감을 심어주는 방법을 알게 됐다. 직장에서(혹은 어떤 조직에서) 사람들이 창의적 잠재력을 발휘하게 만드는 법을 알게 됐고, 그렇게 했을 때 어떤 엄청난 일들이 일어나는지도 이해하게 됐다. 우리는 변화를 위한 조직을 만드는 방법을 알게 됐다. 우리는 상사와 직원들 사이에 지금과 다른 유형의 관계, 즉 도제, 기회 창출, 학습에 기반한 관계를 만드는 방법을 알게 됐다. 우리는 업무 부서에서 그치는 게 아니라 형제자매 같은 팀을 만드는 방법을 알게 됐다. 그리고 직원들이 새로운 도전을 하겠다며 떠난 뒤에도 계속해서 사회적이고 경제적 가치를 창출하는 동문 네트워크로 인재를 끌어모으는 자석처럼 되려면 무엇이 필요한지도 알게 됐다.

결과적으로 슈퍼보스들에 대한 연구는 우리가 각자 하는 일에 어떻게 영향을 미칠 수 있는지를 배우는 고급 수업인 셈이다. 슈퍼보스는 성공을 달성하는 책임을 맡은 사람들과 조직의 성공을 결합해 현저히 다르고도 혁신적인 길로 안내한다. 앨리스 워터스부터 진 로버츠를 거쳐 랠프 로런과 제이 치아트까지 내가 연구한 슈퍼보스들은 모두 주위 사람들의 성장을 도와주면서 번창했다. 그리고 그들은 기업을 세우거나 상을 수상하거나, 심지어 부를 축적해서뿐 아니라 유산을 쌓음으로써 크나큰 만족감을 얻었다.

로버트 몬다비는 분명 그날 저녁 상당히 흡족했을 것이다. 그가 그렇게 말을 해서가 아니다. 사실 제자들이 찾아왔을 때 그는 한마디도 하지 않았다. 하지만 지혜와 경험이 가득한 그의 두 눈은 내내 빛나고 있었다.

주

들어가며

1. 2006년 4월 24일, 신 리퍼트와의 인터뷰.
2. 2006년 5월 1일, 토머스 켈러와의 인터뷰.
3. 2006년 3월 28일, 에버하드 멀러와의 인터뷰. 멀러는 미슐랭 3성급인 라르케스트라트와 뉴욕타임스에서 별 네 개를 받은 르베르나르딘 등으로 요리 실력을 인정받았다.
4. 최근 실시된 연구에 따르면 지금도 미래에도 리더들은 승계 관리, 리더십 개발, 그리고 인재의 확보와 유지를 최우선 사항으로 여긴다. 다음 자료를 참조하라. Rebecca L. Ray, Charles Mitchell, Amy Lui Abel, Patti Phillips, Emily Lawson, Bryan Hancock, Allison Watson, Brooke Weddle, *The State of Human Capital 2012, Research Report R-1501-12-RR,* Report by McKinsey&Company and the Conference Board, 2012. 매킨지의 '인재전쟁'이라는 대규모 프로젝트는 1998년 처음 실시돼 상당한 파장을 불러일으켰지만, 이 전쟁의 효과는 여전히 모호하다. 인재전쟁에 대한 첫번째 보고서가 나오고 8년 후 매킨지는 애석한 내용이 담긴 후속 보고서를 발표했다. CEO들을 포함해 고위 경영진을 대상으로 진행한 여러 인터뷰 결과, 인터뷰 참가자들

중 절반 이상이 조직의 인재 개발에 대한 관심에 만족하지 않는다고 대답했다. 보고서에 "고위 관리자들은 사람들을 관리하고 그들의 능력을 최대한 뽑아내는 게 왜 중요한지 모른다"라는 말이 왜 담겼을지 생각해보라. (M. Guthridge, A. B. Komm, and E. Lawson, "The People Problem in Talent anagement," *McKinsey Quarterly* 2 [2006], 6–8.)

5. *BlackRock Investor Forum,* October 23, 2014.

1장. 전통 파괴형과 최고 지향형, 그리고 양육형

1. Gail Shister, "Inquirer Leaves Good and Bad Memories at 400 North Broad Street," *Philadelphia,* June 26, 2012.
2. Alan Heavens, "Inquirer Sells Its Building," *Philly.com,* July 29, 2011.
3. Bob Andelman, "Roberts' Rules of Leadership," *Poynter Online,* September 3, 2002.
4. Rich Heidorn, "Is There Life After the Newsroom? The Philadelphia Inquirer Reunion," *Tree House Media Project,* July 17, 2008.
5. 2010년 9월 30일, 짐 노턴과의 인터뷰. 노턴은 언론교육기관인 포인터 연구소의 전 명예회장이었고, 로버츠 밑에서 장기간 부편집장 및 뉴스 편집자로 일했다.
6. 위의 인터뷰.
7. 위의 인터뷰.
8. 2010년 9월 30일, 돈 발렛과의 인터뷰. 오랫동안 필라델피아 인콰이어러에서 취재 기자로 일한 발렛은 재직 기간 동안 국내 보도 부문에서 퓰리처상을 두 차례 수상했다.
9. Rich Heidorn, "Is There Life After the Newsroom?"
10. John H. McManus, "Who's Responsible for Journalism?" *Journal of Mass Media Ethics: Exploring Questions of Media Morality* 12(1)(1997), 8.
11. 몰입도가 높은 근로자들이 조직에 생명선 역할을 하지만 2012년 갤럽 보고서 「미국 내 직장의 현실: 미국의 기업 리더들을 위한 직원 몰입도에 대한 통찰 State of the American Workplace: Employee Engagement Insights for U.S. Business Leaders」에 나와 있듯이 조사에 참가한 근로자들 중 70퍼센트가 행

복하게 일하지 못하고 있었다(20퍼센트는 조직에 대한 몰입도가 상당히 떨어졌고, 또다른 50퍼센트는 그들의 일이나 관리자들에게 동기부여를 받지 못했다).

12. Alfred Lubrano, "A Final Farewell, but the Tower's Stories Live On," *Philly.com,* July 2, 2012 (accessed December 26, 2014).
13. Ibid.
14. Ibid.
15. 2010년 10월 1일, 진 로버츠와의 인터뷰.
16. "The Press: Philadelphia Story," *Time,* September 3, 1973.
17. 2010년 9월 20일, 진 포먼과의 인터뷰. 그는 펜실베이니아대에서 래리와 엘렌 포스터에게 언론학을 배우고 로버츠 밑에서 편집자들을 관리했다. Alicia Shepard, "The Inquirer's Midlife Crisis," *ajr.org,* January/February 1995.
18. 2010년 10월 1일, 존 캐럴과의 인터뷰.
19. 2010년 10월 1일, 진 로버츠와의 인터뷰.
20. Julia Cass, "Roberts Transformed Newspaper," *Philly.com,* August 1, 1990.
21. 코치, 코칭법 변화, 감독 계보에 관한 자료는 2014년 5월 9일 다양한 사이트에 접속해서 얻었다. *The Huddle,* http://www.thehuddle.com/2014/nfl/coaching-changes.php; http://coachingroots.com/football/coaches; http://www.sports-central.org.
22. 〈기관총 엄마〉에는 또한 2013년 영화 〈네브라스카〉로 아카데미 남우주연상을 수상한 배우 브루스 던도 출연했다.
23. "A Mile High Is a Sweet Spot for REITs: Real Estate Investment Trusts Like to Call Denver Home," *ColoradoBiz,* March 1, 2008.
24. Gerald H. Tolson and Michael J. Cuyjet, "Jazz and Substance Abuse: Road to Creative Genius or Pathway to Premature Death," *International Journal of Law and Psychiatry* 30(2007), 530-38; 2008년 4월 9일, 존 터커와의 인터뷰.
25. "Alumni Life: Passings," *Northwestern* magazine.
26. 2008년 4월 9일, 존 터커와의 인터뷰.
27. Miles Davis with Quincy Troupe, *Miles: The Autobiography of Miles*

Davis(New York: Simon&Schuster, 1989), 311.

28. 2006년 7월 26일, 앨리스 워터스와의 인터뷰.
29. 피비 이턴은 "패션계의 1위: 랠프 로런은 세계에서 가장 판매력 좋은 디자이너다. 그는 패션계의 대히트작을 선보였고 그의 영향력을 전 세계에서 느낄 수 있다. 그는 40주년이 되기 하루 전날, 자신의 성공 비결을 밝혔다." *Harper's Bazaar,* March 1, 2006, 46.
30. Davis and Troupe, 196.
31. Quincy Troupe, *Miles and Me*(Berkeley and Los Angeles: University of California Press, 2000), 45.
32. In "Talking Jazz," *The Miles Davis Companion: Four Decades of Commentary,* ed. Gary Carner(London: Omnibus Press, 1996), 196, as cited in Paul Tingen, *Miles Beyond* (New York: Billboard Books, 2001), 24.
33. Davis and Troupe, 273.
34. Ibid.
35. 2006년 9월 22일, 빌 에번스와의 인터뷰.
36. Stuart Lauchlan, "Interview: Steve Garnett, Chairman and Co-president EMEA, Salesforce.com," *Mycustomer.com,* July 10, 2007.
37. 이는 내가 오라클의 옛 직원들과 실시한 사실상 모든 인터뷰에서 시작된 얘기다.
38. 2006년 11월 3일, 마이크 시숄스와의 인터뷰. 오라클에서 영업 및 마케팅 부문 부사장을 맡았던 시숄스는 오라클을 떠난 후 아홉 곳의 최첨단 기업에서 회장이나 CEO, 사장을 맡았다.
39. Matthew Symonds, *Softwar*(New York: Simon&Schuster Paperbacks, 2003), 290.
40. Ibid.
41. 2007년 3월 24일, 게리 블룸과의 인터뷰.
42. Cheryl Hall, "Dallas Restaurateur Norman Brinker Dies," *Dallas Morning News,* June 11, 2009.
43. Richard Feloni, "Why Oracle Founder Larry Ellison NEEDS To Have The World's Greatest Competitive Team," *Business Insider.*

44. 노먼 브링커는 1952년 열린 헬싱키 하계올림픽 승마 부문에 참가해 경쟁했다. "William Grimes, Norman Brinker, Casual Dining Innovator, Dies at 78," *New York Times,* June 9, 2009.
45. Leslie Berlin, *The Man Behind the Microchip: Robert Noyce and the Invention of Silicon Valley*(New York: Oxford University Press, 2006).
46. Howard Rudnitsky, Allan Sloan, Richard L. Stern, and Matthew Heller, "A One Man Revolution," *Forbes,* August 25, 1986.
47. Leslie Berlin, *The Man Behind the Microchip,* 2.
48. 2005년 8월 17일, 조인스 골드스타인과의 인터뷰.
49. 2008년 5월 28일, 마티 스태프와의 인터뷰.
50. 2006년 10월 23일, 찰스 프린스와의 인터뷰.
51. Sandy Lutz, "Frist 'Family Tree' Has Roots Firmly Planted in Nashville," *Modern Healthcare,* September 11, 1995, 46.
52. 2008년 10월 16일, 빅터 캠벨과의 인터뷰.
53. 2006년 5월 2일, 아조 알밀라와의 인터뷰.
54. Bob Andelman, "Roberts' Rules of Leadership," *Poynter Online,* September 3, 2002.
55. Paul Tingen, *Miles Beyond,* 15.
56. http://www.forbes.com/profile/ralph-lauren/.
57. "Grammy Hall of Fame: Past Recipients." Grammy.org, http://www.grammy.org/recording-academy/awards/hall-of-fame; "Lifetime Achievement Award," Grammy.org., http://www.grammy.org/recording-academy/awards/lifetime-awards.
58. http://www.forbes.com/profile/larry-ellison/.

2장. 그들은 인재를 마구 끌어당긴다, 마치 자석처럼!

1. 2006년 12월 12일, 멀리사 켈리와의 인터뷰.
2. "Chef Melissa Kelly of Primo—Biography," *Star Chefs,* September 2013.
3. 2006년 12월 12일, 멀리사 켈리와의 인터뷰.

4. Meredith Goad, "Chef Melissa Kelly: 'It Just All Felt Very Surreal,'" *Portland Press Herald,* May 6, 2013.
5. http://www.primorestaurant.com.
6. Joseph Hayes, "Salad Days," *Orlando Magazine,* February 2013.
7. 2010년 9월 30일, 필라델피아 인콰이어에서 오랫동안 취재 기자로 일한 돈 바를레트와의 인터뷰.
8. 2008년 5월 28일, 마티 스태프와의 인터뷰.
9. 2008년 3월 7일, 〈SNL〉 프로듀서 론 마이클스와의 인터뷰.
10. 2005년 7월 15일, TBWA/미디어아트랩의 회장 리 클로와의 인터뷰.
11. 2006년 5월 2일, 스테이크 앤드 에일의 전 고위 임원인 릭 버먼과의 인터뷰.
12. 2008년 9월 15일, 스콧 셀러스와의 인터뷰.
13. Mike Wilson, *The Difference Between God and Larry Ellison*(New York: William Morrow and Company, 1997), 9.
14. 페이팔의 베테랑이자, 과학이나 사회나 경영 활동이 더 좋아서 대학 진학을 포기한 젊은이들에게 장학금을 준 초기 페이스북 투자자인 억만장자 피터 틸이 떠오른다.
15. "Interview: Larry Ellison Founder, Oracle Corporation," Academy of Achievement, May 22, 1997.
16. Bill Barber, *We Were Champions: The 49ers Dynasty in Their Own Words.* (Chicago: Triumph Books, 2002), 36.
17. Miles Davis with Quincy Troupe, *Miles: The Autobiography*(New York: Simon&Schuster, 1989), 263.
18. 2008년 12월 18일, 콘스턴스 무어와의 인터뷰.
19. 2005년 6월 3일, 스티브 앨버티와의 인터뷰.
20. James M. Naughton, 46 Frogs: Confessions of a Media Scamp(unpublished manuscript, 2010), 222.
21. 2008년 4월 9일, 존 터커와의 인터뷰.
22. 2012년 10월 15일, 존 그리핀과의 인터뷰.
23. 위의 인터뷰.

24. "Interview: Larry Ellison Founder, Oracle Corporation," *Academy of Achievement,* May 22, 1997.
25. 2009년 1월 8일, 로널드 블랭큰십과의 인터뷰.
26. Davis with Troupe, *Miles: The Autobiography,* 286.
27. William Ruhlmann, "Artist Biography," *All Music.*
28. Lauren Collins, "Burger Queen," *New Yorker,* November 22, 2010.
29. Michael Gross, *Genuine Authentic*(New York: HarperCollins Publishers, 2003), 263.
30. 2005년 8월 17일, 조이스 골드스타인과의 인터뷰.
31. 2005년 7월 26일, 조앤 위어와의 인터뷰.
32. 2005년 9월 14일, 마크 치아트와의 인터뷰.
33. 2009년 1월 20일, 빌 샌더스와의 인터뷰.
34. Mike Wilson, *The Difference Between God and Larry Ellison*(New York: William Morrow and Company, 1997), 93.
35. 2006년 4월 24일, 신 리퍼트와의 인터뷰.
36. David Kamp, *United States of Arugula: How We Became a Gourmet Nation*(New York: Clarkson Potter, 2006), 164.
37. Tom Shales and James Andrew Miller, *Live from New York: An Uncensored History* of Saturday Night Live(Boston: Little, Brown and Company, 2002), 40.
38. 2006년 10월 27일, 마크 디페와의 인터뷰.
39. 2006년 4월 24일, 신 리퍼트와의 인터뷰.

3장. '좋은 것'을 '위대한 것'으로, '잘하는 것'을 '완벽한 것'으로!

1. Paul Goldberger, "Architecture View: 25 Years of Unabashed Elitism," *New York Times,* February 2, 1992.
2. Joseph Abboud, *Threads*(New York: HarperCollins Publishers, 2004), 104.
3. Salvatore Cesarani, part-time assistant professor, course bio(New York: Parsons School of Design).

4. 2008년 7월 31일, 살 체사라니와의 인터뷰.
5. 위의 인터뷰.
6. 위의 인터뷰.
7. 위의 인터뷰.
8. 위의 인터뷰.
9. 2009년 1월 30일, 론 마스턴과의 인터뷰.
10. Michael Gross, *Genuine Authentic*(New York: HarperCollins Publishers, 2003), 219.
11. *Deloitte Millennial Survey,* January 2014. ; *Telefonica Global Millennial Survey,* November 2014.
12. 2009년 1월 8일, 로널드 블랭큰십과의 인터뷰.
13. 2008년 10월 16일, 빅터 캠벨과의 인터뷰.
14. 2008년 4월 30일, 2014년 시트콤 〈브루클린 나인나인〉으로 골든글로브상을 수상한 앤디 샘버그와의 인터뷰.
15. 2009년 6월 10일, 한 기술직 임원과의 인터뷰.
16. 2006년 5월 26일, 카먼 폴리시와의 인터뷰.
17. 2008년 9월 24일, 돈 수터와의 인터뷰.
18. 위의 인터뷰.
19. 2008년 12월 18일, 콘스턴스 무어와의 인터뷰.
20. 2008년 4월 30일, 앤디 샘버그와의 인터뷰.
21. 2012년 10월 15일, 체이스 콜먼과의 인터뷰.
22. 2005년 7월 14일, 리 클로와의 인터뷰.
23. David Lipke, "Polo U; There Are No Classrooms, No Professors and No Ivy on the Walls, but Polo Ralph Lauren Has Long Been a Training Ground for the Men's Wear Industry," *Daily News Record,* July 22, 2002.
24. David A. Vise, "Michael Milken: A Dream-Maker's Rude Awakening," *Washington Post,* November 20, 1988.
25. 2009년 1월 8일, 로널드 블랭큰십과의 인터뷰.
26. David Lipke, *Daily News Record,* July 22, 2002.

27. Connie Bruck, *The Predators' Ball: The Inside Story of Drexel Burnham and the Rise of the Junk Bond Raiders*(New York: Penguin Books, 1988), 56.

28. David Carr, "101 Secrets(and 9 Lives) of a Magazine Star," *New York Times,* June 29, 2008.

29. Megan Hamill, "Celebrity, Spanish, Teen Categories Break the Mold," *Circulation Management,* 2005.

30. Myrna Blyth, "How About a Bit Less?," *National Review,* April 17, 2006.

31. http://finance.groups.yahoo.com/group/isurvivedbonnie/.

32. 2012년 10월 15일, 존 그리핀과의 인터뷰.

33. 2008년 9월 15일, 스콧 셀러스와의 인터뷰.

34. 분명 직원들은 녹초가 되어가고 있다. 2014년에 나온 보고서 「딜로이트 세계 인적 자본 동향Deloitte Global Human Capital Trends」에 따르면 응답자 중 79퍼센트가 직원을 채용하고 유지하는 문제가 '중요'하거나 '시급'하다고 대답했다.

35. Gallup, *State of the American Workplace: Employee Engagement Insights for U.S. Business Leaders,* 2012.

36. Doug Hill and Jeff Weingrad, *Saturday Night: A Backstage History of Saturday Night Live*(San Francisco: Untreed Reads, 2011), e-book.

37. 2007년 12월 19일, 하워드 로프먼과의 인터뷰. 루커스가 전적으로 옳았다는 사실을 지적해야겠다. 〈제다이의 귀환〉 이후 16년 동안 과거 사건들을 다룬 속편 3부작이 상영됐다(전 세계적으로 25억 달러를 벌어들였다). 또한 2015년 말에는 J. J. 에이브럼스 감독이 메가폰을 잡은 〈스타워즈 7: 깨어난 포스〉가 개봉됐다.

38. David Harris, *The Genius: How Bill Walsh Reinvented Football and Created a Dynasty*(New York: Random House, 2008), 86.

39. Tom Shales and James Andrew Miller, *Live From New York: An Uncensored History of Saturday Night Live*(Boston: Little, Brown and Company, 2002), 22.

40. 2008년 9월 15일, 스콧 셀러스와의 인터뷰.

41. 2007년 10월 3일, 하워드 카잔지언과의 인터뷰.

42. 2007년 10월 19일, 하워드 카잔지언과의 인터뷰.
43. 2007년 1월 30일, 마이클 루빈과의 인터뷰.
44. Miles Davis with Quincy Troupe, *Miles: The Autobiography*(New York: Simon&Schuster, 1989), 205.
45. Thomas McNamee, *Alice Waters and Chez Panisse*(New York: Penguin Books, 2007), 227.
46. Shales and Miller, 571.
47. 2008년 9월 9일, 린다 루이스와의 인터뷰.
48. 2007년 8월 14일, 필 티페트와의 인터뷰. 티페트는 1994년 〈쥐라기 공원〉으로 아카데미 시각효과상을 받았다.
49. Sheila Barry, "Tribute to Robert Mondavi," *Napa Valley Vintners,* member post, May 21, 2008.
50. 2005년 8월 17일, 조이스 골드스타인과의 인터뷰.
51. 예를 들어 체이스 콜먼은 2011년 서른여섯 살의 나이에 『포브스』 선정 '세계의 젊은 억만장자들'로 뽑혔다.
52. 여기서도 밀레니얼 세대와의 연관성이 제기된다. 놀랍게도 이 책에 소개된 거의 모든 슈퍼보스들은 '밀레니얼'이라는 단어가 정의되기도 전에 명성을 얻었지만, 슈퍼보스 전술(동기부여와 관련해 여기에서뿐 아니라 다른 전술들을 공유한 이어지는 장에서도 계속해서)은 오늘날 일터에서 겪는 도전들의 해결을 위해 맞춤 제작된 듯하다.
53. 2005년 7월 18일, 톰 캐럴과의 인터뷰.
54. Jeffrey A. Trachtenberg, *Ralph Lauren: The Man Behind the Mystique*(Boston: Little, Brown and Company, 1988), 154.

4장. '전략'과 '실행'이 통합될 때 벌어지는 일

1. Valerie J. Nelson, "Bebe Barron: Her Pioneering Score for 'Forbidden Planet' Helped Popularize Electronic Music," *Los Angeles Times,* April 27, 2008, Obituaries.
2. Geeta Dayal, "Ben Burtt on *Star Wars, Forbidden Planet* and the Sound of

Sci-Fi," Wired, May 5, 2012.

3. Ibid.

4. "'The Sounds of Star Wars,' Now at Fans' Fingertips," National Public Radio, *Weekend Edition,* Sunday, December 12, 2010.

5. Ibid.

6. 2007년 11월 29일, 벤 버트와의 인터뷰.

7. 위의 인터뷰.

8. 위의 인터뷰.

9. 위의 인터뷰.

10. Academy Awards Database—Academy of Motion Picture Arts and Sciences(AMPAS).

11. Susan King, "Ben Burtt on the Sound of 'Raiders,' 'ET' and Spielberg's Inspiration," *Hero Complex* (blog), *Los Angeles Times,* October 2, 2012.

12. Animation Sound Design: Ben Burtt Creates the Sounds for *Wall-E*(Part 2 of 2)(Walt Disney Pictures, Special Feature on the DVD release of Wall-E, 2008).

13. 2006년 4월 24일, 신 리퍼트와의 인터뷰.

14. Thomas McNamee, *Alice Waters and Chez Panisse*(New York: Penguin Books, 2007), 49.

15. 2006년 7월 26일, 앨리스 워터스와의 인터뷰.

16. 2006년 4월 24일 린드세이 시어와의 인터뷰.

17. 2006년 7월 26일, 조앤 위어와의 인터뷰.

18. 2006년 4월 24일, 신 리퍼트와의 인터뷰.

19. 위의 인터뷰.

20. 2006년 7월 26일, 앨리스 워터스와의 인터뷰.

21. 2006년 3월 29일, 카일 크레이그와의 인터뷰.

22. Ken Sugiura, "The West Coast Offense Is Born: Walsh's Scheme; Innovative Coach Took Limited Passer and Created an Offensive Philosophy," *Atlanta Journal-Constitution*, September 5, 2004.

23. *2014 Official NFL Record & Factbook*(National Football League, 2014), 552.
24. Ken Sugiura, "The West Coast Offense Is Born."
25. Bill Walsh, "West Coast Offense 101," *Sporting News,* January 19, 1999.
26. Scott Hume, "Norman Brinker: Casual Dining's Trailblazer Reflects on His Career with Pride and Satisfaction," *Restaurants & Institutions.*
27. Top 10 Memorable Movie Eating Scenes, *Time,* January 6, 2012.
28. Norman Brinker and Donald T. Phillips, *On the Brink: The Life and Leadership of Norman Brinker*(Irving, TX: Tapestry Press, 2002), 83–84.
29. Ibid., 86.
30. 2006년 7월 26일, 루 니브와의 인터뷰.
31. Jim Sullivan, "What You Say Is What You Get: Quotable Quotes 2005," *Nation's Restaurant News,* July 18, 2005.
32. 2006년 3월 29일, 카일 크레이그와의 인터뷰.
33. 2005년 7월 6일, 애들레이드 호턴과의 인터뷰.
34. 2007년 4월 19일, 스콧 로스와의 인터뷰.
35. 2006년 3월 29일, 카일 크레이그와의 인터뷰.
36. 2005년 6월 3일, 스티브 앨버티와의 인터뷰.
37. Character actor Dick Miller, quoted in Beverly Gray, *Roger Corman: An Unauthorized Life*(Los Angeles: Renaissance Books, 2000), 51.
38. Clive Thompson, "End the Tyranny of 24/7 Email," New York Times, August 28, 2014. 톰슨은 직장 내 이메일 관행과 관련해서 창조적 리더십 센터의 제니퍼 딜의 연구 결과를 인용한다.
39. 2012년 10월 15일, 존 그리핀과의 인터뷰.
40. Miles Davis, with Quincy Troupe, *Miles: The Autobiography*(New York: Simon&Schuster, 1989), 273.
41. Tom Shales and James Andrew Miller, *Live from New York: An Uncensored History of Saturday Night Live*(Boston: Little, Brown and Company, 2002), 345.
42. Jennifer Armstrong, "The Evolution of 'SNL,'" *EW.com,* September 22,

2006.

43. 2006년 7월 26일, 앨리스 워터스와의 인터뷰.

44. 2005년 6월 16일, 데이비드 머피와의 인터뷰.

45. 2008년 7월 31일, 살 체사라니와의 인터뷰.

46. Sam Merrill, "A Candid Conversation with Roone Arledge, Sports Broadcasting Visionary," *Playboy,* January 30, 2014.

47. Ibid.

48. 2006년 3월 29일, 카일 크레이그와의 인터뷰.

49. Marj Charlier, "Maverick of Dinner Houses Faces Spaghetti Shoot-Out," *Wall Street Journal,* January 29, 1990, B1.

50. Michael Barrier, "Entrepreneurs Who Excel," *Nation's Business*(August 1996).

51. 2006년 10월 13일, 에이빈드 아드랜드와의 인터뷰.

52. 위의 인터뷰.

53. Beverly Gray, *Roger Corman: An Unauthorized Life,* 214.

54. Ibid.

55. 2006년 7월 26일, 루 니브와의 인터뷰.

56. 2007년 4월 5일, 1980년대 초 루커스필름에서 일한 시드 가니스와의 인터뷰. 가니스는 이후 십여 편의 영화를 제작했고, 2015년에는 영화 예술·과학 아카데미의 회장으로 뽑혔다.

57. John P. Kotter, *Leading Change*(Boston: Harvard Business Review Press, 2012).

58. '논의 불가능하다'는 작고한 경영이론가 크리스 아지리스가 처음 발안한 개념이다. 이와 관련해서 더 많은 정보를 얻으려면 그가 쓴 고전 『조직의 수동성 극복*Overcoming Organizational Defenses: Facilitating Organizational Learing*』(Englewood Cliffs, NJ: Prentice Hall, 1990)을 읽어보라.

5장. 반드시 '결과'와 '결실'을 만들어내는 코칭의 비밀

1. Dario A. Covi, *Andrea del Verrocchio: Life and Work*(Florence: Leo S. Olschki, 2005), 251.
2. Ibid., 14.
3. Ibid., 15.
4. Liletta Fornasari, "Andrea del Verrocchio and the Workshops of Tuscany," in *Verrocchio and the Renasisance Atelier,* trans. Susan Herbstritt(Firenze: Pagliai Polistampa, 2001), 15.
5. Ibid.
6. Patricia Rubin and Alison Wright, *Renaissance Florence: The Art of the 1470s*(London: National Gallery Press, 1999), 104.
7. Jill Dunkerton, "Leonardo in Verrocchio's Workshop: Re-examining the Technical Evidence," *National Gallery Technical Bulletin* 32, 15.
8. Rubin and Wright, 97.
9. Biography Online, "Top 10 Artists/Painters of All Time,".
10. Tamar Jacoby, "Why Germany Is So Much Better at Training Its Workers," Atlantic, October 16, 2014.
11. United States Department of Labor Employment and Training Administration.
12. Lois Therrien, "Marlboro Man, Meet the Master of Mayo," *Business Week,* October 31, 1988.
13. Richard Gibson and Robert Johnson, "...And Richman's Acumen May Prove Kraft's Undoing," *Wall Street Journal,* October 19, 1988.
14. 2008년 4월 9일, 존 터커와의 인터뷰.
15. 위의 인터뷰.
16. 위의 인터뷰.
17. 2006년 10월 20일, 폴 바탈덴 박사와의 인터뷰.
18. 2006년 6월 23일, 주하니 푸타넨과의 인터뷰.
19. 2010년 10월 1일, 존 캐럴과의 인터뷰.

20. 2008년 8월 12일, 새뮤얼 하워드와의 인터뷰.

21. Connie Bruck, *The Predators?Ball: The Inside Story of Drexel Burnham and the Rise of the Junk Bond Raiders*(New York: Penguin Books, 1988), 87.

22. "Brinker International: The Personal Touch," *Financial World* 162(12)(June 8, 1993), 38.

23. 2006년 10월 13일, 에이빈드 아드란드와의 인터뷰.

24. 2007년 4월 5일, 시드 가니스와의 인터뷰.

25. 2006년 5월 1일, 토머스 켈러와의 인터뷰.

26. 노이스는 1959년 미국 특허(특허번호 2981877번)를 신청했다. 1980년 텍사스 인스트루먼츠에서 일했던 잭 킬비는 집적회로를 발명한 공로를 인정받아 노벨물리학상을 수상했다. 노이스가 10년 일찍 세상을 떠나지 않았더라면 이 상을 공동 수상했을 것이다. 실리콘밸리를 낳은 혁명이 막 시작됐을 때 쇼클리 반도체연구소를 떠나 페어차일드로 이직하면서 '8인의 배신자들'로 불린 반도체 분야의 선구자 줄리어스 블랭크는, 잭 킬비가 노벨상을 수상했을 당시에 노이스가 살아있었다면 그도 수상했을 거라고 믿는다. 줄리어스는 "확실합니다. 저는 잭을 알고 그가 위대한 일을 했다고 생각은 하지만 그의 방식대로는 집적회로를 못 만들었을 겁니다. 잭의 발명품은 노이스의 기여 없이는 만들 수 없었어요"라고 말했다. (2006년 6월 15일, 줄리어스 블랭크와의 인터뷰.)

27. Robert Slater, *Portraits in Silicon*(Cambridge, MA: MIT Press, 1989), 153.

28. Charles E. Sporck and Richard L. Molay, *Spinoff: A Personal History of the Industry That Changed the World*(Saranac Lake, NY: Saranac Lake Publishing, 2001), 3.

29. Tom Wolfe, "The Tinkerings of Robert Noyce," *Esquire*, December 1983, 346–74.

30. 2006년 8월 17일, 고든 무어와의 인터뷰.

31. 위의 인터뷰.

32. Tom Wolfe, "The Tinkerings of Robert Noyce."

33. Tim Jackson, *Inside Intel*(New York: Dutton, 1997), 37.

34. 2012년 10월 15일, 존 그리핀과의 인터뷰.

35. 너무 시끄럽고, 내향적인 사람들에게 부적합하다는 이유로 최근에는 개방형 사무실이 비난받는다. 나는 리더들이 비용 절감을 위해 한 공간에 지나치게 많은 사람들을 쑤셔넣고, 그릇된 평등주의를 떠들어댈 때 개방형 사무실이 부정적으로 작용한다고 지적하고 싶다. 슈퍼보스들에게 개방형 사무실은 평등주의를 포용하려는 진정한 시도이며, 직원들은 그곳에서 훨씬 더 긍정적인 경험을 한다.

36. 2005년 6월 3일, 스티브 앨버티와의 인터뷰.

37. Chris Blackhurst, "Exclusive MT Interview: Archie Norman," *Management Today*, September 3, 2007.

38. 가장 체계적이고 관료주의적인 기업들이 가장 생산성이 낮은 사냥터가 된다는 사실이 놀랍지 않다. (Dean Foust, "Where Headhunters Fear to Tread," *Business Week*, September 14, 2009, 42-44).

39. 2005년 7월 18일, 톰 캐럴과의 인터뷰.

40. 2006년 11월 8일, 데이비드 커티스와의 인터뷰.

41. 위의 인터뷰.

42. 위의 인터뷰.

43. 위의 인터뷰.

44. 2010년 10월 1일, 존 캐럴과의 인터뷰.

45. 2008년 1월 21일, 루크 반데벨데와의 인터뷰.

46. 2010년 10월 1일, 존 캐럴과의 인터뷰.

47. 2007년 4월 19일, 스콧 로스와의 인터뷰.

48. 2006년 9월 22일, 빌 에번스와의 인터뷰.

49. 2005년 9월 9일, 메리 수 밀리컨과의 인터뷰. 우리가 인터뷰한 몇몇 다른 여성 요리사들은 앨리스 워터스가 여전히 남성들이 지배하는 업계에서 두각을 나타낸다는 점에서, 자신의 롤모델이라고 의례적으로 언급했다. 워터스가 막 두각을 나타냈을 때 남성 지배적인 분위기는 더욱더 심각했다.

50. "Ed Stack Resigns Behavioral Healthcare CEO Post," *Nashville Post*, February 2, 2001.

51. 2008년 10월 22일, 에드워드 스택과의 인터뷰.

52. Beverly Gray, *Roger Corman: An Unauthorized Life*(Los Angeles:

Renaissance Books, 2000), 107.

53. Ibid., 224.
54. "The Best Advice I Ever Got," *Fortune*, July 6, 2009, 45.
55. 2005년 9월 2일, 게일 오리츠와의 인터뷰.
56. 2008년 4월 1일, 리처드 레니와의 인터뷰.
57. 2007년 10월 4일, 더그 코넌트와의 인터뷰.
58. 2012년 10월 15일, 존 그리핀과의 인터뷰.
59. 2006년 5월 31일, 에사 페카 살로넨과의 인터뷰.
60. 2006년 11월 8일, 데이비드 커티스와의 인터뷰.
61. 2012년 10월 15일, 존 그린핀과의 인터뷰.
62. 2005년 6월 16일, 데이비드 머피와의 인터뷰.
63. Sir Michael Barber, Fenton Whelan, and Michael Clark, *Capturing the Leadership Premium*(McKinsey&Company, November 2010).
64. Motoko Rich, "As Apprentices in Classroom, Teachers Learn What Works," *New York Times*, October 10, 2014.

6장. "그냥 그가 그 일을 하게 내버려둬라"

1. "Tiger Global's Chase Coleman: With This Reclusive Billionaire, Actions Speak Louder Than Words," *iBillionaire*, June 2, 2014.
2. Gary Weiss, "What Really Killed Robertson's Tiger," *Business Week*, April 17, 2000.
3. Daniel A. Strachman, *Julian Robertson: A Tiger in the Land of Bulls and Bears*(Hoboken, NJ: John Wiley and Sons, 2004), 169.
4. "How Julian Robertson Turned $8.8 Million into $21 Billion," *Dan Strachman Interview,* http://www.tradingmarkets.com/recent/how_julian_robertson_turned_88_million_into_21_billionthe_dan_strachman_interview-656158.html.
5. "Profile/Biography on Hedge Fund Legend Julian Robertson(Tiger Management)," *Market Folly*, June 3, 2009.

6. Jennifer Karchmer, "Tiger Management Closes," *CNN Money*, March 30, 2000.
7. 2008년 11월 11일 줄리언 로버트슨과의 인터뷰.
8. 2012년 10월 15일, 체이스 콜먼과의 인터뷰.
9. 2015년 7월 15일, 타이거 매니지먼트의 최고운용책임자 길 카페레이와의 이메일 인터뷰.
10. 위의 인터뷰.
11. "Chase Coleman, III," *Forbes*.
12. 2015년 8월 5일, 길 카페레이와의 이메일 인터뷰. 2012년 전 세계 헤지펀드들이 투자한 약 2조 달러 중 총 20퍼센트의 투자를 주도한 매니저들(새끼 호랑이들과 호랑이 종자들)은 당시 줄리언 로버트슨 밑에서 일하고 있거나 과거 일한 경험이 있었다(2012년 10월 15일, 존 타운센드와의 인터뷰).
13. Anthony Effinger, Katherine Burton, and Ari Levy, "Top Hedge Fund Returns 45% With Robertson's 36-Year-Old Disciple," Bloomberg, January 9, 2012.
14. Brian O'Keefe, "Tiger's Julian Robertson Roars Again," *Fortune*, January 29, 2008.
15. "Julian Robertson, Jr." *Forbes*; Mebane Faber, "Grab a Tiger's Tail," *Forbes*, April 27, 2010.
16. Beverly Gray, *Roger Corman: An Unauthorized Life*(Los Angeles: Renaissance Books, 2000), 151.
17. 2007년 5월 24일, 게리 블룸과의 인터뷰.
18. 2005년 6월 16일, 데이비드 머피와의 인터뷰.
19. Curry Kirkpatrick, "Now Pacing Sideline, Pitino Proteges," *New York Times*, February 18, 1997, B12.
20. Jared Diamond, "Iowa: The Harvard of Coaching," *Wall Street Journal*, December 21, 2011, D5.
21. Ken Plume, "An Interview with Stephen Colbert," *IGN*, August 11, 2003.
22. 공공 부문에서 일하는 사람들은 이처럼 능력보다는 종신고용을 더 중시하는

일률적 승진 시스템의 가장 나쁜 사례다. 하지만 사람이 우선이라고 아무리 떠들어봤자, 오늘날 대부분의 영리 추구 기업들에 종신고용 보장 시스템의 여러 면들이 남아 있다. 이런 구태의연한 관료주의적 규칙을 거부하는 실리콘밸리 유형의 기업들이 이 점에서 독보적 경쟁우위를 점유할 수 있다. 대학을 비롯한 학술기관들도 능력보다 종신고용을 중시하는 위험을 보여주는 가장 터무니없는 사례다.

23. Jared Diamond, "Iowa: The Harvard of Coaching," D5.
24. Karen Southwick, *Everyone Else Must Fail*(New York: Crown Business, 2003), 65.
25. 2012년 10월 15일, 체이스 콜먼과의 인터뷰.
26. David Harris, *The Genius: How Bill Walsh Reinvented Football and Created a Dynasty*(New York: Random House, 2008), 84.
27. Jeff McLaughlin, ed., *Stan Lee: Conversations*(Jackson: University Press of Mississippi, 2007), 36.
28. Jordan Raphael and Tom Spurgeon, *Stan Lee and the Rise and Fall of the American Comic Book*(Chicago: Chicago Review Press, 2003), 152.
29. 2010년 10월 1일, 진 로버츠와의 인터뷰.
30. 2006년 4월 5일, 리처드 플랭크와의 인터뷰.
31. 2007년 3월 21일, 론 길버트와의 인터뷰.
32. Arja Ropo and Erika Sauer, "The Success Story of Finnish Conductors: Grand Narratives and Small Stories on Global Leadership"(paper presented at the 7th AIMAC Conference, Milan, June 2003), 7–8.
33. 2008년 9월 15일, 스콧 셀러스와의 인터뷰.
34. 2006년 4월 5일, 리처드 플랭크와의 인터뷰.
35. 2008년 1월 21일, 마이클 마일스와의 인터뷰.
36. 2008년 7월 31일, 살 체사라니와의 인터뷰.
37. Richard Rapaport, "To Build a Winning Team: An Interview with Head Coach Bill Walsh," *Harvard Business Review*, January–February 1993, 117.
38. Tom Wolfe, "The Tinkerings of Robert Noyce," *Esquire*, December 1983, 346–74.

39. 2010년 9월 30일, 짐 노턴과의 인터뷰.

40. Jeffrey A. Trachtenberg, *Ralph Lauren: The Man Behind the Mystique*(Boston: Little, Brown and Company, 1988), 53.

41. Ibid., 94-95.

42. Curry Kirkpatrick, "Now Pacing Sideline, Pitino Proteges."

43. 2008년 6월 17일, 스탠리 겔러스와의 인터뷰.

44. 2008년 4월 30일, 앤디 샘버그와의 인터뷰.

45. 2006년 3월 27일, 마이클 설리번과의 인터뷰.

46. 2006년 4월 12일, 제프 캠벨과의 인터뷰. 이러한 태도는 슈퍼보스들이 똑똑한 인재들을 채용하는 경향과 잘 들어맞는다.

47. 2008년 6월 5일, 테드 릴런드와의 인터뷰.

48. 익명을 요구한 엘리슨의 옛 직원과의 사적인 대화에서 나온 이야기다.

49. 2008년 3월 11일, 마크 레키와의 인터뷰. 레키는 마이클 마일스 밑에서 일을 시작했고, 질레트의 CEO 짐 킬츠(그도 역시 마일스가 크래프트에서 뽑았다)와 긴밀히 협력했으며, 몇 차례 자리를 옮긴 끝에 P&G가 질레트를 인수한 후 질레트 CEO로 일했다.

50. 2009년 2월 20일, 칼 반데벤더와의 인터뷰.

51. 2006년 8월 17일, 고든 무어와의 인터뷰.

52. 2007년 3월 24일, 게리 블룸과의 인터뷰.

53. 위의 인터뷰.

54. Miles Davis with Quincy Troupe, *Miles: The Autobiography*(New York: Simon&Schuster, 1989), 273.

55. 2008년 7월 29일, 폴로 랠프 로런의 전 매니저와의 인터뷰.

56. 2012년 10월 15일, 체이스 콜먼과의 인터뷰.

57. 2005년 9월 2일, 게일 오리츠와의 인터뷰.

58. 2007년 2월 19일, 여러 실리콘밸리 기업의 CEO 겸 이사회 임원으로 활동한 전 오리콘 직원과의 인터뷰.

59. Del Jones, "Some Firms' Fertile Soil Grows Crop of Future CEOs," *USA Today*, January 9, 2008, B1; Monica C. Higgins, *Career Imprints: Creating*

Leaders Across an Industry(San Francisco: Jossey-Bass, 2005). 히긴스가 쓴 이 굉장한 책은 특정 상황에서 커리어를 쌓으며 개발된 지식은 다른 상황에서도 광범위하게 활용될 수 있다는 '커리어 각인'이라는 개념을 최초로 분석했다. 그녀는 백스터를 떠나서 신생 생명공학 회사에서 고위 임원(종종 CEO)이 된 소위 '백스터 보이스'라는 수십 명의 관리자들에 대해서도 연구했다.
60. 2006년 4월 12일, 제프 캠벨과의 인터뷰.

7장. 새로운 생각과 특별한 성과가 끓어오르는 가마솥

1. Rachel Dratch, *Girl Walks into a Bar ... Comedy Calamities, Dating Disasters, and a Midlife Miracle*(New York: Gotham Books, 2012), 14.
2. 〈SNL〉은 사십 차례에 걸쳐 에미상을 수상했다.
3. SaturdayNightLive.com, cast bios, http://www.saturday-night-live.com/snl/castbios/racheldratch.html.
4. 2007년 4월 3일, 레이철 드래치와의 인터뷰.
5. 2008년 3월 7일, 론 마이클스와의 인터뷰.
6. 2008년 4월 24일, 〈SNL〉 작가인 짐 다우니와의 인터뷰. 다우니는 2013년 은퇴할 때까지 쇼가 방송되는 거의 내내 론 마이클스와 같이 일했다. 코미디언 데니스 밀러는 다우니를 〈SNL〉 역사상 두번째로 중요한 사람이라고 불렀다.
7. Tom Shales and James Andrew Miller, *Live from New York: An Uncensored History of Saturday Night Live*(Boston: Little, Brown and Company, 2002), 420.
8. Ibid., 546.
9. Michael Gross, *Genuine Authentic*(New York: HarperCollins Publishers, 2003), 219.
10. Ibid., 246.
11. Teri Agins, *The End of Fashion*(New York: HarperCollins Publishers, 1999), 91.
12. Quoted in Richard Rapaport, "To Build a Winning Team: An Interview with Head Coach Bill Walsh," *Harvard Business Review*, January-February

1993, 116.

13. Thomas McNamee, *Alice Waters and Chez Panisse*(New York: Penguin Books, 2007), 320.

14. Stan Lee and George Mair, *Excelsior!: The Amazing Life of Stan Lee*(New York: Simon&Schuster, 2002), 154.

15. Mark Evanier, *Kirby: King of Comics*(New York: Abrams, 2008), 16.

16. Rebecca Leung, "Michaels: Lip-Sync an 'SNL' No-No," *60 Minutes*(New York: CBS, October 28, 2004).

17. David Lipke, "Polo U: There Are No Classrooms, No Professors and No Ivy on the Walls, but Polo Ralph Lauren Has Long Been a Training Ground for the Men's Wear Industry," *Daily News Record*, July 22, 2002.

18. 2008년 1월 21일, 루크 반데벨데와의 인터뷰.

19. 2005년 6월 27일, 밥 다이언과의 인터뷰.

20. Connie Bruck, *The Predators' Ball: The Inside Story of Drexel Burnham and the Rise of the Junk Bond Raiders*(New York: Penguin Books, 1988), 84.

21. Eric Deggans, "For Aasif Mandvi, Cultural Irreverence on 'The Daily Show,'" May 31, 2008.

22. Jean Vallely, "The Empire Strikes Back and So Does Filmmaker George Lucas With His Sequel to Star Wars," *Rolling Stone*, June 12, 1980, 조지 루커스 인터뷰 인용. Sally Kline(Jackson: University Press of Mississippi, 1999), 94.

23. 2007년 8월 14일, 필 티페트와의 인터뷰.

24. NBA.com, San Antonio Spurs, http://www.nba.com/spurs/history/spurs_history.html.

25. Miles Wray, "The Tree of Popovich and Buford," *HP Basketball Network*(blog), http://hardwoodparoxysm.com/2014/06/19/coaching-tree-popovich-buford-spurs/.

26. Nate Taylor, "A San Antonio Graduate Program That Churns Out N.B.A. Coaches," *New York Times*, June 16, 2013.

27. Ray Didinger, *Game Plans for Success*(New York: McGraw-Hill, 1996), 188.

28. David Harris, *The Genius: How Bill Walsh Reinvented Football and Created a Dynasty*(New York: Random House, 2008), 72.

29. 2008년 1월 21일, 마이클 마일스와의 인터뷰.

30. 위의 인터뷰.

31. Miles Davis with Quincy Troupe, *Miles: The Autobiography*(New York: Simon&Schuster, 1989), 273.

32. Bill Jamison, "The Bill Walsh Way," *Washington Post*, September 4, 2009.

33. Thomas McNamee, *Alice Waters and Chez Panisse*, 289.

34. 2008년 11월 26일, 클레이턴 맥호터와의 인터뷰.

35. 2008년 11월 24일, 돈 수터와의 인터뷰.

36. Mary Kay Ash, *Mary Kay*(New York: Harper & Row, 1981), 159.

37. Ibid., 40.

38. Ibid., 49.

39. Ibid.

40. 2006년 5월 2일, 아조 알밀라와의 인터뷰.

41. 2008년 11월 11일, 줄리언 로버트슨과의 인터뷰.

42. 2008년 10월 16일, 빅터 캠벨과의 인터뷰.

43. 2005년 6월 27일, 밥 다이언과의 인터뷰.

44. Motown Museum, "Motown: The Sound That Changed America," http://www.motownmuseum.org/story/motown/.

45. "Berry Gordy: Sweet Soul Music, Growth Strategies," *Entrepreneur*, October 9, 2008.

46. Ibid.

47. Larry Schweikart, "Berry Gordy Jr. and the Original 'Black Label,'" *Ideas on Liberty*, May 2003.

48. "It Happened in Hitsville," *Vanity Fair*, December 2008.

49. Ibid.

50. 맨해튼에 위치한 브릴 빌딩은 지난 수십 년 동안 미국 대중음악의 진원지였다. 음반 제작자 레오 파이스트, 작곡가 캐럴 킹, 밴드 글렌 밀러 오케스트라 등이 여기서 일했다.

51. "It Happened in Hitsville," *Vanity Fair.*

52. 2006년 9월 29일, 오라클의 전 임원과의 인터뷰.

53. 2012년 10월 15일, 체이스 콜먼과의 인터뷰.

54. 2010년 10월 1일, 진 로버츠와의 인터뷰.

55. John Colapinto, "When I'm Sixty-Four: Paul McCartney Then and Now," *New Yorker,* June 4, 2007, 63.

56. Matthew Futterman, "Questions for Nick Bollettieri," *Wall Street Journal,* August 27, 2008.

57. 이 아카데미는 현재 IMG 아카데미로 알려져 있다.

58. William Knoedelseder, *I'm Dying Up Here: Heartbreak and High Times in Stand-Up Comedy's Golden Era*(New York: Perseus Book Group, 2009), 22.

59. Ibid., 55.

60. 2006년 10월 27일, 마크 디페와의 인터뷰.

61. 2006년 6월 13일, 제이 라스트와의 인터뷰.

62. Bruce Sacerdote, "Peer Effects in Education: How Might They Work, How Big Are They and How Much Do We Know Thus Far?," *Handbook of Economics of Education*(Amsterdam: North Holland, 2010).

8장. 최고의 인재들은 결국 떠날 수밖에 없다, 하지만?

1. Joanne Weir, "Millet Muffin Recipe," *Food Wine Travel*, January 14, 2011.

2. PBS.org, *Food.*

3. Paula Forbes, "US State Department Reveals the American Chef Corps," Eater, September 10, 2012.

4. Alice Waters, foreword to *Joanne Weir's Cooking Confidence*, by Joanne Weir(Newtown, CT: Taunton Press, 2012).

5. 2005년 6월 26일 조앤 위어와의 인터뷰.
6. Catherine Hanly, *Hot Dinners Gastroblog*, September 30, 2014. 스위스 베른에 위치한 US 앰버서더의 수석 요리사인 린지와 런던 동부에 위치한 빵집 바이올렛 케이크의 셰프인 프택도 앨리스 워터스의 성공한 자손 명단에 추가한다.
7. Jay Barrman, SFist(SF food blog), November 15, 2013. 마이클 터스크는 슈퍼보스의 영향력이 어떻게 다음 세대들에게도 미칠 수 있는지를 보여주는 좋은 사례다. 그는 앨리스 워터스와 셰파니스의 전 주방장 폴 베르톨리에게 요리철학을 배웠다고 인정한다. 터스크의 식당 퀸스의 탄생 10주년 축하행사에는 현재 수석 요리사로 자기 식당을 운영중인 그의 제자들이 준비한 특별 만찬이 열렸다.
8. 2005년 7월 26일, 조앤 위어와의 인터뷰.
9. Joanne Weir, "Chez Panisse through the Eyes of the People behind the Stoves; Weir: It's the Only Kitchen I'll Work In," *San Francisco Chronicle*, August 22, 2001.
10. 2006년 4월 24일 신 리퍼트와의 인터뷰.
11. Daniel Halgin, "The Effects of Social Identity on Career Progression: A Study of NCAA Basketball Coaches," *Academy of Management Best Paper Proceedings*(2009).
12. Stevan Alburty, *Chiat's Day and Night*(blog), http://home.earthlink.net/~alburty/chiat.htm.
13. 2005년 6월 3일, 스티브 앨버티와의 인터뷰.
14. http://www.jayday.org.
15. 2008년 7월 2일 제프리 뱅크스와의 인터뷰.
16. IMDb, Roger Corman(actor).
17. Susan King, "Hollywood Star Walk: Roger Corman," *Los Angeles Times*, August 20, 2006.
18. 2006년 11월 3일, 마이크 시숄스와의 인터뷰.
19. 위의 인터뷰.
20. 2005년 6월 3일, 스티브 앨버티와의 인터뷰.
21. 2005년 8월 17일, 장피에르 륄레와의 인터뷰.

22. 2006년 7월 26일, 앨리스 워터스와의 인터뷰.
23. Chris Taylor, "Eat Or Be Eaten," *Time*, June 23, 2003.
24. 2005년 6월 24일, 켄 시걸과의 인터뷰.
25. 2006년 5월 2일 릭 버먼과의 인터뷰.
26. 2008년 11월 20일, 잭 보벤더와의 인터뷰. 보벤더는 2001년 HCA의 CEO가 된 토미 프리스트와 긴밀히 일했다. 『인스티튜셔널 인베스터』는 2003년, 2004년, 2005년에 보벤더를 건강 관리 시설 분야 '미국 최고의 CEO'로 꼽았다. 보벤더는 2009년 HCA의 회장으로 은퇴했다.
27. 2008년 8월 13일, 실베스터 리더와의 인터뷰.
28. 2008년 4월 1일, 리처드 레니와의 인터뷰.
29. Tom Shales and James Andrew Miller, *Live from New York: An Uncensored History of Saturday Night Live*(Boston: Little, Brown and Company, 2002), 498.
30. William Shakespeare, *Henry V*, act 4, scene 3.
31. "Milken's Minions," *Institutional Investor*, February 1997.
32. 그렇다. 직접 경쟁 상대가 되지 않는 한, 심지어 래리 엘리슨조차 적어도 가끔씩은 직원들의 이직을 지원했다.
33. 2008년 6월 5일, 테드 릴런드와의 인터뷰.
34. Jonathan Allen and Amie Parnes, *HRC: State Secrets and the Rebirth of Hillary Clinton*(New York: Crown Publishers, 2014).
35. Ibid.
36. Lois Romano, "Gatekeepers of Hillaryland," *Washington Post*, June 21, 2007.
37. US Department of State, What Does the Office of the Chief of Protocol Do?, http://www.state.gov/s/cpr/51328.htm.
38. Catalina Camia, "Sarah Palin Speaks about Tina Fey and Being Depicted as an 'Idiot,'" *USA Today*, August 20, 2014.
39. Kitty Kelley, *Oprah: A Biography*(New York: Crown Publishers, 2010); Janet Lowe, *Oprah Winfrey Speaks: Insight from the World's Most*

Influential Voice(New York: John Wiley&Sons, 1998).
40. Lauren Effron, "Oprah-Made: 8 Stars Who Shot to Fame Thanks to Winfrey," *ABC News Go*, October 15, 2012.
41. Dr. Phil McGraw, biography, http://www.biography.com/people/dr-phil-mcgraw-9542524. 슈퍼보스들이 이례적인 장소에서 인재를 찾는 방법을 알려주는 흥미로운 사례다.
42. Kitty Kelley, *Oprah: A Biography*, 322.
43. Ibid., 227.
44. "Dr. Phil: Oprah Is 'The Gold Standard In TV,'" *Tell Me More*, National Public Radio, May 23, 2011, http://www.npr.org/2011/05/23/136579294/dr-phil-talks-oprahs-legacy.
45. Ibid.
46. Mark Donald, "Analyze This," *Dallas Morning Observer*, April 13, 2000.
47. CBS Television press release, February 5, 2008, https://www.cbspressexpress.com/cbs-television-distribution/releases/view?id=17864.
48. "Dr. Phil: Oprah Is 'The Gold Standard In TV,'" *Tell Me More*, National Public Radio.
49. 네이트 버커스, 이얀라 반젠트, 게일 킹, 밥 그린 등이 오프라의 지원을 받는 다른 사례로 여기서 소개된다.
50. 2006년 10월 20일, 폴 바탈덴과의 인터뷰.
51. 2008년 10월 1일, 조엘 고든과의 인터뷰.
52. 위의 인터뷰.
53. 2006년 9월 12일, 익명을 요구한 한 임원과의 인터뷰.
54. 2007년 2월 19일, 존 루옹고와의 인터뷰.
55. 2009년 1월 30일, 론 마스턴과의 인터뷰.
56. 2008년 11월 11일, 줄리언 로버트슨과의 인터뷰.
57. 2008년 1월 21일, 마이클 마일스와의 인터뷰.
58. 2012년 10월 15일, 존 타운젠드와의 인터뷰.
59. 2008년 11월 11일, 줄리언 로버트슨과의 인터뷰.

60. Daniel Strachman, *Julian Robertson: A Tiger in the Land of Bulls and Bears(Hoboken*, NJ: Wiley, 2004), 47.

61. 2006년 9월 22일, 빌 에번스와의 인터뷰.

62. Marc Myers, "Interview: John Scofield," *JazzWax*(blog), March 28, 2012, http://www.jazzwax.com/2012/03/interview-john-scofield.html.

63. Katie Glueck, "The Power Players behind Hillary Clinton's Campaign," *Politico*, April 12, 2015.

64. Bradford Evans, "Talking to Wyatt Cenac about 'The Daily Show,' Writing for 'King of the Hill,' and What's Next for Him," *Splitsider*, September 19, 2013.

65. Sara Moulton, "How Meryl Streep Nailed Her," *Daily Beast*, August 4, 2009.

66. Katie Workman, "Jody Adams Talks About Julia Child and the Movie *Julie and Julia," NY Food Examiner*, August 14, 2009.

67. Sam Gugino, "Thomas Keller—A Love for French Food," *Wine Spectator*, September 30, 2009, 52.

68. Owen Dugan, "Jacques Pepin—Cooking French in America," *Wine Spectator*, September 30, 2009, 58.

69. Beverly Gray, *Roger Corman: An Unauthorized Life*(Los Angeles: Renaissance Books, 2000), 137.

70. 2008년 1월 21일, 루크 반데벨데와의 인터뷰.

71. Geraldine Fabrikant, "For Yale's Money Man, a Higher Calling," *New York Times*, February 18, 2007. ; Sophie Gould, "Investments Office Alumni Excel," Yale Daily News, April 18, 2013.

72. 2008년 9월 18일, 앤드루 골든과의 인터뷰.

73. Shales and Miller, *Live from New York*, 422.

74. Reed Hastings, "Freedom & Responsibility Culture(Version 1)," *Slideshare*, http://www.slideshare.net/reed2001/culture-1798664, Slide 115.

75. Reid Hoffman, Ben Casnocha, Chris Yeh, *The Alliance: Managing Talent*

in the Networked Age(Boston: Harvard Business Review Press, 2014), 5.
76. Reid Hoffman, "Four Reasons to Invest in a Corporate Alumni Network," *Talent*(blog), http://talent.linkedin.com/blog/index.php/2014/09/four-reasons-to-invest-in-a-corporate-alumni-network.

9장. 마침내, 조직이 더 잘 굴러가게 만드는 암호가 풀렸다!

1. Jan Reid, *Let the People In: The Life and Times of Ann Richards*(Austin: University of Texas Press, 2012).
2. Brendan Sullivan, "Lady Gaga: The Grandmother of Pop," *Esquire*, May 2010.
3. 지금은 '옐프'의 창업자.
4. Rachel Rosmarin, "The PayPal Exodus," *Forbes*, July 12, 2006.
5. '야머'의 창업자 겸 CEO.
6. Jeffrey M. O'Brien, "Meet the PayPal Mafia," *Fortune*, November 26, 2007.
7. 2009년 2월 4일, 익명의 매킨지 책임자와의 인터뷰.
8. 2009년 1월 30일, 익명의 매킨지 전 직원과의 인터뷰.
9. Adam Sternbergh, "Stephen Colbert Has America by the Ballots," *New York* magazine, October 16, 2006.
10. Ken P., "An Interview with Stephen Colbert," *IGN*, http://www.ign.com/articles/2003/08/11/an-interview-with-stephen-colbert.
11. Jacques Steinberg, "'Daily Show' Personality Gets His Own Platform," *New York Times*, May 4, 2005.
12. "California Wine: A Buyer's Guide," *Guardian*, July 24, 2008.

옮긴이 **이진원**
홍익대학교 영어영문학과를 졸업하고, 서울대학교 대학원에서 영어영문학 석사학위를 취득했다. 코리아헤럴드 기자로 언론계에 첫발을 내디딘 후 IMF 시절 재정경제부(현 기획재정부)에서 한국 경제 해외홍보 업무를 맡아 장관상을 받았다. 이후 로이터통신으로 자리를 옮겨 거시경제와 채권 분야를 취재했고, 국제 경제뉴스 번역팀을 맡았다. 비즈니스 분야의 전문 번역가로 활동하면서 『머니』『논리의 기술』『에릭 슈미트 새로운 디지털 시대』『경제를 읽는 기술』『미래 기업의 조건』『필립 코틀러의 마켓 4.0』『디지털 네이티브』『도시의 승리』 외 다수의 책을 번역했다.

슈퍼보스

1판 1쇄 2020년 1월 31일
1판 2쇄 2021년 7월 5일

지은이 시드니 핑켈스타인
옮긴이 이진원

책임편집 임혜지 | 편집 고아라 | 모니터링 이희연
디자인 이보람 이주영 | 저작권 김지영 이영은 김하림
마케팅 정민호 양서연 박지영 안남영
홍보 김희숙 김상만 함유지 김현지 이소정 이미희 박지원
제작 강신은 김동욱 임현식 | 제작처 상지사

펴낸곳 (주)문학동네 | 펴낸이 염현숙
출판등록 1993년 10월 22일 제406-2003-000045호
주소 10881 경기도 파주시 회동길 210
전자우편 editor@munhak.com | 대표전화 031) 955-8888 | 팩스 031) 955-8855
문의전화 031)955-2655(마케팅) 031)955-2672(편집)
문학동네카페 http://cafe.naver.com/mhdn | 트위터 @munhakdongne
북클럽문학동네 http://bookclubmunhak.com

ISBN 978-89-546-7037-1 03320

www.munhak.com